古代氏族の研究⑫

尾張氏

后妃輩出の伝承をもつ東海の雄族

宝賀寿男

青垣出版

目次

資料編

装幀／松田　晴夫（クリエイティブ・コンセプト）
カバー・バック写真／堀川（名古屋市熱田区）
見返し写真／熱田神宮社殿

一　序説

尾張氏とはなにか―本書の目的

現在まで残る古代氏族の系図のうち、研究に割合便宜なため取り上げられやすいのが尾張氏と物部氏の系図である。ともに『旧事本紀』の「天孫本紀」（以下、適宜、『旧事本紀』のほうを省略して「天孫本紀」とのみ記す）に系譜の記載があるのが、その主因である。本書では、この尾張氏を取り上げて、上古から中世までの動向を主に検討する。本シリーズでは、吉備氏に次いで地方豪族を取り上げるが、両氏とも地方にあったとはいえ、中央の政治動向にも密接に関係するから、地方雄族の動向も中央政局の把握に重要だと認識される。

尾張氏は、東海地方の尾張国（現・愛知県西部）を基盤とする氏姓国造で、尾張とも「尾治」とも表記される（本書では、尾張を主にして適宜、尾治とも表記。藤原京出土木簡や吉備の式内古社名から言うと、「尾治」のほうが古記とみられる）。地方豪族でありながら大和葛城に根源をもつといい、畿内でも同族という諸氏がきわめて多い。平安前期に編纂された畿内雄族を掲載する『新撰姓氏録』（以下では、たんに『姓氏録』とも記す）では、掲載氏数が物部氏の百十超に次いで多い。

これは、地方豪族としては特異な特徴である。私なりの数え方では、尾張氏同族諸氏が合計で六八氏も同書にあげられ、これは中臣氏族の五六氏をも遥かに凌ぐ。尾張宿祢が左京、尾張連が左京・右京・山城・大和・河内の神別（天孫の部）にあげられる。山城には、神亀三年（七二六）の愛宕郡出雲郷の計帳に尾張（尾治）連族を姓にもつ刀自売（雲上郷）・酒虫売（雲下郷）も見える。尾治国造族もあり、大宝二年（七〇二）の御野国加毛郡半布里戸籍に戸主として尾治国造族伊加都知や尾治戸稲寸女が見える（『大日本古文書』）。この地は、岐阜県加茂郡富加《とみか》町羽生あたりとされる。

先祖が神武創業の功臣・高倉下とされ、天照大神の後裔の天火明《あめのほあかり》命の流れという系譜を記紀成立までに称した。これが、はたして実態だったのかという問題がある。とくに、戦後の歴史研究では古代氏族の同族性が割合簡単に否定される傾向があるだけに、この辺の十分な検討も必要となる。

記紀の記事では、「闕史八代」の諸大王のうちの第五代孝昭天皇の皇后（第六代孝安天皇の母）が尾張氏の出だと伝える。こうした古代大族が、なぜ王権の中心域たる大和盆地を離れ、崇神～景行朝には王権領域の東端辺縁部の尾張に遷居したのかという問題もある。東海地方に遷っても、倭建命東征には一族が参加随行したうえに、倭建命の妃の一人が尾張氏の宮簀《みやす》姫とされる。だから、『記・紀』などの倭建命伝承でも、姫やその兄弟が重要な役割を果たした。

尾張東南部の愛知郡の古社（式内の名神大社）、熱田神宮に古来奉仕してきたのが尾張氏一族である。この氏は、はじめは連姓、天武天皇十三年（六八四）の八色《やくさ》の姓《かばね》制定時には宿祢姓を賜った。その嫡統の子孫は熱田神宮の大宮司となり、この大宮司家のほうは平安後期に女系で跡を承けた藤原南家の血筋に変わったが、その後でも要職祠官の家柄として一族が連綿と続いて、近代に至った。

尾張氏は古来の名族ではあったが、上古代の后妃輩出はともかくとして、古代の大勢力とは言えず、奈良時代以降でも政治的に果たした役割は大きいとは言えない。だから、政治史を中心に古代を見たとき、氏族研究の意義がさほどあるとは思われない。こうした感触も学界にあってか、継体天皇登場の時期を除くと、これまで研究者や関連論考はあまり多くはなかった。この古代氏族の研究シリーズでは、大化前代まで大きな役割を果たした氏族を主に取り上げてきたから、その意味でも、細部にわたる具体的な検討を当初は見送っていた。

しかし、畿内の古代豪族のなかでも同族諸氏が数多い尾張氏族を取り上げて、各主要氏族との関係を改めて見直すことも必要ではないかと思われてくる。継体天皇（大王）などの后妃を上古から出し続けてきたという所伝も、この一族には強くあって、この辺も無視できない。もちろん、継体天皇の勢力基盤や登場の背景、関連氏族の位置づけを考える場合に、尾張氏は無視しがたい。そして、調べていくうち、古代史の証人的役割も果たしたように思われてくる。

「天孫本紀」に記載の系譜に惑わされた形で、物部氏と同族という形で研究を続ける研究者もかなりいるようだが、これによる尾張氏一族の活動やその神統譜に関する誤解が甚だしいとみられる。戦後では考古学分野など諸分野の研究の進展もあるので、尾張氏や関連する海部に関する諸問題を総合的に再検討して整理し、古代氏族全体のなかで整合性のとれた位置づけで尾張氏の具体像を提示する必要があろう。

尾張氏について氏族の始源から見直してみると、これまでの学究の検討は、祭祀面や同族分布も含めて総合的に研究・評価するものとはなっていない。それは、肝腎の遠祖神や神統譜の実像を、研究者なり学界なりが的確に把握してこなかった事情に由来する。それも、「神話」ということで簡単に切り捨ててきた研究姿勢の影響が大きいと思われる。私は、随分昔に、尾張氏と物部氏と併せ取り上げて、「穂積と津積」というテーマで整理したこともあったが、この辺の判断・感触も踏まえて、今回、改めて取り組んでみたい。

尾張氏の概観

尾張氏の詳細な検討の前に、これまで一般に把握・理解されてきた尾張氏の姿を概観しておきたい。本書を読み終えたときに読者の皆様が受けとめられたものとの比較対照になるからでもある。尾張氏について、その要点は次のようなものとなろう。

尾張氏は、上古来、尾張国という地域に国造として君臨し、その地名を氏の名とする氏族であり、カバネは連であった。その先祖を高天原王統から出た天孫族の支流と称して、火明命の後裔とする神統譜をもった。天武天皇十三年（六八四）の八色の姓では宿祢の賜姓をうけたが、それ以降、中央官人の活躍や高位昇進者が殆どなく、ついに朝臣賜姓には至らなかった（中央では朝臣姓は史料に現れず、熱田社関係でも朝臣姓は見られない。肥前の武雄神社文書には、平安後期に「尾張朝臣」姓の者が見えるが、これが冒姓かもしれず、朝臣姓賜与の信頼性が確認できない）。

遠祖神は火明命とされており、この系譜に異伝がない。これは、『日本書紀』巻第二の一書（第六、第八）や『姓氏録』などの記事にもある。この火明命が物部氏の祖・饒速日命と同一神だと「天孫本紀」は言うが、『熱田縁起』に尾張氏の別姓を海部と伝える事情などからみて、実際にそうだったのかは疑問なむきがあり、十分な検討を要する。『姓氏録』では、直接の祖について、天忍人命としたり、左京神別・尾張宿祢の記事のように、「火明命二十世孫の阿曽連」としたりする。

その故地は諸説あるも、「天孫本紀」に見るように大和葛城の高尾張邑とするものが多い模様であり、その場合、美濃などを経て尾張に居住した後、平止与命《おとよ》のとき、成務朝に尾張国造となった

熱田神宮（名古屋市熱田区）

という。

尾張での根拠地についても諸説あるが、最終的には尾張南東部の熱田台地に定着して拠点を据え、その後裔嫡宗は熱田神宮の大宮司を代々務めた。尾張のみならず、畿内などにも同族諸氏が多く分布し、摂津の住吉大社（大阪市住吉区）の神主家の津守氏があるほか、畿内の丹比氏や掃守氏も同族と伝える。丹後の籠《この》神社（京都府宮津市）の神主家海部氏でも、所伝の国宝『海部氏系図』では尾張氏同族とみられそうな要素がある。これまでに尾張氏の尾張自生説もいくつかあるが、総じて言えば、この辺は関係資料（文献史料、考古学資料など）の把握の誤解に基づくものが多い（後述）。

記紀や「天孫本紀」などには、この氏族からは、上古から天皇・皇族の妃を輩出したことが見える。確実なところでは、継体天皇の妃で安閑・宣化の両天皇を生んだ目子媛《めのこひめ》が尾張氏から出た（尾張連草香の娘）とされる。さらに遠い上古では、遠祖である奥津余曾《おきつよそ》の妹、余曾多本《よそたほ》毘売命（世襲足媛）は孝昭天皇の皇后となり、その間の子は孝安天皇となったという。崇神天皇の妃の一人を尾張大海姫と伝えたり、倭建命や五百城入彦命という皇族の妃なども出して、皇統譜の古い時期では尾張氏と天皇家一族とが通婚でかなり結びつく伝承をもっている。

壬申の乱では、海部氏に養育された大海人皇子へ私邸や資金を提供するなど、尾張氏は全面的に支援し、天武天皇の誕生にあたり格段の功績を上げた。このときの功績による顕彰がその後の『続日本紀』（続紀）に見えており、持統天皇十年（六九六）五月に、尾張宿祢大隅が位階・功田を授けられ、一族の馬身も後日顕彰された。

その後、奈良時代や平安中期頃までは、中央官人としての活動が見え、尾張国内の熱田・海部・中島・春部などの郡で郡司の地位をいくつか占めた。やがて次第に活動・地位を低下させていき、中央でも史官や五衛府の中下級官人に若干見える程度で、鎌倉期以降はそれも見えなくなる。中世武家でも、尾張では尾張氏の後裔が殆ど見えないが、在地に中小土豪クラスで根強く残った模様であり、熱田神宮の祠官諸家とともに注意を要する。

尾張氏一族関係の系図史料

尾張氏の一族諸氏は、中世の有力武家も出さず、武家としての活躍が殆ど見えない。それ故に、『尊卑分脈』や『群書類従』など主要系図集には掲載がなく、それ以外の系図でも殆ど見えない。上古代の部分の系譜では、『旧事本紀』の天孫本紀（〔註〕参照）に記載される「尾張氏系譜」があって、天火明命から十八世孫の乙訓《おとくに》與止《よと》連兄弟の世代（この兄弟の活動時期は敏達～推古朝頃）まで見える。この系譜はこれまで割合信頼度が高そうだとみられてきたが（これが、『旧事本紀』を一概に偽書として排斥できないことにもつながる）、こうした取扱いでよいのかという問題もある。

〔註〕**天孫本紀**　『旧事本紀』では巻第五におかれる。天照大神の子の天忍穂耳尊の子に天照国照彦天火明櫛

玉饒速日尊をおき、その事績を簡単に記して、まず尾張氏の系譜、次ぎに物部氏の系譜をあげる。尾張氏はその十八世孫まで、物部氏は十七世孫まで記事がある。

熱田神宮の宮司家として、後には祝師、総検校などの主要祠官家で、近代まで続いた尾張氏一族があり、本宗の田島家に伝わる代表的な系図が『尾治宿祢田島家系譜』である（宮内庁書陵部、東京国立博物館、名古屋市立鶴舞中央図書館などにも同種系図が所蔵され、鈴木真年の『百家系図稿』巻二一の尾治連や中田憲信の『諸系譜』第一巻でも同内容が記載。『諸系譜』のほうの末尾記載により、熱田大宮司家の華族千秋《せんしゅう》季隆が明治九年〔誤記で十九か。その場合、一八八六〕九月に華族会館に提出用として謄写されたことが分かる。本書では『田島家系譜』と略記する）。

東大史料編纂所には『千秋家譜』（千秋季福〔季隆の父〕差出、一八七五年に複本作成）があり、宮内庁書陵部には、『尾張氏副田佐橋押田系図』（『諸系譜』第一巻にも記載。本書ではたんに『尾張氏系図』と略記）もある。鈴木真年編『諸氏家牒』には、「紀伊国牟婁郡海神社祝笠嶋家系図」があり、尾張氏の初期段階と津守氏の系図が記載される。『熱田旧家系譜』には「熱田神宮社家馬場氏系」、『姓氏分脈』巻廿八に尾張連系図、『尾張諸家系図集』巻一に「熱田大宮内人藤江姓家譜」がある。江戸中期の内藤正参著作の『張州雑志』（『熱田神宮史料』にも抄本が記載）には熱田神宮祠官の大宮司家、大物忌大師大夫家、総検校家、氷上天神社家など諸祠官家の尾張一族の系図が収められる。

摂津の**津守氏関係**では、宮内庁書陵部などに『津守氏系図』『津守家譜』があり、上記の「笠嶋家系図」にも見える。鈴木真年の『百家系図』巻三二に「津守系図」があり、『続群書類従』巻百八一に「住吉社神主並一族系図」がある。『住吉大社神代記』や梅園惟朝の『住吉松葉大記』などの関係書もあるが、内容記事は注意して取り扱う必要もあろう。

明治に系譜の収集・研究に精力的な活動をした研究者、鈴木真年（一八三一生〜九四没）及び中田憲信関係の系譜史料のなかには、尾張氏の支族や同族の諸氏まで含めるとかなり多数の系図が所収される。真年・憲信関係では、先に掲げたもののほか、『百家系図稿』には巻二に「重松系図」、巻五に「尾張氏系図」、巻六・巻十三に「横井系図」、巻六に「谷造系図」、巻九に「善道朝臣系図」、巻六に「丹比宿祢系図」、巻二一に「倭国造系図」（無題で掲載）、さらに『鈴木叢書』（東大史料編纂所所蔵）第一冊のなかに「杉坊、玉置、小中系図」など在熊野の尾張一族が記載される。憲信のほうでは、『諸系譜』第一冊に「加賀野系図」、第二冊に「大和宿祢及海直系図」、第三三冊に「尾治連津守連系図」もある（なお、他の海神族諸氏の系図の掲名は省略し、本文中に必要に応じて記載することにする）。

といったところが尾張氏や同族諸氏に関係する系図の概観で、今までのところ、これらが尾張氏族についての古代部分に関する主要な系図であり、中世・近世の尾張氏後裔諸氏（後裔と称する氏も含む）についても管見に入ったもののほぼ全てである。

これら系譜や所伝には、かなり差異もあるので、記紀や『新撰姓氏録』、各種文献資料などと比較検討しつつ、全体として整合性のある合理的把握に努める必要がある。全国に分布するオハリ氏や海部関係にあっては、尾張氏同族の流れとは別流・別系統のものもあるかもしれず、様々な系譜仮冒や訛伝、附合も当然あろう。この辺にも十分留意したい。

本書の流れや記事を理解していただくために、上記の尾張氏部分等を踏まえて、初期段階の尾張氏について比較的通行する系図の概略（主に『姓氏家系大辞典』に拠る）を先ずあげておく。この第

1図が尾張氏の史実原型に近い系図ということではないことに留意されたい。要は、従来の系図把握の一応の目安で、本書で検討の叩き台ということであり、巻末では尾張氏族を検討後の系譜（推定を含む試案。第4図）も掲載することにしたい。

第1図　尾張氏の概略系図

※主に「天孫本紀」に拠る。掲載順は兄弟順とは異なるものあり。

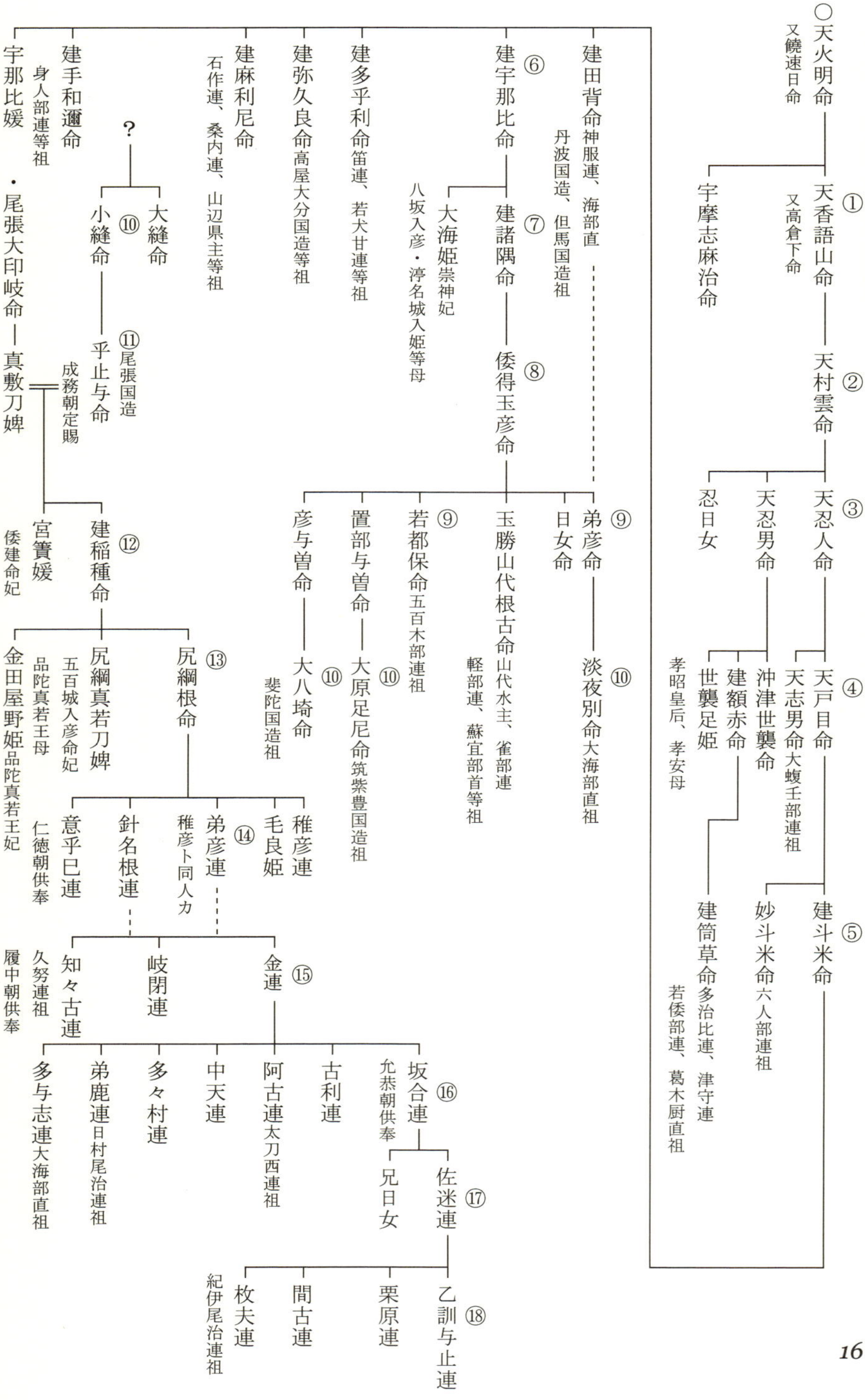

主な尾張氏及び同族関係の研究

尾張氏に限っていえば、その氏族研究の研究者や論考は、これまで比較的限定される傾向があるものの、それなりに多い。その場合、継体天皇に関連して妃の目子媛や近親者が主に取り上げられて言及される。その一方、熱田神宮や関連祭祀の史料や研究については、江戸中期の『張州雑志』や熱田神宮庁編の『熱田神宮史料』の刊行などがあり、広く海神族系の同族諸氏まで範囲を拡げると、これらの関係の研究もかなり多そうである。

尾張氏研究の管見に入った主なところでは（順不同）、まず氏族研究でいうと、太田亮博士『姓氏家系大辞典』のオハリ・ツモリ・アマベなどの条（論考「八坂入彦命と尾張氏の移住」〔『歴史地理』第二五一五号〕も太田氏にある）及び『尾張』や、佐伯有清氏の『新撰姓氏録の研究』の関係記事があり、個別の主な著作・論考としては、次のとおり。

古くに栗田寛の「尾張氏纂記」（『栗里先生雑著』所収）があり、田中巽氏の「尾張氏系譜に就いて」（『神戸商船大学紀要　文科論集』五所収）や著書『銅鐸関係資料集成』（一九八六年刊）に所収の「付記　私と銅鐸」など、新井喜久夫氏の「古代の尾張氏について（上・下）」（『信濃』二一巻一・二号。一九六九年）及び「古代の尾張と尾張氏」を含む『継体大王と尾張の目子媛』（網野善彦等編。一九九四年）、田中卓氏の「不破の関をめぐる古代氏族の動向」（『神道史研究』六巻四・五号、一九五八年。後に『田中卓著作集』五〔壬申の乱とその前後〕に所収。一九八五年）、山田忠男氏の「継体欽明天皇朝における尾張氏の動向」（『史元』一号、一九六五年）、重松明久氏の「尾張氏と間敷屯倉」（『日本歴史』第一八四号。一九六三年九月）、松前健氏の「尾張氏の系譜と天照御魂神」（『日本書紀研究』第五冊所収。一九七一年）及び「ヤマトタケル伝承の形成と尾張氏」（『大和国家と神話伝承』所収。一九八六年）、三渡俊一郎氏の「古代尾張の本拠と古墳」（『熱田風土記』第八所収。一九八二年）、前川明久氏の「熱田社の起源と尾張氏」（『日本古代氏族と王権の研究』所収。一九八六年）及び『熱田区の歴史』（二〇〇六年）、松倉文比古氏の「尾張氏系譜について」（『龍谷大学論集』第四三四・四三五号所収。一九八九年）、伊藤秋男氏の「目子媛・味美二子山古墳」（森浩一・門脇禎二編『継体王朝』所収。二〇〇〇年）、藤本元啓氏の「熱田社家系図の諸問題」（『中世熱田社の構造と展開』所収。二〇〇三年）、八賀晋氏の「尾張海人の実像を甚目氏に探る」及び大下武氏の「尾張氏の変身」を含む『海人たちの世界』（森浩一編、二〇〇八年刊）、上遠野浩一氏の「尾張氏の発生について」（『文化論叢　上』所収。一九八七年）、「尾張氏系譜に関する若干の考察」（『日本書紀研究』第三三冊所収。二〇〇〇年）及び「尾張氏の本貫地について」（『古代史の海』八〇号所収。二〇一五年六月）、内川敬三氏の「熱田社と尾張氏」（『遠藤元男博士還暦記念日本古代史論叢』所収。一九七〇年）、入谷宰平氏の「尾張・美濃の弥生地名」（『東アジアの古代文化』九五号所収。一九九八年春号）、安本美典氏の「物部氏と尾張氏との系図」（同氏編『奇書『先代旧事本紀』の謎をさぐる』所収。二〇〇七年刊）、加藤宏氏の『古代尾張氏の足跡と尾張国の式内社』（一九八八年刊）、水谷千秋氏の「尾張氏の研究」（『歴史読本』二〇〇五年七月号）、佐藤雄一氏の「尾張氏」（『古代豪族のルーツと末裔たち』所収。二〇一一年）、大原康男氏の『続尾張大原氏の一系譜』（一九八七年自費刊）の「五、尾張氏について」の部分、中村修氏の「伊勢湾海民とヲハリ王権」（『海民と古代国家形成史論』所収。二〇一三年）、藤井康隆氏の「「尾張氏」とは何者か」（『古代豪族』所収。二〇一五年）、などがある。

考古学関係では、広瀬和雄・和田晴吾氏編『講座日本の考古学　第7巻　古墳時代（上）』（二〇一一年刊）の中井正幸氏による「東海西部」、『古墳時代の研究　第十一巻　地域の古墳Ⅱ　東日本』（一九九〇年刊）の赤塚次郎氏による「東海」の西部（岐阜・愛知）、久永春男氏の「春日部郡の豪族と古寺址」（『かすがい』第四号所収。一九七九年）、犬塚康博氏の「古墳時代」（『新修名古屋市史』第一巻。一九九七年）、名古屋市博物館による『尾張氏・志段味古墳群をときあかす』（二〇一二年刊）、中司照世氏の「継体伝承地域における首長墳の動向」（『継体大王とその時代』所収。二〇〇〇年）、などがある。『全国前方後円墳集成』や各種辞典などでも取り上げられて関係書は数多いが、これ以上はとくに掲名しない。

熱田神宮及び関係社については、上記以外で管見に入った主なところでは、元熱田神宮宮司の篠田康雄氏による『熱田神宮』（一九六八年刊）、小島鉦作氏の「熱田神宮の由緒についての若干の考察」（『式内社のしおり』三三号所収。一九八六年）、藤本元啓氏の『中世熱田社の構造と展開』（二〇〇三年刊）、などがある。『式内社調査報告』（第八巻、東海道三）、『日本の神々』（十　東海）の津田豊彦氏による関係記事など、各種神祇資料も参考になる。

摂津の住吉大社・津守氏については、主なところで、住吉大社編『住吉大社』（二〇〇二年刊）、西本泰氏の『住吉大社』（一九七七年刊）、上田正昭氏の「海神の原像」を含む同氏編の『住吉と宗像の神』（一九八八年刊）、加地宏江氏の「摂津国住吉社神主津守氏について」（『今井林太郎先生喜寿記念　国史学論集』所収。一九八七年）及び「津守氏古系図について」（『人文論究』三七巻一号所収。一九八七年）や、田中卓氏の「住吉大社神代記の研究」（『田中卓著作集』七所収、一九八五年）及び『住吉大社史』（一九六三年刊）、『古代の住吉大社』（『続・田中卓著作集』二所収、二〇一二年）、落合偉洲氏の「住吉大社と津守氏」（『國學院雑誌』八四巻五号所収。一九八四年五月）、工藤浩氏の「神功皇后伝説の形成と津守氏」（『国文学研究』百十一所収。一九九三年）、などあってこれも数多い。

阿曇氏を含む海神族・海部や猿田彦神など諸神に関しては、主なところで、西田長男氏の「安曇磯良」（『神道史研究』五・六所収。一九五七年）、後藤四郎氏の「海部管見」（『書陵部紀要』十九号所収。一九六七年）、田中卓氏の「神代史に現れたる海人の研究」（前掲誌）や「「六人部連本系帳」の出現」（『古事記・日本書記論叢』所収。一九九九年）、鎌田純一氏の「イソベ氏の信仰」（『神道研究紀要』第四輯所収。一九七九年八月）、中村明蔵氏の「阿曇氏とその拠点」（『東アジアの古代文化』三三・三四号。一九八二・一九八三年）、楢崎干城氏の「阿曇氏考」（『文化史研究』二一号。一九六九年二月）、飯田道夫氏の『サルタヒコ考』（一九九八年刊）などがある。これらに加え、大林太良編『日本の古代8　海人の伝統』（一九八七年刊）、森浩一等著『海と列島文化8　伊勢と熊野の海』（一九九二年刊）、真弓常忠氏の『日本古代祭祀と鉄』（一九八一年刊）、谷川健一氏の『古代海人の世界』（一九九五年刊）にも留意される。

広く美濃・尾張の地方史関係では論考や著作は数多いから、ごく主なところだけ少しあげておくと、『愛知県史』の関係各巻、『新修名古屋市史』（第一・二巻で新井喜久夫氏執筆など。一九九七年刊）、野村忠夫氏の『古代貴族と地方豪族』（一九八九年刊）。このほか、『旧事本紀』や倭建命、竜蛇信仰の関係の研究は省略し、必要に応じて関係個所で取り上げる。

（これら著作・論考の出版元・所収の書など詳細情報は、最近ではネット検索が可能であり、ここでは省略する。上記の年は、論考初出の年というよりは、主に所収本の刊行年を記した）

尾張氏については、始源は遠く神統譜まで遡って様々に王権や諸氏に絡むものでもあるので、記紀の神話的な部分の史実性を簡単に否定しては、解明からほど遠くなり、問題が大きい。伝承はもちろん、地名や神名・人名などについても、記事をそのまま素朴に受けとりすぎると、かえって混乱して誤解を生じかねない。理解が及ばないこと・不明なことを、後世の造作・創出だと簡単に決め込んではならない、原型の探索が適宜、必要だと留意される。津田博士亜流の造作論あるいは反映説という観念論では、尾張氏族の総合的な実態解明に役に立たたず、祭祀・習俗を踏まえた合理的総合的な研究が必要である。

尾張氏と同族諸氏に関する問題点

尾張氏については、学界では上記のように多いものの、踏み入った形での研究があまりなされてこなかった。尾張氏の別姓が「海部」と伝えるのが実際の姿だとしたら、この関係で大己貴神を祖とする海神族との関係、具体的には三輪君氏や倭国造、阿曇連との関係がどうかという問題が残る。この関係の探索が、崇神前代以降の諸天皇（大王）一族に対して多くの后妃を尾張氏が輩出した事情や、畿内にも多くの同族諸氏を分布させた事情の解明につながる。だから、上古史解明の観点からは、総合的にきちんと整理されるべき重要な点がかなり多い。津田史観の観点から論じて、古い伝承部分や神話的な性格だと判断したものは、切り捨てればそれでよいというものではない。神々の形をとった人間の活動ではないかという難解な問題もあって、これまでいい加減に誤解されながら、尾張氏が漫然と把握されてきたともいえよう。

そのうち主な問題を以下に順不同で列挙するが、そのなかで特に難解なものの一つが、尾張氏始祖の高倉下につながる神統譜である。これが尾張氏の氏族としての性格を規定するだけに、「天孫本紀」に記事があるということだけで、これを信頼して済ませるわけにはいかない。尾張氏の別姓が海部ともいわれるが、これが本当なら、天孫族系の天火明命ないし饒速日命の後裔に尾張氏がおかれるはずがない。この関係の検討にあっては、尾張氏とその同族の祭祀・習俗の研究が重要である。

ともあれ、上古の人・神で同一の者が複数の異なる名で諸書・諸地域に登場する同人異名の問題や、逆に異なる者が同一の名で登場するという異人同名の問題もあり、この辺を的確に把握しなければ古代系譜の問題は解決しない。総じて言うと、各地の支族諸氏の分岐、動向という観点も含めて、氏族の歴史の大きな流れのなかでの総合的な検討が、尾張氏に関しこれまで足りなかったように感じられる。

次ぎに列挙する問題点（多少の重複もある）について、本書ではどこまで解明できるかという課題があり、本書を読んでいただくうえでの主な問題意識にもなると思われる。

○尾張氏祖系となる関係神統譜はどのようなものか。尾張氏の氏祖神と称された天火明命と高倉下とはどのような関係か。尾張氏は実際に天孫族の出か。
○高倉下（手栗彦）と天香語山命とは、本来が同一神なのか。
○高倉下が元に居た地は紀伊の「熊野」なのか。具体的にはどこの地に比定されるか。
○尾張氏は大和の葛城地方から尾張に来たのか、その場合の移遷の理由は何で、時期は何時か。尾張氏の故地、更に遥か遡る淵源の地はどこか。葛城の高尾張邑とはどこか。
○尾張氏と葛城氏とは同一氏族か。葛城氏とはどのようにつながるのか
○神武東征時に対応した始祖高倉下は、どのような出自で、どのような祖先系譜をもつのか。尾張

氏は物部氏につながるか。
○尾張氏が神武後裔の王統に后妃を出したという伝承は史実か。どのような背景がその后妃輩出の事情にあったか。
○氏姓国造のカバネで連姓というのは全国でも珍しいが、なぜ連姓となったのか。
○尾張氏から分岐の一族諸氏にはどのような諸氏があったか。紀伊に支族がいたか。
○尾張氏一族と大和、摂津、伊勢、信濃などの地域との関係はどうか。
○熱田神宮の祭祀形態はどうか。その他、尾張氏の一族や同族諸氏が奉斎した神・神社にどのようなものがあるか。
○尾張氏や熱田神宮は、伊勢神宮祭祀に関係があったか。
○尾張氏は四、五世紀の新興の豪族だったのか。
○大和王権の内征・外征事業に従った尾張一族があったか。
○尾張国造の初代とされる乎止与命の父祖はどうだったのか。これは、尾張氏が大和からの移遷か尾張国内の発生かという起源の問題にもつながる。
○尾張氏一族や関係神社は日本各地にどのように分布するか。それら分布の由縁は何か。
○応神王統時代のいくつかの内乱・事件などでは、尾張氏一族はどのように動いたのか。
○継体天皇の即位に際して、尾張氏はどのような役割を果たしたか。
○欽明朝以降の尾張氏の動向はどのようなものか。
○尾張氏一族の古墳・墳墓はどうだったのか。
○中世・近世における尾張氏一族末流の動向はどうか。熱田神宮などの尾張の諸祠官家以外に武家として活動したものはあったか。
○現存の尾張氏の各種系図において、古代で世系の断絶ないし不明部分はないのか。
○尾張支族諸氏に系譜の仮冒や架上が見られるのか。多数の同族諸氏は擬制的同族関係か。
○津守氏、丹比氏、掃守氏など同族という諸氏の動向はどうだったか。これらは濃尾にどのように居住したか。また、伊福部氏、六人部氏、石作氏は同族か。これら同族諸氏はどのような分布や特徴を見せるか。
○関係諸氏を含め、「天孫本紀」記載の尾張氏系譜は、どこまで信頼できるのか。
○早くに分岐の倭国造や阿曇氏との関係はどうか。これら諸氏はいつ発生したのか。
○海神族系の同族に広く見られる竜蛇信仰などの習俗・祭祀は、尾張氏にも見られるか。
○尾張氏は銅鐸と縁由があったのか。

二　尾張氏の起源と動向

尾張氏が天火明命の後裔とする神統譜をもつ「天孫本紀」所載系譜は、どこまで信頼できるのだろうか。これも尾張氏の検討において大きな問題の一つではあるが、とりあえず、尾張氏が現実的な歩みを始める継体朝以降の一族の動向を先に見ていこう。

継体天皇の登場と尾張氏

継体天皇像（福井市・足羽公園）

戦後の歴史学界では、主流をなしてきた津田学説のもとで、古い時代とくに応神前代の記紀の記事の大半が造作とか擬制とかという見方で否定され、その辺を基礎にして古代史研究が始まった。そうした観点からは、尾張氏の歴史への登場は若干遅れることになり、活動が注意して見られるのは、六世紀前葉の継体天皇の登場の基盤としてのものである。

北陸道の越前から近江北部の地域を基盤に起こっ

て勢力をたくわえた継体天皇は、その近隣周辺の諸豪族の娘たちを妃に入れ、それら諸氏の支援を背景に大和入りして大王（天皇）位に就いた。そのなかでも、継体に続く大王となった安閑・宣化の両天皇は、母が尾張氏の目子媛と諸書に記されるから、尾張氏が継体の登場に当たり大きな力となった、と一般にみられている。

しかし、この継体の大王権に向けての活動に大きな力を与えたとみられる尾張氏について、具体的に考えると、明らかではないことが多い。というのは、目子媛の系譜は、父が尾張連草香（『書紀』）、あるいは兄が凡連（『古事記』）、と伝えるのみであって、この父兄が尾張氏本宗とどのような関係があったかを示す記事さえ主要文献にない。尾張氏本宗の流れを汲む熱田祠官家、田島家に所伝の系図でも、上記父兄の名が記載されないから、目子媛はどうも尾張氏庶流の出の模様である。この基本的な辺りが、これまでの研究ではまるで認識されてこなかった（これも、具体的な人間関係の無視という研究姿勢に因るものか）。

少し遡って五世紀後半の雄略朝頃からの尾張氏関係の動きを『書紀』で見ても、さほどの記事がない。すなわち、六世紀前半、宣化天皇元年に蘇我大臣稲目宿祢が欠名の尾張連を遣して尾張国屯倉の穀を運ばせたとあり、その前には安閑天皇二年に尾張国に間敷屯倉・入鹿屯倉を置く、とあるくらいである。これら屯倉と尾張氏との関係も明確ではない。

大化の後の時期でも、壬申の乱（六七二年）の動向のなかでは尾張氏の記事がないが、そのときの功臣・尾張宿祢大隅への叙位・賜田などがその後の記事に見えて、若干の活動が知られる。次いで、天武天皇十三年（六八四）十二月の八色の姓制定のときに尾張連への宿祢賜姓がある。更に、和銅二年（七〇九）五月に、筑前国宗形郡大領外従五位下の宗形朝臣等抒《とど》に外従五位上を授け、尾張国愛知郡大領外従六位上の尾張宿祢乎己志《おこし》には外従五位下を授けたと見える。ともに、宗像社・熱田社に奉仕する故の叙位であろうが、宗形郡のほうは神郡であった。霊亀二年（七一六）には、贈従五位上尾張宿祢大隅の息、正八位下稲置など、壬申の乱の功臣の子孫十人に対して賜田があった。

こうした事情くらいだから、継体天皇登場の支援に関し、尾張氏がどの程度活動し役立ったのかは不明である。継体が天皇になってからでも、官位などの行賞で引き立てられた者は、『書紀』では尾張氏一族からとくに見えない。継体とその皇子たちが天皇の時代でも同様である。だいたい、当時、この氏では誰が族長の立場にあったかさえも不明である。それ以前の「天孫本紀」に見える記事、建稲種の子・尾綱根が応神朝に大臣、その子・意乎己は仁徳朝に大臣となって活躍したというのも、他の史料にまるで裏付けがない。

それが、六世紀代前半になって、突然に巨大な断夫山古墳が一基だけ尾張に出現する。これも年代的に見て、被葬者が目子媛の近親父兄というのではなく、目子媛自身とするのが自然であり（この辺は後述）、それなら、天皇家の権威・財政援助をうけての築造とみられる。だから、この巨大古墳をもって尾張氏の勢力の強大さとみるのは、疑問が大きい。

壬申の乱と尾張氏一族の活動

壬申の争乱にあたっては、大海人皇子（天武天皇）がいったん東国に逃れ、伊勢から濃尾の地域を基盤に勢力を巻き返した。このことで、尾張氏一族がこの乱でおおいに寄与した。尾張連大隅は、壬申の乱のとき、大海人皇子に私宅・資財を提供したなどの功績があり、天武天皇十三年（六八四）の八色の姓の制定時に宿祢姓を与えられ、持統天皇十年（六九六）五月には直広肆《じきこうし》の位（従五位下相当）

と功田四十町を賜った。霊亀二年（七一六）に没した際には従五位上の位階を贈られ、四月に子の稲置に賜田（三世にわたる功田の継承）があった。天平宝字元年（七五七）になって、壬申の乱のときの功績が上功とされた。『田島家系譜』には、大隅が尾張本宗の年魚市《あゆち》評督（愛知郡の郡領）の多々見連の子とされる。

大隅の功績の内容は、『続紀』（天平宝字元年十二月九日条）に具体的に見える。その記事によれば、大海人皇子が吉野宮を脱して関の東（この場合、鈴鹿関の東）に潜み出たとき、尾治宿祢大隅はこれを迎え、私邸を掃除して行宮に提供し、軍資も出して助けたという。これが、後の恩賞授与の理由であった。大海人皇子の『書紀』に見える行動記録と照らし合わせると、当該行宮の場所は美濃国の野上（伊富岐神社の南隣の地）とする説（田中卓氏など）が有力とされる。これに対して、そのような地に尾張氏の拠点があったかは疑わしく、伊勢の桑名に大隅の私邸があったろうとみる説（早川万年氏）もある。

その翌天平宝字二年（七五八）四月には、尾張連馬身が壬申年の功をもって、先に小錦下に叙したものの、賜姓に至らぬまま早く亡したので、その子孫に宿祢を賜姓した。

尾張氏一族は美濃だけで支援したわけではなく、尾張からも一族・関係者が出向いたと伝える。氷上社祠官の久米氏の系図（『諸系譜』第二冊所収）には、久米御園について、「尾張掾従七位下。天武朝賜久米宿祢姓、壬申之兵乱供奉忠功之賞」という記事が見える（ただし、この記事の宿祢賜姓は『姓氏録』や『書紀』に見えず、疑問なのかもしれない）。

乱の際、大海人皇子は、不破の関（関が原）をおさえるよう、美濃国安八郡の湯沐令《ゆのうながし》（大海人皇子の私領的な地の管理者で、安八郡から分かれた後の池田郡の壬生郷あたりか）の多品治《ほむち》に命じた。その地域あたりにも、尾張氏一族の伊福部氏が居り、勢力をもっていた。伊吹山の南東麓に位置する岐阜県不破郡垂井町の伊富岐《いぶき》神社（美濃の式内社）は、伊福部氏の祖神を祀るともいう。近隣には池田郡伊福郷（大垣市域）が『和名抄』に見え、尾張のほうでも、海部郡に伊福郷があり、葉栗郡木曽川町に伊富利部神社（式内社、県社。現・愛知県一宮市木曽川町門間）と伊富利部古墳、愛智郡に伊副神社（現在所在不明。北名古屋市宇福寺の天神社かともいう）がある。そこで、伊福部氏と尾張氏との一族連繋作戦が行われたともみられるが、伊福部氏への行賞は六国史に現れない。

伊福部連は、天武朝の八色の姓制定時には、同族の掃部連・津守連とともに宿祢姓を賜った。『日本後紀』（巻二逸文）には、諸国に命じて新宮諸門を造らしめたなか、尾張美濃二国が殷富門を造ったが、門名は伊福部氏が主に築造したことに因むとある。

伊富岐神社（岐阜県垂井町）

奈良時代の尾張氏一族の動向

奈良時代の尾張氏一族は、中央官人で男女とも数人見える。そのなかで、女官の**尾張宿祢小倉**が最も目覚ましい活動をした。『続日本紀』の記事に拠ると、天平九年（七三七）二月に従七位下尾張宿祢小倉は、他の女官らとともに叙位にあずかって外従五位下に叙された。これを皮切りに、天平十七年（七四五）正月に外従五位上に叙され、更に同十九年（七四七）三月に命婦で従五位下（従五位上の誤記か）から従四位下を授かり、尾張国の国造にもなった。その官位で、その二年後の天平勝宝元年（七四九）八月に卒去した。

この女性が、尾張氏一族では史上最高位に叙した者となる。それにもかかわらず、現存の尾張氏関係系図にはその名が見えないが、年代や命名・カバネなどから考えると、尾張本宗の人で、壬申の功臣・大隅の孫とみられ、和銅二年（七〇九）に外従五位下の叙位があった愛知郡大領尾張宿祢乎己志の娘ではないかと推される。

この小倉の後も、愛知郡領家の尾張氏一族から采女などの形で女官が引き続いて出た。叙位を受けた者では、尾張宿祢若刀自が天平宝字五年（七六一）六月に外従五位下から従五位下に叙せられ、神護景雲二年（七六八）六月に正五位下に昇叙した。若刀自は、天平宝字八年（七六四）十月に逆徒藤原仲麻呂討伐の功で正六位上から外従五位下に叙された尾張宿祢東人の姉妹であり、賜田を受けた稲置の子と系図に見えるから、これに拠ると、尾張国造小倉の従姉妹であった。続いて、延暦十年（七九一）七月に無位尾張架古刀自が従五位下、大同三年（八〇八）十一月に従七位上尾張連真縵が外従五位下を授かった。

『日本後紀』の弘仁四年（八一三）正月廿三日条の記事によると、伊勢国壹志郡・尾張国愛智郡・常陸国信太郎・但馬国養父郡の郡司の子妹で年十六以上廿歳以下の容貌端正な者を采女として各一人貢進させるように令が出るから、尾張氏一族からこうした形で女官の供出が伝統的になされていた。

『続日本紀』及び『日本後紀』に見える男性への叙位・賜姓では、大宝二年（七〇二）十一月に尾張国の尾治連若子麻呂・牛麻呂に対し宿祢の賜姓があり、天平神護元年（七六五）三月には左京人散位大初位下の尾張須受岐《すすき》及び周防国佐波郡人の尾張豊國の二人に対して尾張益城宿祢の賜姓（ともに無姓の尾張だから、初期分岐の流れか）、次いで、神護景雲二年（七六八）十二月に尾張国山田郡人の従六位下小治田連薬ら八人に対し尾張宿祢の賜姓があった。若子麻呂・牛麻呂は、系図には壬申のときの大隅の弟と見えており、この続柄が正しければ、八色の姓のときの賜姓は限定的で、本宗の大隅とその子孫に限られた。

中央の官人では、尾張連豊人が宝亀五年（七七四）九月に外従五位下、山背権介となり、延暦元年（七八二）に園池正、ついで大和介に任じ、翌年に従五位下となった（これが在京官人系の祖か）。これより早い天平感宝元年（七四九）に越中史生の尾張少咋《おくい》が『万葉集』に見え、当地の遊行女婦に心惑ったことで上司の守大伴家持に歌で教喩されている（巻十八—歌番四一〇六）。少咋は天平勝宝三年（七五一）に従八位下になった。このほかの尾張氏一族の『万葉集』関係者では、欠名の尾張連の春雑歌が二首、巻八に見えるのみである。

延暦元年（七八二）十二月には、掃部正外従五位下の小塞《おせき》宿祢弓張が奏上している。その望請は、弓張らの二世の祖・近之里が庚寅歳（六九〇）以降、居地（中島郡小塞郷、中世には葉栗郡に属。現・一宮市浅井町尾関）の名に因り小塞の姓となったが、庚午年籍（六七〇）に拠って元の尾張姓に復帰したいとの願いであり、これが許された。翌延暦二年（七八三）二月には尾張宿祢弓張は伊賀守となり、延暦十五年（七九六）八月に兵庫正従五位下で見え、同年十月には主油正となった。弓張は上記のようにもと小塞連であり、当初はこの名で写経所の校生で見え（正倉院文書。ほぼ同時期に経所仕丁として小関咋万呂も見える）、次いで宝亀八年（七七七）七月に左京人正六位上のとき一族五人で小塞宿祢姓を賜った。

小塞の地は木曽川中流の南岸にあって、式内の小塞神社（江戸時代では舟着大明神、尾張国神名帳に従二位小塞天神。祭神は天火明命・天香山命）の本殿が前方後円墳の上に鎮座する。一族には、承平五年（九三五）十二月に左衛門少志尾塞有安が見え（『朝野群載』巻十一）、族裔が中世にも続いていく。所伝では、尾関大和守吉秀からは代々舟着大明神の神職をつとめ、戦国末期の新右衛門重吉までつながるという。

『日本後紀』延暦十五年（七九六）十一月、戦功をもって外正六位上尾張連大食らに外従五位下に授けた。さらに、尾張連粟人が延暦廿三年（八〇四）～弘仁三年（八一二）に官人として活動し、この間に摂津介外従五位下から従五位下主税頭、主計頭、更に丹後守に任じた。これら中央官人の一族の系譜は不明である（推古朝頃の乙訓与止連の後裔か）。

同書で地方の尾張のほうも見ると、延暦十八年（七九九）五月には、尾張国海部郡少領尾張宿祢宮守が見える。同国権掾の阿保朝臣広成が規制に反して鷹を飼った案件に関してである。

『日本霊異記』（中巻、第二七。『今昔物語集』巻二三にも見）には、聖武天皇の頃の人として、尾張国中島郡大領で気弱な尾張宿祢久玖利が怪力の妻に関連して登場する。『尾張国正税帳』（正倉院文書）でも郡領クラスには尾張氏一族が多く見え、天平二年（七三〇）の春部郡の大領外正八位上尾張宿祢人足、主政外大初位上尾張連石弓（同時に見える大領の民連石前、主政の三宅連も尾張氏同族か）、天平六年（七三四）の中島郡郡領で従八位下尾張連（欠名。同時に見える□□従八位上甚目多希麻呂も同族で、ともに大領か。この時に主帳外大初位上に国造族〔欠名〕も見える）、郡名が不明の主帳で無位尾張連田主の名があがる。ちなみに、伊福部氏のほうは奈良時代及び平安前期でも史料にあまり現れず、伊福部宿祢紫女、伊福部宿祢毛人、伊福部妹女、伊福部宿祢永氏、伊福部宿祢広友が六国史に見えて、それぞれ外位で叙爵したくらいであった。

尾張氏一族が奉斎した熱田神宮の神階授与も、奈良時代には見えず、平安期以降となる。すなわち、『日本後紀』巻卅（逸文が『日本紀略』）にあって、平安前期の弘仁十三年（八二二）六月になって、尾張国熱田神に奉授従四位下とあるのが神階関係の初見だから、この一族が当時、さほどの勢力をもっていたとも思われない。ちなみに、六国史に拠ると、その後は天長十年（八三三）に正三位になり、清和天皇の貞観元年（八五九）のうちに従二位、さらに正二位と昇叙する。後に正一位を受け、『延喜式』では名神大社となった。

このように、継体朝から奈良時代末期まで見ても、朝廷の顕官や有力者は尾張氏から出ていない。最高位が女官で尾張国造の小倉の従四位下であるが、これを除くと、男性では豊人及び粟人らの従五位下という低いレベルであった。ほかに、写経の経師として尾張姓（無姓で記される）の奈支万呂、広足、足人が見えるくらいである。

こうした状況にもかかわらず、平安前期の弘仁六年（八一五）に成立の『新撰姓氏録』では、神別氏族の掲載氏数で見ると尾張氏族が物部氏族に次ぐ多数を占めるのだから、その理由は継体朝より前の時期の事情に求めざるを得なくなる。同書では、左京の尾張宿祢のほか、左京・右京及び山城・大和・河内に尾張連を載せる。

崇神朝時代の尾張氏一族の動向

ここで、時代を五百年ほど遡って、四世紀代ころからの尾張氏族の動向を見ることにする。神統譜に遠い起源をもつ諸氏族のなかでは、尾張氏の登場は比較的遅いほうだが、それでも、崇神朝には尾張一族の名が見える。津田史学の影響下でも、崇神朝以降の時期については、現実的な歴史の流れ、史実（ないしその原型の反映）としてとらえる見方が戦後の学界に強くある。

伝承では、四世紀前葉の崇神朝の人として先ず見えるのが、崇神天皇の妃になったと『書紀』に見える尾張**大海媛**である。『古事記』でも「尾張連の祖、意富阿麻《おおあま》比売」が妃と見える。大海媛は、崇神妃として八坂入彦・渟名城《ぬなき》入媛・十市瓊入媛を生んだと記紀に見え、「天孫本紀」もほぼ同一の記事をのせる。

これを、尾張氏の史料初見とする見方もあるが、『古事記』には、それより先に孝昭天皇の后妃の関係で、「尾張連等の祖、奥津余曽《おきつよそ》の妹、名は余曽多本《よそたほ》毘売命」と見え、『書紀』でも孝昭天皇の皇后に世襲足媛をあげて、尾張連の遠祖・瀛津世襲の妹とする。いわゆる「闕史八代」の天皇（大王）の実在性を否定するのは、論理的には無理が大きいから、奥津余曽兄妹のほうを記紀初見とすべきであろう（拙著『「神武東征」の原像』参照。なお、記紀で「尾張連等祖」という形で祖先の表記があっても、直系ばかりではなく、「傍系祖先」もいることに留意）。ちなみに、『古事記』中巻の神武～応神の期間には、尾張連の祖が四人も見えており、これは丸邇《わに》臣（和珥臣）の祖の四人と同数で、最多の登場である。

さて、大海媛は、意富阿麻比売のほか、葛木高名姫命とも表記され、建宇那比命の娘とされ（天孫本紀）、当時、大和葛城に在った尾張一族から出た。この妃の子女とされるうち、八坂入彦は、景行天皇の皇后となって成務天皇（＝五百木入彦命）を生んだという八坂入媛の父と伝えるが、「ヒコ・

ヒメ」の対応する名前は兄妹ないし夫妻とされることが多いうえに、『書紀』に八坂入媛の一族が美濃在住であったことが見える。これら諸事情から、「八坂入彦」なる者の実際の素性は王族ではなく、三野前国造の神大根命（神骨）の子とみられる。十市瓊入媛の事績は知られず、渟名城入媛のほうは倭大国魂神の祭祀に関与や命名（「渟＝瓊＝玉」）の事情などからみて、崇神の同母姉妹とみられる倭迹迹日百襲姫命と同人ないし近縁かと推される。そうすると、大海媛の所生の子女は誰もいなくなるが、この女性が崇神天皇の妃の一人とされるように、美濃とも何らかの縁ができた可能性が窺われる。

　世代や命名等をもっと実態的に考えると、歴史原型としては、大海媛が八坂入彦・八坂入媛の兄妹を生んで（その場合、大海媛は崇神妃ではなく、兄妹の実際の父たる三野前国造の祖・神大根命の妻か）、八坂入媛が景行皇后として五百木入彦（＝成務天皇のこと）を生んだので、その御名代・五百木部を中央で管掌する五百木部連（伊福部連）が大海媛の兄・建諸隅の孫の若都保命の子孫から出た、とするほうが自然そうである。美濃にはカバネの異なる五百木部君（伊福部君）という姓氏もあって、こちらは三野前国造ないし同族の牟義都国造（姓氏は身毛君、牟義都君、牟義公、牟宜都公、武芸津君）の族裔とみられる。

　五百木部は全国的に広く分布するが、美濃に最も多い。美濃に多いのは当地の古代戸籍が残存するためであろうとする見方（『福井県史』通史編1〔白崎・門脇両氏執筆〕）は間違いであろう。当該御名代（太田亮博士の説に同見）の発生事由が美濃にあったので、それにより美濃に現実に多かったことになる。大宝初年頃の藤原宮出土木簡に従七位下の五百木宿祢東人や五百木部連方曽が見えており、平安前期には、清和・陽成両天皇の侍医をつとめ尾張権介も兼ねた従五位下五百木部公全成が知られる（カバネの公から推して美濃出身か）。異なる表記の「伊福部、伊福吉部」も含め、美濃ばかりでなく、近隣の尾張・遠江や因幡・若狭・越前・山背・播磨・伊豆・陸奥などにもこの部が広く分布した。イホキベの表記は多いが、本書では主に「伊福部」と表記する（この表記は天平頃以降か）。

　大海媛は、「天孫本紀」では天火明命の七世孫にあげられ、その兄の建諸隅命には孝昭朝の「大臣」になったとする記事がある（この年代は疑問で、「大臣」任命も裏付けるものはない）。建諸隅の系統が葛城に在った尾張氏族の本宗的存在とみられ、妻も葛木直祖・大諸見足尼の娘・諸見己《もろみこ》姫で、その間に倭得玉彦《えたまひこ》（市大稲日《おおなび》命）を生んだ。この子孫から左京・山城・大和・河内などの伊福部氏（五百木部。『姓氏録』では宿祢・連及び部姓で掲載）が出た。『古事記』孝元段には尾張連等の祖、意富那毘《おおなび》（＝倭得玉彦）の妹・葛城の高千那毘売（大海媛の姪）は大王一族の彦太忍信命（正しくは、その子の屋主忍男武雄心命）に嫁して甘美内宿祢（武内宿祢の異母弟）を生んだと見えており、系図にも同様の記載がある。

　次ぎに、火明命の六世孫におかれる建多乎利《たけたおり》命は、笛吹連・若犬甘連らの祖だと同書に見える。この系統も葛城に在って、崇神朝に活動を伝える。それが、笛吹連先祖の櫂子《かじこ》の祖にあたる。大和国忍海郡式内社の葛木坐火

葛木坐火雷神社（笛吹神社）＝葛城市＝

雷神社（葛城市新庄町笛吹神山）にある笛吹神社の所伝では、武埴安彦の乱のときに大王方としてこれを討ち、天磐笛を賞賜され笛吹連の姓も賜ったと伝える（笛吹はともかく、「連」の賜姓は実際には後世のことか）。この子孫が同社祠官の持田氏として長く続いて、現宮司が八五代目だという。櫂子は、年代的に建多乎利命の子あたりにおくのが妥当か（持田家系図もそのように記すという）。その場合、櫂子は「天孫本紀」尾張氏系譜に記載の大縫命に当たる者ではないかとみられる。

倭建命東征と尾張氏の建稲種・宮簀媛兄妹

四世紀中葉頃の景行朝では、尾張氏の建稲種と宮簀媛《みやす》（『書紀』の表記）の兄妹が倭建命（日本武尊）の東征に関連して活動が見える。『古事記』には「尾張国造の祖、美夜受比売」とあり、尾張氏では、大王一族との婚姻は崇神朝の意富阿麻比売に続く。兄妹の父・乎止与《おとよ》命は、尾張大印岐《おおいみき》の娘・真敷《ましき》刀俾《とべ》を妻として、その間に生まれたのが兄妹というから、乎止与本人か父親の代に尾張に移遷してきたのではないかとみられている（この移遷問題は、また後述）。

倭建命は東征の往途上、伊勢から尾張に到り、尾張国造の祖・美夜受比売《みやずひめ》の家に入って結婚しようとしたが、結婚は帰還のときにと思い直し、これを契り定めて東国に向かい、東征を終えて科野（信濃）から尾張に戻って結婚した、と『記』に見える。『書紀』では、日本武尊がまた尾張に還りまして、そこで尾張氏の女・宮簀媛を娶ったとある。往路の事情については特に記されないが、内容的には『記』とほぼ同一とみてよい。

倭建命が往路に尾張を通ったとき、宮簀媛の兄・建稲種（建伊那陀宿祢）は東征軍に加わり、帰途に駿河の海にて没したと伝える。これが、寛平二年（八九〇）成立の『熱田太神宮縁記』に記される。次の成務天皇朝になって諸国の国造が定められたとき、建稲種の老父の小止与《おとよ》が尾張国造(初代)に任じられたのも、嫡男がなんらかの事故で既に死去していた故なのであろう。これに続く、神功皇后による韓地遠征にも、尾張氏一族からの参加伝承が見えない。こうした実績の故か、その後も韓地の外交・軍事関係で活動する者が尾張一族では史料に殆ど見えない(古墳時代後期の名古屋市小幡茶臼山古墳から金銅装の馬具が出ており、これが直ちに尾張氏の対外交流を意味するかは不明。なお、推古朝に企画された来目皇子の征新羅軍には、尾張氏の枚夫連が随ったと系譜にいう)。

このように考えると、建稲種が東征に参加しその行程のなかで没した蓋然性が高い。とはいえ、帰途に倭建本隊が海路をとったとは考え難いが、尾張氏が当該東征の水軍を率いたことは十分ありうる。これに加え、東国では「ヲハリ」という地名・氏族が分布し、常陸・上野(緑野郡尾張郷で、金鑽神社近隣)・信濃(佐久郡小治郷、水内郡尾張郷《おわりべ》)、さらに北陸の越前(坂井郡)でも見られる事情などから考えて、建稲種の死亡地は東征の終わりに近いころなら、北陸路ではなかったか。

明治になって華族に列した熱田大宮司家(藤原南家の流れ)の千秋季隆が提譜した尾張国造の系図では、建稲種について、日本武命の東征に従い、景行朝の四三年に海にて卒と見える。一方、それ以前にその父・季福が提譜した『千秋家譜』には、「延喜式　内々神社(註:春日井市内津町に鎮座)・幡豆神社鎮座」「日本武尊東征際幡頭《はたがしら》トナツテ北陸道征」との記事がある。建稲種死去の報を久米八腹《やはら》(八甕とも同人か)が早馬で尾張に報じたとの伝承もある。ちなみに、建稲種は、熱田神宮・内々神社・羽豆神社・成海神社・尾張戸神社などに祭られる(これら諸社は後ろでも見る)。

尾張氏一族は、倭建本隊の別働隊として信濃で分かれて北陸道に入った吉備武彦隊に同行し、東征の後も吉備氏と共に一部は吉備地方まで付いて行ったとみられる。吉備における尾張氏関係としては、備前国の邑久郡に尾張郷があり（『和名抄』）、同郷大村里の尾治部加之居（平城京出土木簡）がいる。戦国時代の文明年間以降は、浦上氏家臣の鷲見《すみ》氏が代々尾張城に居り（城山稲荷神社の境内一帯に築城。濃尾では、美濃国郡上郡鷲見郷の国人領主の鷲見氏が著名だが、それとの関係は不明）、現在は瀬戸内市邑久町尾張となっている。奈良時代の「津高郡収税解」（唐招提寺文書）にも、尾張祖継の名が見える。『延喜式』神名帳には、御野郡に尾針神社（「国帳」には正五位下尾針明神）・尾治針名真若比女神社（「国帳」に従四位下尾張針田玥神）があげられる。

更に西方の周防国佐波郡の人で天平神護元年（七六五）に尾張益城《ましき》宿祢を賜姓した尾張豊国もおり、先祖が吉備から更に西方へ遷住したものか。尾張氏初期段階の祖先・尾張真敷《ましき》刀俾（建稲種の母）及び安閑二年紀に設置と見える間敷《ましき》屯倉の「マシキ」を名乗る尾張氏一族が周防に居住したことは興味深い。

当該**間敷屯倉**の所在地については、中世の春部郡安食郷（葦敷）、現春日井市勝川町あたりを比定する説（重松明久氏「尾張氏と間敷屯倉」）があるほか、稲沢市（もと中島郡平和町）三宅、海部郡三宅郷、あるいは愛知郡という諸説がある。春部郡の場合には、上記の内々神社も、味美古墳群も同じ春日井郡のなかにあり、旧山田郡も含む同郡辺りが尾張国造の当初の本拠地であった可能性が出てくる。愛知郡の郡司主政には三宅連麻佐（聖武天皇朝の神亀元年〔七二四〕に主政外従七位下）が見え、同郡の福興寺が俗に三宅寺という事情もあり、これら「三宅」に基づく説も捨てがたいものがあり、いずれにせよ、この辺に尾張氏とのつながりが考えられる。

建稲種の兄弟で倭建東征に随行した者がいたことは、『張州雑志』からも知られる。同書（巻第三六）に掲げる「松岡龍太夫系図」によると、建稲種の弟の松岡彦命は、日長智命ともいったが、東夷征罰に供奉して戦功があって、末社を祭る松岡統（八剣宮祠官）の大祖だとされる。

建稲種兄妹と三角縁神獣鏡出土の古墳

戦後の考古学界で様々に議論されてきた三角縁神獣鏡について、倭建東征による配布を考える説がこれまでいくつか提示されてきた。その配布要因がこれに限定されるわけではないが、かなりの正鵠をえていよう。具体的に出土状況から言うと、次のとおりである。

尾張では、丹羽郡、現・犬山市犬山の白山平頂上にある**東之宮古墳**《ひがしのみや》（墳長七八メートルの前方後方墳。かつては瓢箪塚古墳という名）は四面の三角縁神獣鏡など鏡十一面を出土した。それが、大和の鴨都波《かもつば》一号墳・佐味田宝塚、神戸市東灘区のヘボソ塚、武蔵の亀甲山古墳と同范鏡関係（いまは「同型鏡」というのが正確な表現だとされるが、本書ではこの語も使用）にある。垂仁・景行朝ごろに盛行した前方後方墳という古墳形式の事情からみても、被葬者が尾張氏の建稲種という可能性が高い（一方、地元の古族丹羽氏自体は、倭建命や景行天皇との関係が薄い）。この古墳が三角縁神獣鏡出土の事情から尾張での最古級とする見方も当初あった。しかし、この鏡の出土は古墳築造時期をむしろ遅らせる要素であり、石釧・鍬形石・車輪石・石製合子などが一緒に出る事情を考えると、四世紀中葉頃とみるのが妥当である。方墳部の傍には東之宮神社がある。

東之宮古墳の西方近隣には、尾綱根《しりつなね》・針名根親子に通じそうな丹羽郡の式内社・針綱神社もあって、尾張氏一族の人々を祀る。建稲種は邇波《にわ》（丹羽）県君の祖・大荒田の娘・玉姫の婿であり、玉姫が尻綱根ら二男四女を生んだと「天孫本紀」に見える。この丹羽郡は尾張氏の本拠地域からすこし離れるが、上記丹羽氏との通婚からして割合自然であろう。

尾張西南部の旧海部郡佐織町（現愛西市）千引には、宗像三女神を祀る奥津神社があって、三面の三角縁神獣鏡を伝来する。社殿が鎮座する小丘は**奥津社古墳**という古墳（径二五㍍の円墳。墳長三五㍍の前方後方墳説もある）であって、この古墳から一括出土した鏡とみられている。当該三面のうち、一面（竜虎鏡）が黄金塚（東槨）・黒塚・椿井大塚山と、四神四獣鏡の一面が椿井大塚山・香川県多度津西山古墳（円墳）と、同じく他の一面が福岡県石塚山古墳の出土鏡と同笵関係がある。三面とも、「三角縁神獣鏡の中では最古の鏡群に属し、東海地方の古墳発生を考える上で貴重な資料」だとされる。奥津社の祭神が女神で、円墳被葬者が女性に多い傾向があり、同笵関係のある鏡が出土した諸古墳の築造時期を考え、かつ、倭建及び景行の各々の両次遠征やそれに先立つ丹波道遠征に、三角縁神獣鏡が関係深い事情をも考慮すると、海神族系の一族の垂仁朝頃の女性（尾張国造一族なら、宮簀媛の母親くらいの世代位置か）が奥津社古墳の被葬者という可能性があろう。

熱田神宮の摂社で宮簀媛を祀る氷上姉子神社（熱田神宮のほぼ南方、十キロ弱の地）の西一キロの地には、四世

奥津神社と奥津社古墳（愛知県愛西市）

紀中葉頃の**兜山古墳**（径約四五メートルの円墳で、東海市名和町欠下にあったが滅失）がある。三角縁神獣鏡（同笵関係の鏡は知られない）も出て、捩文鏡・内行花文鏡なども併せ合計四面の鏡や一五〇個弱もの勾玉・管玉、碧玉製石釧九点、滑石製合子、鉄刀などが出ている。石釧・石製合子は、東之宮古墳とも共通する（兜山の発掘が明治十三年頃の地主によるものだけに、他の出土品もあったか？と調査方法が惜しまれる）。宮簀媛居住の館があったという旧社地の元宮（館跡は火上山頂の南方の高台）から東北方近隣の現在地に遷座した経緯からみて、こちらが宮簀媛の墳墓にふさわしい。同墳が発掘された当時は元の位置に白山社があった。緑区大高町の氷上社の近くには、石神白竜大王社や石神遺跡がある。

このほか、尾張では春日井郡、現・小牧市小木の**宇都宮神社古墳**（墳長五九メートルの前方後方墳。墳頂に社殿あり）で三角縁神獣鏡が出た。同地の甲屋敷古墳（直径約三〇メートルで、現状は円墳の模様）でも、多量の赤い顔料とともに三角縁神獣鏡（兵庫県たつの市の龍子三ツ塚一号墳、和歌山県岩橋千塚に同范関係の鏡出土）・内行花文鏡が出た。たつの市龍子三ツ塚一号墳から出た別の三角縁神獣鏡は東之宮古墳と同笵関係があるから、甲屋敷古墳は景行朝頃の築造とみられる（被葬者は、地域・年代や古墳型式から見て宇都宮古墳の妻か）。

春日井市の出川大塚古墳（径四五メートルで二段築成の葺石を伴う円墳。現在は滅失）からも、三角縁神獣鏡二面が出た。併せて、ダ竜鏡・捩文鏡で合計四面の鏡、勾玉・管玉、刀、石釧なども出ている。こちらの三角縁神獣鏡は、奈良県新山・大阪府紫金山との同笵関係から見て、倭建東征よりは築造時期がすこし早いか。この辺の事情を考えると、尾張地域は垂仁朝頃から中央政局とほぼ同じ歩みをしてきたものか。

三角縁神獣鏡の分布が景行朝の倭建命の東征コースと関係深いことは、辻直樹氏も「倭建の再発見」(『まほろばの覇者』、一九七六年刊)で指摘する。大和葛城でも、葛城山の東麓になる**鴨都波一号墳**(御所市三室)からは三角縁神獣鏡四面が出たが、これは、王権示威の遠征を九州まで行った景行天皇に近侍・随行した鴨君の族長(神《かもの》大野宿祢)にふさわしい副葬品である。鴨都波一号墳から出た三角縁神獣鏡は、尾張の東之宮古墳(被葬者は先に建稲種と推定)からの出土鏡との同笵関係が知られる。東之宮出土鏡のなかにはヘボソ塚(神戸市東灘区岡本にある前期古墳で、墳長六三メートル)・佐味田宝塚(奈良県北葛城郡河合町佐味田の墳長約一一一メートルの前期古墳で、被葬者は葛城国造一族か)などの出土鏡との同范関係を示すものがあるから、これら古墳の被葬者も景行朝頃に活動の人と関係深いことが分かる。

三角縁神獣鏡は、中国の魏王朝から下賜された卑弥呼の鏡ではない。四世紀中葉当時の大和王権が製作し、全国各地に配布した鏡だというのが要点である(寺沢薫氏も、「三角縁神獣鏡のほとんどが布留0式以降に倭国で製作されたもの」とみており〔『日本の歴史02　王権誕生』〕、最近では大塚初重氏も国産鏡と言明した)。同鏡は中国本土や朝鮮半島にはいまだ一件の出土もなく、森浩一氏らが言うように全てが国産鏡であり、出来映えにより舶載鏡とか仿製(国産)鏡に区別する意義もない。楽浪郡での製造鏡とする説も根拠が薄弱である。

允恭朝の尾張連吾襲の殺害

建稲種の子の尻《しり》綱《つな》根《ね》(尾調根)は、誉田天皇(応神)の御世に「大臣」となり供奉したと「天孫本紀」に伝える。ここでの「大臣」という地位は疑問だとしても、重臣ということか。その子孫に中央で活動する者を出すのは、建稲種などの外戚縁由によるか。
建伊那陀宿祢の娘という志理都紀斗売《しりつきとめ》所生の娘・高木之入日売、中比売、弟比売の三姉妹が揃って応神天皇に妃となり（『古事記』。なお、志理都紀斗売は五百城入彦皇子の妃で品陀真若王を生み、その妹・金田屋野姫命は品陀真若王の妃で仲姫ら三人の母と「天孫本紀」に記されるが、この異世代婚の記事は疑問で、「志理都紀斗売＝金田屋野姫」か。『古事記』応神段の割注では、金田屋野姫の名が見えず、「品陀真若王＝五百城入彦」とも解され、こちらが原型か）、中比売（仲姫）所生の大雀皇子が即位して仁徳天皇になると、この王統の時代でも、外戚の尾張氏一族からも朝廷に仕える者が出た。その一人が、『書紀』の允恭五年条に見える尾張連吾襲《あそ》である。

その記事に拠ると、同年七月中旬に地震が発生したので、先帝反正天皇の殯宮に被害が出ていないか、気になった允恭天皇は、尾張吾襲を派遣して殯宮の様子を視察させた。殯宮は無事だったものの、殯宮の責任者たる葛城玉田宿祢がこの場に見えないことで、玉田の屋敷のある葛城に派遣された吾襲が見たのは、男女を集め酒宴する姿であり、朝廷への速やかな出頭を求める旨を伝えたが、玉田は口封じに吾襲に駿馬一頭を差し出したものの、帰路の吾襲を待伏せにし殺害してしまった。この後の一連の悪あがきや策謀が天皇にばれて、玉田は遂に殺害された（この「玉田」は襲津彦の子とされるが、本件の允恭五年の被殺者は、あるいは玉田自身ではなく、その息子で、史料に欠名であったが故に、父と混同された可能性もあるのかもしれない〔玉手臣の祖が「磐田臣」と伝えるから、あるいは玉田と混同が生じたか〕）。

吾襲の名は尾張氏の系図にはそのままでは見えないが、『姓氏録』左京神別の尾張宿祢条に「火明命廿世孫阿曽（一書に阿曽祢）連の後」と記され、子孫を残したとわかる。「天孫本紀」系図には、十五世孫の尾治知々古連（久努連祖）が履中朝の功能臣として仕え、その甥の尾治坂合連は允恭天皇の御世の寵臣と見えるが、この辺を裏付けるものはない。坂合連の弟に阿古連（太刀西連等の祖というが、この姓氏は不明）が見え、これが名前からは吾襲に近そうだが、宮内庁書陵部所蔵の『尾張氏系図』には阪合連に「一名、五襲連」（吾襲の誤記か）と見え、この記事にも魅力がある。子孫が『姓氏録』所載の尾張宿祢（カバネからして嫡宗的存在）となって続いた事情も併せ考えると、これが妥当なのであろう。

「天孫本紀」系図をはじめ、尾張氏関係の各種系図では、第十六世孫の尾治坂合連から第十八世孫の尾治乙訓与止連兄弟の世代まで、世系に様々な混乱がある。この第十八世孫世代が同書では最後の世代で、関係者の活動・事績からみて概ね推古朝頃の人々と推されるから、坂合連の後裔としても、系譜に二世代ほどの欠落が考えられる（現存する系図に多く当たり歴代探索に努めたが、原型の復元につながる史料は見い出せなかった）。

五、六世紀代には熱田地区や味美・味鋺地区などに大型の前方後円墳が多く築造されるが、これらの築造勢力を海産物の貢納（阿曇氏の役割と同様）や海上輸送による物資流通を把握した尾張氏にあてる見方が強い（味鋺の名から物部氏一族を考えるのは疑問もあるか）。須恵器生産や製塩にも一族が関与したとみられている。

尾張氏一族に関連する前期古墳

倭建東征に関連して、先に東之宮古墳及び奥津社古墳などに触れたが、この他の尾張氏一族関係墳墓についても、初期段階の古墳や前期古墳を主に、先ず考えておく。尾張では、現在まで二三〇〇基超もの古墳が知られ、その殆どが古墳時代後期、六世紀以降の小円墳である。しかも、前方後円墳も含めて滅失した古墳も、この地域ではかなり多く、発掘調査も不十分な事情も併せて、築造動向・時期も含め不明・難解なことも多い。

濃尾地方における古墳の消長を見ると、当初では、濃尾平野の古式古墳はすべて古墳時代の前Ⅱ期（古墳時代編年七期区分の場合で、概ね四世紀代後半）の以後に成立したものとみる説がかなり強かった。その後に、美濃の象鼻山一号墳・観音寺山古墳などの前方後方墳が認識されたことで、この古墳型式の美濃起源説も唱えられるなど、当地の古墳の始まりはかなり遡った。

尾張の古墳地図

それでも、尾張地方について言えば、名古屋市守山区を中心とする庄内川中流域の志段味《しだみ》古墳群あたりに当国の初期段階の古墳がもとめられる。名古屋市博物館でも「志段味に現れた最初の王墓」という表現をする。「初期段階」の築造年代をあえて具体的に表現すれば、当初の四世紀代後半から多少繰り上がって、同じ四世紀の前半頃とかわった（これが、尾張への大和王権関係者の勢力伸張時期とも関連する）。それが、築造場所が次第に西方・南方に移っていき、尾張中部の名古屋市北区の味鋺古墳群、春日井市の味美古墳群と、南部の瑞穂台地あたりの古墳群の消長を見つつ、熱田台地の断夫山古墳・白鳥古墳の後期古墳へとつながる。こうした築造動向は、古墳時代の海岸線が名古屋市の伊勢湾に面する現在の海岸線と大幅に異なり、遥か北方に後退する形で位置していて、高台以外の名古屋市街地は殆どが海の中であった地理事情にも因る。

さて、志段味古墳群には、尾張では最大級の前方後円墳（墳長一一五㍍。県下では第三位の規模）の**白鳥塚古墳**がある。同墳は、守山区東北端部の東谷山《とうごくさん》（標高一九八㍍）の丘陵先端を分断し、柄鏡形の墳形で存在する。これが、天理市の行燈山古墳（伝崇神天皇陵で、実際には垂仁天皇真陵）と同じ類型に属し、その約二分の一の縮尺と分かって、最古級のものとして時期が見直され、四世紀前半頃の築造とみられる（これまで発掘調査がなされず、副葬品は知られない。出土した須恵器は後世のもので、永く祭祀対象であったことを窺わせる）。規模・型式が大阪府柏原市の玉手山七号墳（凡河内国造一族の墳墓）と酷似するという特徴がある。後円部を覆う葺石に白色珪石、長石の割石が用いられたことで、築造当時、墳頂部は陽にキラキラ輝き荘厳を極めていたとみられている。

近隣の**尾張戸神社古墳**（径二七㍍の円墳か）も、一部の葺石に白鳥塚古墳と同様な石英（白石）が混じること、埴輪を伴わないこととという共通点があり、古式で両墳がほぼ同時期の四世紀前半の築造とみられる。この墳丘上に山田郡式内の尾張戸神社があり、同社は成務朝に宮簀媛の勧請で尾張氏祖神を祀るとの所伝があるから、それが正しければ既に同朝には古墳ができていたことになる。円墳という型式で問題なければ、これが白鳥塚古墳被葬者の妻の墳墓で、この夫妻は宮簀媛の両親にあたるかもしれない。

白鳥塚の前方部は二段、後円部は三段築成と推定されており、この規模・年代からして、垂仁～成務朝に活動した国造初代の乎止与《おとよ》以外に被葬者が考え難い。そうすれば、尾張国造は大和王権と密接な関係をもち、初代から当地に大きな勢力をもったと窺われる。これまでも、尾張南部の首長的人物が被葬者とみられてきた。箸墓古墳に隣接する纏向遺跡から弥生後期の尾張系の土師器の出土もあり、大和王権と尾張との交流が分かる。

その近隣に、築造が少し遅れる中社《なかやしろ》古墳（守山区上志段味。墳長約六三メートルの前方後円墳）があり、尾張戸神社の摂末社の中社（祭神は菊理媛）が墳丘上に鎮座する。同墳の円筒埴輪が近畿の技術で作られ、東海地方では最古段階のものと明らかになった。この事情からもこの地域を中心に尾張と大和王権との古墳時代の密接な関係がわかる（これも含め、志段味古墳群は、古墳時代の全時期を通じ、規模・形の異なる様々な特色をもつ古墳が、狭い範囲で起伏に富む地形のうえに築かれ、墳丘の平面形や葺石の特徴、石英を用いた墳丘装飾、埴輪の形態・製作技法、墳丘上の祭祀行為、埋葬施設内の副葬品などから、大和王権との密接な関係が窺われるとされる）。

尾張戸神社古墳（名古屋市守山区）

これらにすぐ続くと一般にみられるのが**高御堂古墳**（春日井市堀ノ内町）であり、庄内川流域北岸ではあるが、白鳥塚古墳の約四キロ西方に位置する。春日井市内で唯一の前方後方墳であり、葺石や壺型埴輪（底部穿孔壺型土器）をもち、墳長約六三㍍で後方部が三段築成とされる。これも石槨内部が未調査のため、副葬品は未確認である。大和の黒塚古墳・ホケノ山古墳・桜井茶臼山古墳などからも出た底部穿孔壺形土器を重視すれば、こちらの古墳のほうが尾張最古としてよいのかも知れない（後方部で竪穴式石槨が発見され三角縁神獣鏡を出した小牧市小木の宇都宮神社古墳と同一の設計企画との指摘もあり、その場合は、高御堂の被葬者は東之宮古墳の兄弟近親にあたるかもしれないが、年代については出土土器を重視したい感もある）。平成十年の周辺地区発掘調査により、墳長が拡大する可能性と葺石や壺形土器が伴うことが明らかになり、「出土した二重口縁壺形土器からは、四世紀前半期を中心とした時期を想定できる」と赤塚次郎氏は記す（『続日本古墳大辞典』）。この東方近隣には、神領銅鐸出土地（三遠式銅鐸など二個）もある。

次ぎに、**守山白山古墳**（守山区守山）は守山台地の最西端に二段築造で築かれた前方後円墳（墳長約九〇㍍）で、後円部に守山白山神社の社殿が鎮座する。未調査のため埋葬部の構造や副葬品は不明も、前方部の低い墳形や出土した埴輪から、四世紀後半～五世紀前半頃の築造とみられてい

庄内川（名古屋市内）

る。

志段味古墳群ばかりではなく、白山藪古墳（三角縁神獣鏡を出土）を中心とした味鋺古墳群、これらに隣接する守山白山古墳を中心とした小幡古墳群はいずれも庄内川流域に築造される。このように四世紀後半頃以降の尾張中部では、特にこの庄内川を中心として大古墳が築造された。これら前期古墳は庄内川流域を掌握した勢力によるものであったが、これに続く古墳は次第に西方ないし南方の尾張南部のほうへ展開していく。

尾張氏関係の中期の古墳

中期古墳で五世紀代の古墳としては、尾張東部の高田古墳、鳥栖《とりす》八剣社古墳（造出しをもつ円墳）や巨大な円墳とされる八幡山古墳があげられる。五、六世紀を通じて多くの古墳があるのが熱田・瑞穂台地であり、五世紀中・後葉頃から六世紀前葉を中心に大型墳が出てくる。このなかに、名古屋市中区の（新栄）白山神社古墳（墳長七〇㍍）、同じく中区の**大須二子山古墳**（同、約八〇㍍。一三八㍍という見方があるが、これは墳長ではなく古墳全域の話か。既に滅失しており、規模は従来説に従う）がある。大須二子山からは鎧・兜や杏葉等の馬具、画文帯仏獣鏡（倉敷市の王墓山古墳、木更津市の鶴巻山古墳と同笵関係）・画文帯神獣鏡各一面、円筒埴輪Ⅴ式が出て、五世紀後半ないし末頃の築造とみられている。

これらはあまりめぼしいとは言えないとしても、国造級の古墳としてよく、庄内川の南方という地域にも留意される。この辺まで見てきた庄内川流域とその周辺、更に南方地域の諸古墳は、主として尾張氏一族による築造だとして概ね誤りはなかろう。

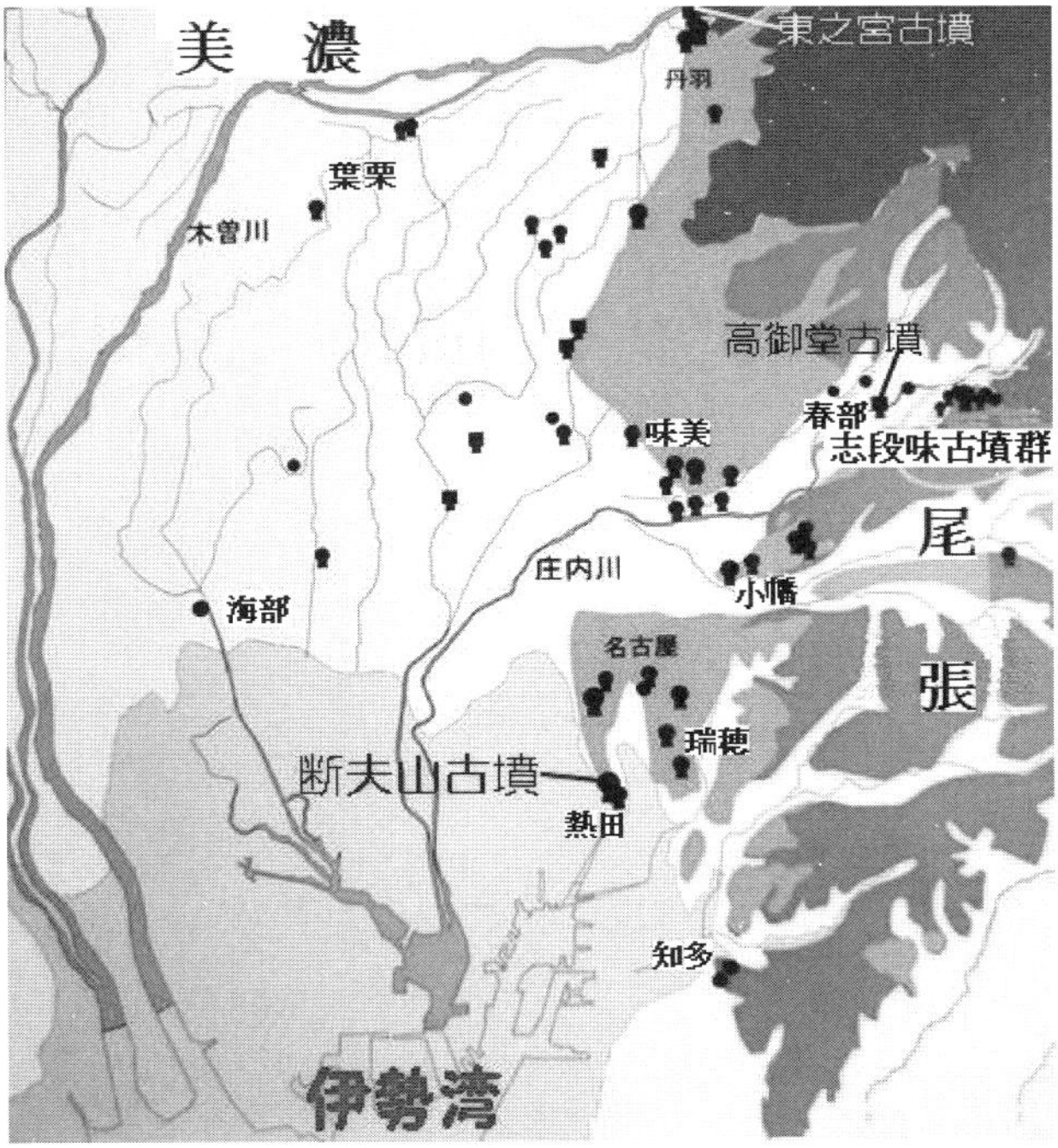

尾張の古墳の分布

これらに加え、庄内川の北岸には**味鋺《あじま》古墳群**（名古屋市北区味鋺）もあった。ところが、いまは同古墳群はほとんど調査がなされないまま全ての古墳が滅失してしまった。

もうすこし言うと、この味鋺古墳群は、現在の味美《あじよし》古墳群（春日井市味美地区に現在は四基が残る）の南方に位置し、両古墳群併せて「百塚」とも呼ばれた。味鋺地区には、味美地区に先行する約五十基超の古墳があったとされる。地籍図や地形図などを含めた資料から見ると、白山薮古墳（墳長約四八メートル。現・名古屋市北区味鋺の地にあり滅失）・味鋺大塚古墳（墳長推定百メートル余）、味鋺長塚古墳（同推定七〇メートル余）の三古墳を含む五基が明確な古墳とみられるとされる（『味美二子山古墳の時代』）。白山薮からは三角縁神獣鏡など鏡三面の出土が知られるが、これ以外は調査されることもないままの滅失といわれる。

白山薮にあった白山神社が現在地に遷座し、その際に味美二子山古墳の墳丘上に鎮座した物部神社（式内小社）を合祀して建立された経緯がある。前身の両神社とも創建年代は不明で、社殿は味美白山神社古墳の墳丘上に位置する。この辺が味鋺とか味美と呼ばれるのは、物部氏の祖・可美真手命の名にちなむともいい、上記物部神社もあって、味鋺・味美の古墳群は尾張の物部氏も多少関係したのかもしれない（こうした見方も現にある）。

尾張氏関係の後期の古墳

五世紀後葉以降の**後期古墳**の時代になると、古墳築造状況がまたすこし分かってくる。主だったところでは次のようなものがあるが、必ずしも中期古墳との分別ができているとは言いがたく、なかには中期古墳としたほうがよいものも含まれよう。

守山瓢箪山古墳は、先に見た守山白山古墳の東方約一キロほどにあり、守山台地の縁に沿った墳長約六三メートルとされる。須恵器質の三突帯四段の大型円筒埴輪や水鳥形埴輪が出土しており、六世紀前半頃の築造とみられている。

小幡台地になる辺りには、墳長約八一メートル（一に約七四メートル）の小幡長塚古墳があり、周濠・造出しをもち、円筒埴輪や水鳥形・馬形・家形・人物形など多くの形象埴輪が出土した。守山・小幡地域の首長が被葬者で、五世紀後半ないし六世紀前半頃の築造とされる。

次ぎに、**小幡茶臼山古墳**（守山区翠松園）があげられ、小幡長塚の北東近隣に位置し、小幡丘陵の尾根の先端を整形して築造される。墳長が約六三メートルで、造出し部・周濠を持つ二段築造の前方後円墳である。横穴式石室をもつ後期古墳で武具、金銅装の馬具や金環などの装身具が出た事情等から、六世紀中頃ないし後半の築造とされる。同墳には、乙訓の物集女車塚古墳などと共通する形状・構造の横穴式石室や石棺が見られる。築造順が池下古墳・小幡長塚・小幡茶臼山の順で、この地方で最後期の前方後円墳とみられている。

春日井市の味美古墳群のほうでは、**味美二子山古墳**は同市二子町にある前方後円墳で墳丘は二段構築で墳長百一メートル、円筒埴輪V式や形象埴輪（馬・人物・水鳥形）、須恵器などの出土が知られる。主体部（埋葬施設）は不明だが、複数の調査から築造時期は五世紀末～六世紀初頭頃かとみられており、こちらが尾張連草香の墳墓かという説がある（私見では、もうすこし築造時期を遅くして、目子媛の兄弟か当時の尾張氏族長の可能性も考える）。北東側に造出が確認され、墳丘を取り囲む盾型の周濠を持つ。味美二子山古墳は断夫山古墳とほぼ同時期に造られた前方後円墳とみられており、両古墳は墳形や出土品が類似することから，被葬者間には何らかのつながりがあるとみられている。この時期には、尾張氏の勢力は庄内川の北方まで伸びていたとしてよさそうである。

同古墳には隣接して味美白山神社古墳（墳長八六メートル）と御旅所古墳（径三一メートルの円墳）があり、五百メートルほど北西の味美春日山古墳（墳長七四メートル）などとともに、同じ古墳群を形成する。味美春日山は、前方部の発達状態から味美古墳群では最後に築造された六世紀後半頃の前方後円墳とみられている。

味美二子山古墳（愛知県春日井市二子町）

熱田台地の後期古墳のなかで主なものが白鳥《しらとり》古墳と断夫山古墳である。**白鳥古墳**は現在の墳長約七〇メートルというが、前方部が削平された可能性もあって、その場合推定百メートルという見方もある。円筒埴輪V式及び六鈴鏡、杏葉などの馬具、鉄刀・鉄矛、勾玉・管玉等玉類を出した。ヤマトタケルの墓の伝承を持つことで、白鳥古墳というが、年代が合わない。

白鳥古墳の百メートルほど北にあって、東海地方随一の規模を誇るのが**断夫山古墳**である。この古墳が、「陀武夫御墓」といい宮簀媛の墓だと熱田神宮の社伝にあるが、これも年代的に合わない。六世紀前期という築造年代などから、目子媛の父・尾張連草香を被葬者とみる説が考古学界に強いが、これは先にも触れたが、問題が大きい。草香の具体的な活動がなんら知られず、しかも尾張氏でも支族の位置づけの人だとしたら、かように巨大な古墳を突如、築くことは不可能である。

そもそも、継体天皇の真陵とされる今城塚古墳でも、墳長が約一九〇メートルとされるのだから、尾張の一

断夫山古墳（名古屋市熱田区）

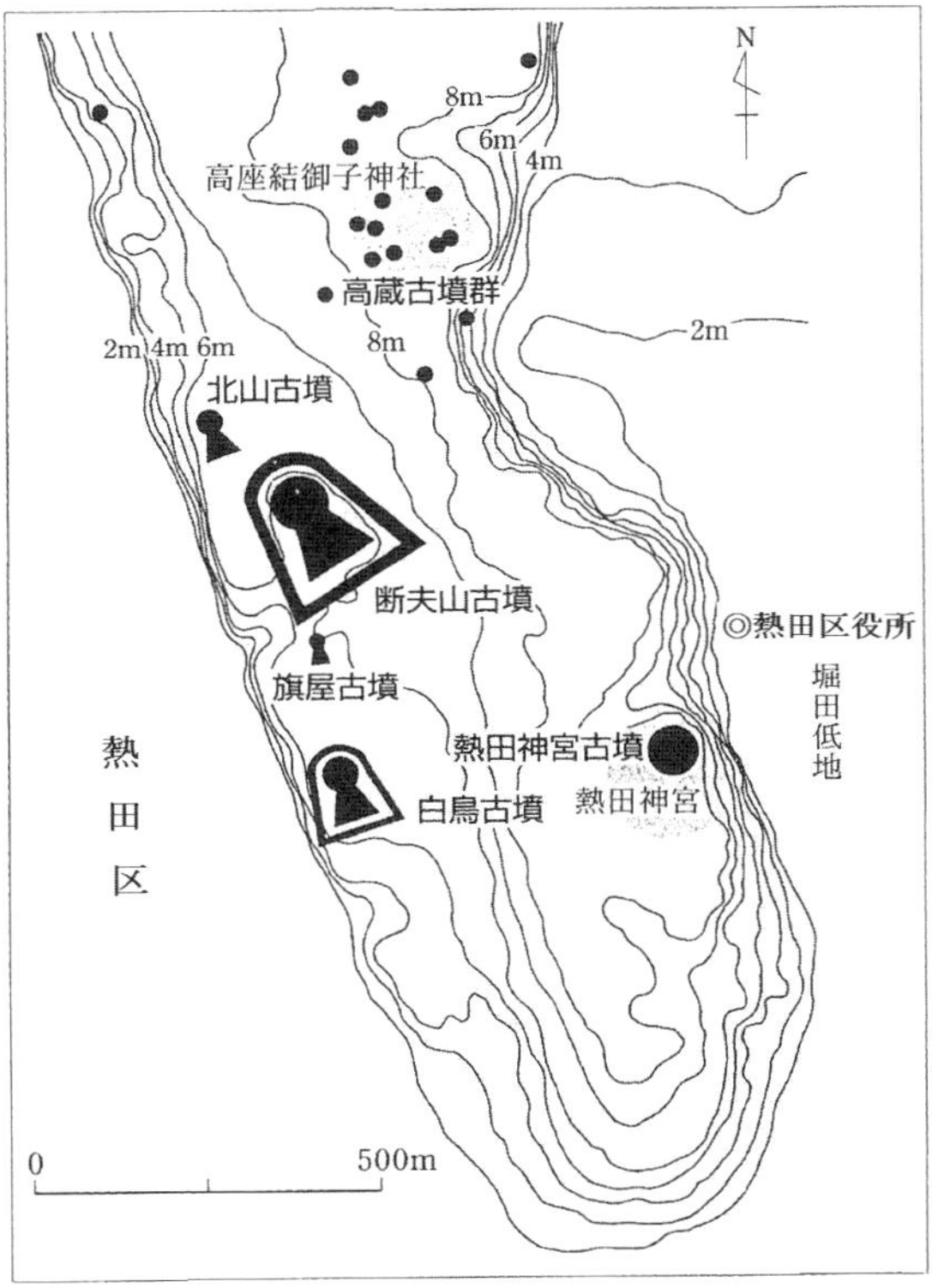

熱田岬あたりの古墳—赤塚次郎氏によるものを基礎—

豪族が一五〇メートルもの巨大古墳を築いたと考えるのはバランスを失する。ごく素直に考えて、天皇真陵の約八割の大きさで、大和王権の継体天皇関係者の支援によってこそ可能な築造規模とみられる。だから、目子媛その人とするのが妥当である。宮簀媛との伝承も目子媛に通じるのかもしれない。尾張では、断夫山古墳と犬山の前期古墳、青塚古墳だけが三段築成とされ、継体皇后手白香皇女の真陵とされる西山塚古墳も同様な三段築成であることを考えると、一豪族にすぎない草香連が築きうるような築造内容ではない。

断夫山古墳・味美二子山古墳と継体真陵とされる今城塚古墳との墳形がよく似ているとの指摘も、これら三古墳の関係を示唆する。その場合、年齢的にみて、継体陵よりも先に築造されたはずの尾張連草香の墳墓が古墳墳形の手本になるはずもない。

この断夫山古墳と志段味古墳群の勝手塚古墳とが、共に猿投型円筒埴輪を採用しており、関連性が指摘される。尾張氏の一部が志段味古墳群の地域に戻ったか、一時勢力を失った尾張氏の傍流が復権したかによって、志段味に古墳の築造が再開されたものか。

なお、ここまでで触れなかった尾張地方のなかで比較的大型の前期古墳についても、併せてその築造関係者を考えておく。

県下第二位の規模は、墳長一二三メートルの愛知県犬山市青塚の**青塚古墳**であり、大県神社より西方四キロ近隣にある。当社の祭神たる大県大神の神裔で丹羽県君の祖・大荒田命の墳墓だと同社では伝える。青塚のほか、茶臼山、王塚などの呼称があって、前方部に二段、後円部に三段という構造で、やや不定形な周濠を有する。犬山扇状地に発達した洪積段丘の端部に位置して自然地形を利用し、西側に木曽川による平野を展望する。築造の時期は、遺構と壷形埴輪など出土遺物から四世紀中頃の築造とみられる（当初は、次の妙感寺古墳が先とみられたようである）。この地域で同じ系統の古墳では、中期頃の古墳として犬山の台地にあって三段築成の妙感寺古墳が目立っている（墳長七七メートル、一に九五メートル。東之宮古墳の西南方の眼下に位置し、墳丘上に最上稲荷が鎮座。これまで発掘調査はなされていない）。

青塚古墳（愛知県犬山市）

尾張西北部の一宮市の車塚古墳（墳長約七〇メートル。変形神獣鏡・捩形文鏡・方格規矩鏡の合計三面や勾玉・管玉類等を出土）などは、鴨氏同族の中島県主一族関係かとみられる。このほか、あま市二ツ寺（旧海部郡美和町域）の**二ツ寺神明社古墳**は、同市唯一の前方後円墳で墳長が約八〇メートルあり、型式などから古墳時代前期の古墳とされる。くびれ部分に風の宮があり、後円部の頂上には神明社の社殿が建つ。築造期推定の材料は少ないが、実際に古いものであれば、海部郡にあった初期尾張氏か丹羽県君同族の島田臣氏かの先祖が被葬者か。先に述べた奥津社古墳の東北方近隣に位置するから、初期尾張氏にも関係するものか。

ここまで記してきたことを踏まえて、一応の参考までに尾張の主要古墳の時代区分表をあげておく（これまでの尾張の古墳時代区分は、三角縁神獣鏡出土古墳を総じて古く考えすぎる問題点などがあり、この辺を是正した一案である）。

尾張の主要な古墳の変遷

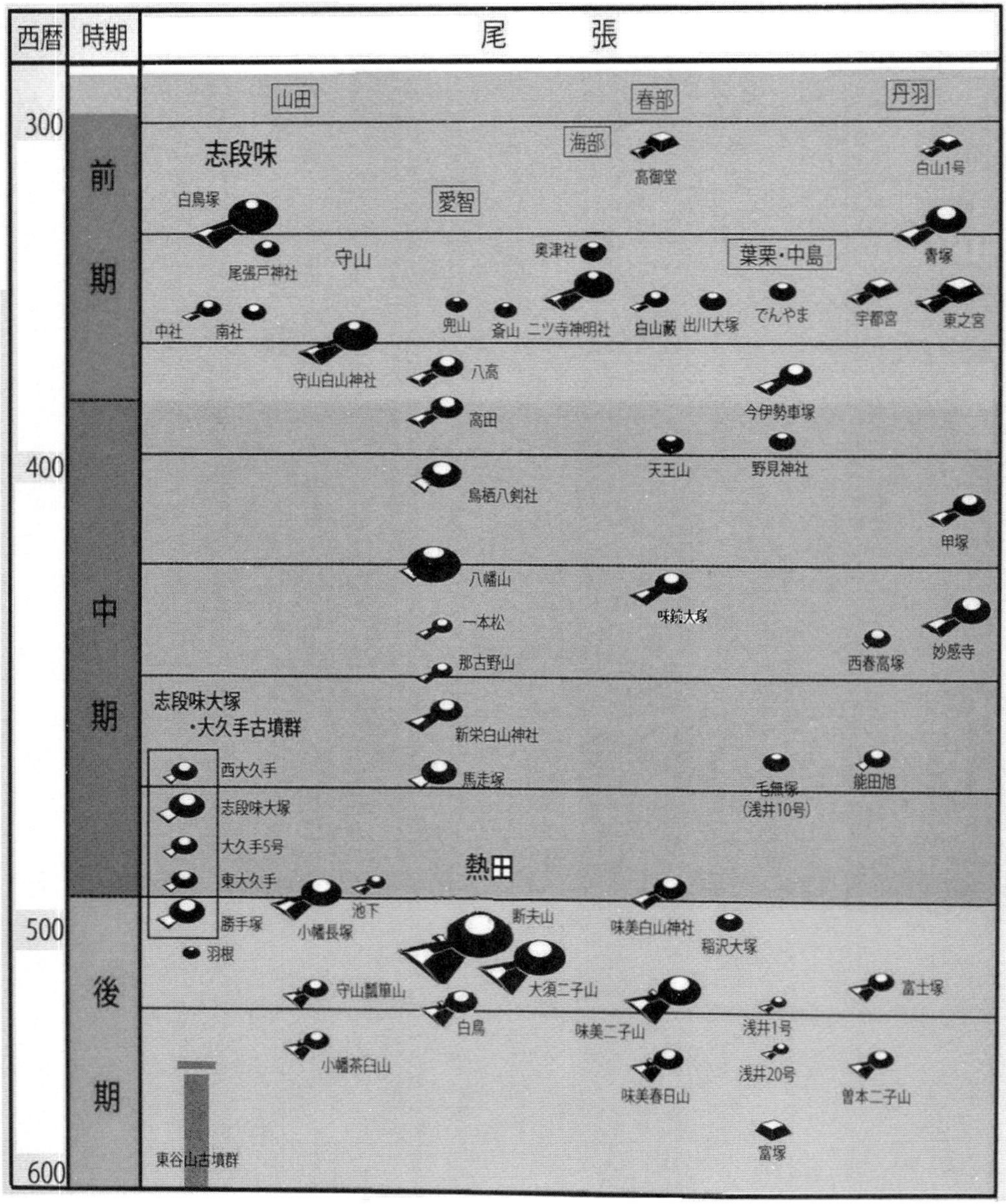

三　火明命・高倉下とその神統譜・系譜

ここまで平安初期頃までの尾張氏の動向を見てきたが、そのうえで、崇神朝頃から更に先祖を遠く神統譜の領域まで遡る検討を行いたい。なかでも、氏祖の高倉下の位置づけは重要で、神武東征の創業に関してこの氏族が果たした役割を見るうえの参考になる。

神武創業の功臣・高倉下の登場

神武東征の伝承は、戦後史学にあっては大和王権の起源を説明するため、後世に造作された神話だと多く受けとられてきた。しかし、その史実性は、伝承に現れる多くの人物・地名や時期などを的確に原型探索することにより、自ずと判然としてくる。

神武（即位前の名は不明なため、「神武」で記す。一に狭野《さの》尊）は、西暦二世紀後葉に九州北部の筑前国怡土・早良郡あたりに居て、当地「怡土国」（邪馬台国の支分国）の王家の一員であったが、庶子末弟で王位からは遠い位置にあったので、新天地を求めて兄とともに畿内への東遷を試み、大和に侵攻した（これは「邪馬台国の東遷」ではないし、そもそも邪馬台国本国の東遷なぞ、史実原型になかった。この関係の詳細は、拙著『「神武東征」の原像』を参照されたい）。この時に、神武軍に対して畿内で抵抗した勢力の主体となったのが長髄彦《ながすねひこ》だと記紀に見える。

神武とその軍隊は、いったん河内の日下あたりで撃退され、そこで南に迂回して紀伊からの再攻を試み、名草郡竈山から大和宇陀の穿邑《うがら》に至る過程のなかでまた危機に陥った。そのとき、在地の「高倉下《たかくらじ》」なる者に救われたと伝える。高倉下の又名は手栗彦命《たぐりひこ》といい、これらの名や事績伝承は、記紀や『旧事本紀』天孫本紀の尾治氏の祖・天香語山命の割註などの記事に見えて、似たような感じもあるが、主に『記』により記すと次のようになる。

神武軍が紀伊の名草郡方面から大和盆地に侵攻する際、「熊野」を通ったが、そこで現れた大きな熊の発する毒気に冒されて、神武及び配下の軍兵たちが皆、気を失い倒れてしまった。これを見て、高天原の天照大神と高御産巣日神（高木神のこと）は軍神の武甕槌神（建御雷神）を援軍として差し向けようとしたが、武甕槌神は自分の代わりに布都御魂剣（フツノミタマ。韴霊剣）を地上に降らせた。この霊剣は高倉下の倉の屋根を突き破って床に突き立ち、これを見つけた高倉下が神武に献じると、たちまち当人も軍隊も生気を回復した。その後、このあたりの諸土豪（土着神）は霊剣の力もあって斬り従えられ、その後も進軍が総じてうまく進んで、遂には神武の大和平定が成ったという。

この話で重要なのは、霊剣が高倉下のもとに降ってきたのを契機に、神武軍に加勢したことになる。神武東征の困難な局面にあって、高倉下が参加した意義が大きかった。伝承では、高天原の最高神たちの意志を夢と霊剣とを受けたのが高倉下の行動であった。しかし、実態として考察すると、高倉下が倭国造の祖・珍彦と近い同族（従兄弟同士。この辺は高倉下の系譜関係で後述）という関係がある。先に神武軍を海上の速吸之門（『記』の記事からいう明石海峡の比定が妥当）で出迎えた国神の珍彦に続いて、その一族の高倉下が帰服したとするのが自然である。霊剣に関しては、高天原の神々の関与の伝承は疑問が大きい。

神武軍の紀伊のなかでの行軍にあたっては、記紀が、紀伊の北部の名草郡から南端の牟婁郡熊野まで紀伊水道をくだる海路で大迂回して、熊野から上陸し陸路を大和へ入る行程だと記すが、これは当時の地理事情を考えると不可解で無理な話である。本書ではその検討は省略して、要点を次項以下に記しておく（詳しくは拙著『「神武東征」の原像』を参照）。

高倉下は天香語山命か

さて、高倉下は、「天香語山命」なる者と同一視されることが多い。文献を見ると、『旧事本紀』天神本紀では、饒速日尊（「天孫本紀」では「御祖天孫尊」と表記）の天からの降臨のときの随行三二神のなかに天香語山命をあげて、尾張連等祖と記す。『書紀』一書では、「天火明命の児、天香山は、是尾張連等が遠祖なり」と記載されており、高倉下と天香山とが同神とされる。

高倉下が尾張連等の祖であることは疑いないが、粟田寛は、これが天香語山命（天香久山命）と同じだとは信じられないとする（一九〇三年刊の『国造本紀考』）。上記饒速日に随行という三二神は、実のところ、世代等で極めて杜撰な列挙であるから、随行者各々の具体的な活動時期を考慮する必要がある。仮に、これが史実原型に近いものであったとしても、饒速日命の子に天香語山命が当たることは、まずありえない。

すなわち、「天香語山（天香山）」とは、大和三山の一つであり、その天香山に鎮座する十市郡の式内社、天香山坐櫛真命神社の祭神である神こそ天香語山命の名にふさわしい。当該の「櫛真命神」とは、実体が中臣氏祖神のタケミカヅチ神（建御雷神、武甕槌神。又名が武乳速命）で、布都御魂《ふつのみたま》剣の送り主でもあった。ここで祀られるのは中臣氏の遠祖神だから、尾張氏の始祖になりようがない（この関係の詳細は拙著『中臣氏』も参照されたい）。

吉田東伍博士や田中巽氏も、天香語山命と高倉下とは別人だとする。津和野藩主家の「亀井家系図」には、神邇芸速日命の母が「武乳速命の女」と記されるから、これに拠れば、武乳速命の曾孫世代と同じ世代に高倉下が属するということになる。

それでも、諸書には「天香語山＝高倉下」として記されることがままあるから、適宜、史料の関係個所「天香語山」の名を高倉下に読み替えて考える必要がある場合もある。

高倉下の父は誰か

高倉下に関わる系譜伝承では、天香語山が天火明命の子とされるから、その後裔の尾張氏が「天孫」に位置づけられる。これが、『書紀』『姓氏録』の立場である。しかし、この系譜伝承が信頼できるのだろうか。ここでは、高倉下の系譜的な位置づけとして祖系を考えることにする。

先ず、「天火明命＝饒速日命」とする天孫本紀の記事が妥当かという問題である。

系図学の大家太田亮博士も、物部氏と尾張氏との関係では苦悶したようで、結局、「尾張氏は物部氏と至大の関係を有する氏族にして、その神剣を奉斎するも、物部氏が布都の御霊の神剣を奉祀するに同じか。猶ほ考ふべし」（『姓氏家系大辞典』一〇四六頁）とし、神剣及び熊野の調査により尾張氏の祖・高倉下は物部族の人だと考えてもいる（「氏神の発達」）。総じて言うと、太田博士は天孫本紀にやや翻弄されており、乎止与の父祖等についても考え違いがある。

物部・尾張両氏が同祖同族であるかの問題は、氏族の同質性と系譜伝承から十分に論じなければならない。そして、結論的には、両氏に多少の共通性があるものの、異質性が強く、別系統の氏族とみるのが妥当だということになる。具体的に、次の諸点があげられる。

①物部氏族には海人性が総じて弱く（殆ど見られず）、一方、尾張氏族のなかには多くの海事関係諸氏があり、その行動等は海人性が強い。

②物部氏族には日神信仰や火明命や天照御魂神の祭祀があるのに対し、尾張氏族では火明命祭祀が後世的に見られるものの、本来は大己貴神という海神族祖神関係の祭祀だとみられる。尾張氏が「火明命」を遠祖系譜に取り込んだことから、この氏族や伊勢湾の磯部・海部が太陽神信仰をもったとみるのは疑問であろう。

③物部氏族の系譜には殆ど異伝がないが、尾張氏族では遠祖を振魂命、笠水彦命などとする異系の別伝もあって、別伝のほうが系譜として各種の整合性が大きい。

両氏のこうした異質性のほうを重視するのが妥当であり、要は、物部氏族は天孫族系で、尾張氏族は海神族系となる。これでは、男系として高倉下を饒速日命の子とするのは無理であり、火明命を通じて天孫族につなげることはできない。尾張氏の祖先系譜が記紀成立時までに諸事情で改変されてしまい、天孫族の系譜に附合されたということになる。

それでは、なぜ高倉下を饒速日命の子に置いたり、尾張氏を天孫族の系譜に入れ込んだのだろうか。その理由と考えられるのはいくつかあり、おそらくそれらの複合であろう。

まず、天孫族とは本来は異系の氏族が皇統ないしその祖先の系譜に附合した各種事例を見ると、天皇家一族との通婚が頻繁で、后妃をかなり多く出して天皇（大王）を生んだ実績があることがあげられる。尾張氏では、この氏から出た后妃が多かった事情が背景にある。とくに物部氏に附合させた事由としては、高倉下伝承に見える韴霊剣という神剣の由来があり、もう一つは母系の祖として饒速日命が位置づけられることである。

「天孫本紀」には、「天香語山命。異妹穂屋姫命を妻として一男を生む」と記されるから、穂屋姫の父も饒速日命となるが、この当時には父を同じくする異母姉妹との婚姻という風習はないから、この妻の系譜をもとにして、本来は娘婿だったのが饒速日命の子とされたと考えられる（饒速日命の天火明命との一体化は別の事情〔天孫族内における位置づけの高貴化〕も考えられ、別の時期のことか）。穂屋姫命は、沼田文庫旧蔵の鈴木真年書写の「鈴木氏系図」にも、神饒速日命の子に「穂屋媛命」とあげられ、「手栗彦命妻神也」と見える。ちなみに、『風土記』では、娘婿をたんに「子」と記す例が出雲や播磨などでいくつか見られる。

なお、饒速日命は、天火明命とはまったく別人である。同じ天孫族の出ではあっても、饒速日の実際の父は天津彦根命（天稚彦）の子の鍛冶神天目一箇命であり（拙著『物部氏』を参照）、一方、天火明命とは本来は高天原の天孫族系統の嫡宗であって（天照大神の嫡孫で、天忍穂耳尊の嫡子）、子孫は九州にあったと思われるものの、後世では行方不明である。

高倉下の祖先の系譜

高倉下の「天孫本紀」に記載の父系が正しくなく、実際の父が饒速日命でも天火明命でもない場合に、その祖先は具体的に探索できるのだろうか。この殆ど絶望的のようにも思われる問題について、明治期の鈴木真年らが採集した系譜群のなかに、次の三種類の資料がある（系図2に各々の初期

第2図　尾張氏祖系の系図諸伝

〔A系図……笠嶋家系図の初期部分〕

- ○笠水彦命
- 笠水媛命
  - 白雲別命
    - 高倉宇志命（一云熊野耳命）
      - 天押人命（母阿俾良依媛）
        - 阿麻刀弥命
          - 武刀米命（六人部連等祖　尾張連）
        - 阿麻五百原命（一云天忍男命）
          - 奥津余曽命
          - 武額赤命
            - 武筒草命（母葛木尾治置媛）
              - 〔以下ハ省略、津守連ニ続ク〕
          - 日置媛命（一云余曽多本毘売）
          - 右三柱母葛木土神剣根命女、加奈知毘売
        - 出石毘売命（右二柱母異母妹）
      - 葛木出石媛命
    - 加弥比加尼命（吉野首祖）
    - 豊水富媛命（一云水光女）

〔B系図……波平系図の初期部分〕

- ○和多積豊玉彦命
  - 振魂命（八木造右京）
    - 前玉命
      - 多栗彦命
        - 天伊達命
          - 天忍海人命
            - 天五百原命
              - 天忍男命
                - 澳津世襲命（阿波海部、木国海部、鍛冶造祖　母葛木土神剣根命女、加奈知命）
              - 天忍立命（巻向神主祖）
    - 天忍立命（巻向神主祖穴師社）

〔C系図……大和宿祢系図の初期部分〕

- ○綿積豊玉彦命
  - 振魂命
    - 武位起命
      - 珍彦命（又名椎根津彦命　橿原朝定賜倭国造）
        - 〔以下ハ省略〕
      - 八玉彦命（八太造祖）
    - 黒島磯根御気姫命（忌部上祖津杭耳命妻）
    - 天前玉命
      - 天筑摩命
        - 大沼主命
          - 天忍人命（掃部直祖）
    - 天鐸比売命（天日方奇日方命妻）
  - 宇都志日金拆命（一云穂高見命）
    - 多久置命
      - 穂己都久命（阿曇連等祖）
        - 〔以下ハ省略〕
  - 豊玉姫命
  - 玉依姫命

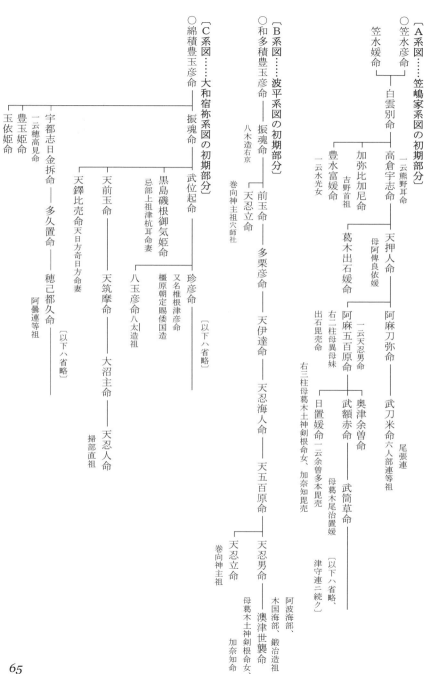

部分の概略を掲載）。

①〔**A系図**〕鈴木真年編の『諸氏家牒』下に所収の「笠嶋家系図」
紀伊国牟婁郡の式内社海神社の祝を世襲した津守連支族の笠嶋氏の系図である。

②〔**B系図**〕鈴木真年編の『百家系図稿』巻六に所収の「波平系図」
薩摩国谿山《たにやま》郡の刀鍛冶、波平《なみのひら》氏の系図であるが、割合簡単なものにとどまる。

③〔**C系図**〕中田憲信編の『諸系譜』巻二に所収の「大和宿祢系図」
大和の倭国造家の系図で、神武東征を迎えて海導した珍彦とその一族の系図であるが、奈良時代初期くらいの世代で末尾となる。貴重な所伝を多く残す。

これらは部分的に多少相違があり、個所によっては矛盾したり疑問がないでもないが、総じてほぼ合致しており、貴重な所伝と評価できる。すなわち、これら三種の系図が意味するところでは、海神族の祖神・綿積豊玉彦命の後裔氏族として倭国造、八木造（系図記載の「八太」は誤記）、掃守連、尾張連、鍛冶造（守部連）、阿曇連などが位置づけられる。吉野首の系譜は難解だが、海神族に縁由が深い（父系ないし母系を海神とする）とみられる。

ところが、平安前期に成立の『姓氏録』を見ると、これら本来は地祇に位置づけられる諸氏には、その出自や祖先を変改させているものも既に生じていたと分かる。同書では、その出自の位置づけについて、次のように三グループで記載される。

イ　地祇……大和宿祢・吉野連（ともに大和神別）、八木造・安曇宿祢（ともに右京神別）など（このほか、同じ海神族系の大神朝臣・賀茂朝臣）

ロ　天神……掃守宿祢・守部連（ともに河内神別）など

ハ　天孫……尾張宿祢（左京神別）など

これに応じて、祖先についての記載も、吉野連は白雲別命をあげ、大和宿祢グループは神知津彦命（椎根津彦命）、八木造は「和多罪豊玉彦命の児、布留多摩《ふるたま》乃命」、掃守宿祢・守部連グループは「振魂命の四世孫天忍人命」、尾張宿祢グループは「火明命（その子の天香山命）」とあって、マチマチではある。それでも、〔系図2〕に記載の三系図とそれぞれ符合する。訓みからは「布留多摩乃命＝振魂命」とみられるから、安曇宿祢・掃守宿祢・八木造の同族関係が知られ、掃守宿祢は尾張連一族で、八木造は大和宿祢一族であった。

系図から見ると、高倉下の父は前玉《さきたま》命（白雲別命）、母は紀伊国造族の天道日女命となろう（その後も、尾張氏は紀伊国造族との縁由が深く、「天孫本紀」には、火明命の五世孫、建斗米命が紀伊国造智名曽の妹、中名草姫を妻としたと見える）。前玉より先の父系は、振魂命、更に綿積豊玉彦命に遡るが、『旧事本紀』の「神代本紀」に「振魂命の児、前玉命掃部連等祖」と見える記事と符合する。

また、「大和宿祢系図」により掃部連の祖・天筑摩命が高倉下にあたると分かるが、「**筑摩**」も海神族に縁由の深い名である。信濃国の筑摩郡（松本市筑摩を含む地域）は東西を諏訪郡、安曇郡に隣接しており、同国には水内郡に尾

坂田郡の朝妻筑摩（滋賀県米原市）

張郷、佐久郡に小治郷（高山寺本。刊本には「小沼」）が『和名抄』に見える。播磨国赤穂郡にも筑磨郷（赤穂郡上郡町のうち竹万・上郡の一帯）があり、同郡の鞍居神社（上郡町の金出地、野桑に鎮座の論社）は海神族の武位置命（珍彦の父）を本来は祭祀する。

海神族の分布が多い近江国では、坂田郡に筑摩村・筑摩大明神（米原市筑摩の筑摩神社。仁寿二年に従五位の神階授与の国史見在社）があった。同郡には、尾張連秋成・継主親子が居住している（『続日本後紀』承和十年正月十五日条）。秋成の父・比知麻呂は京二条三坊の人だったが、母の住居が坂田郡にあった故とされる。

尾張氏の海人的性格

尾張氏が海人族に属すること、海人性が強いことは、松前健（「尾張氏の系譜と天照御魂神」）、真弓常忠（『日本古代祭祀と鉄』）、尾崎巽（『銅鐸関係資料集成』）などの諸先学により説かれてきた。これが、ほぼ定説となっている（森浩一氏は、漁撈民というより航海技術に長けた海上交通の担い手だとみる）。尾張国造が海産物の貢納や海上輸送による物資流通を掌握した、とみられている（中井正幸氏など）。

海人性が強いという理由では、次の四つほどがあげられる。

第一に、尾張氏族には海に関係ある氏の名がかなり多く見られる。『姓氏録』には、但馬海直（左京神別）、津守宿祢・津守（ともに摂津神別）、津守連・網津守連（ともに和泉神別）があげられ（ただし、未定雑姓右京の凡海連は「火明命之後」と記すも、狭義の尾張氏族ではない）、尾張氏関係の系譜にも津守連、大海部直、丹波の海部・海直、紀伊及び阿波の海部があげられる。『熱田大神宮縁起』には、熱田摂社の一つ、氷上姉子神社について、「以海部氏為神主、海部是尾張氏別姓也」と記され、尾張氏の氏人として先に見た宗神妃と伝える大海媛の名もある。

第二に、尾張地方は海人に関係が深い地域と言える。同国には海部郡海部郷があり、その郡領に尾張氏一族から任じた者（大領の尾張宿祢常村、少領の同宮守など）が見える。同族かどうかは不明だが、海部郡三宅郷には磯部大国（正倉院丹裏文書）も見えるから、同郡には海人が多かった。同郡（海東郡）神守村付近に鎮座の式内諸鍬神社（愛西市諸桑町）の近くから楠の丸太の大舟が発掘された。神守は掃守に通じるといい、山田郡にも同じ地名がある（現・名古屋市守山区瀬古神守）。海部郡の式内社、藤島神社は海人族が海上交通の神・市杵島姫（宗像女神の一）を当地に祭祀したといわれる。

このほか、愛智郡大宅郷に海連、葉栗郡の凡海部、敢《あへの》石部《いそべ》、海部・中島両郡に礒部、丹羽郡に海宿祢、中島郡に尾張中島海部直が各々居住した（新井喜久夫氏の指摘。ただし、中島海部直は鴨氏同族の中島県主一族か）。海部郡には式内の国玉神社があり、同社の祝を尾張姓の横井氏が世襲した。平城宮出土木簡には、「尾治国海部郡嶋里人」（後の尾張国海部郡志摩郷）、「海連赤麻呂米六斗」と見える（奈文研『出土木簡概報』十）。

第三に、尾張氏の本拠の尾張南部は伊勢湾の沿海部であり、五、六世紀を通じて多くの古墳が存

氷上姉子神社（名古屋市緑区）

在する熱田・瑞穂台地は、弥生期の貝塚の密集に示されるように、もとは海辺に突出した台地である。熱田社及び上・下知我麻《ちかま》社は各々の突出部の先端に立地した海に関わりのある神社だ（本来の鎮座地は千竈郷で、笠寺台地に立地）とみられる。氷上姉子神社もこれら神社と入江を挟んで対立する台地の縁辺に立地する（新井喜久夫氏）。

第四に、銅鐸と尾張氏族の分布が合致することの多さに着目して、銅鐸の使用者が伊福部氏やこれを含む尾張氏族だと推定する見方がある（田中巽《たつみ》、谷川健一氏など）。尾張の熱田・瑞穂台地には、銅鐸出土地及びその伝承地が中根など三ないし四ヶ所が知られる（梅原末治著『銅鐸の研究』など）。

これに関しては、銅鐸祭祀の氏族範囲はもっと広く、尾張氏のみならず、大和朝廷より前の「原大和国家」を構成する竜蛇信仰をもつ海神族関係者（物部氏族も含む）により保持された祭器が銅鐸だと考えられる。この辺は銅鐸使用者をカモ・ミワ族とみた大場磐雄氏の立場に近いが、尾張氏族ともども海神族だから、ともに間違いとはいえない。尾張氏が高倉下命後裔というのは、クラジ（倉下の音で、虵すなわち大蛇のこと）を祖霊・守護霊とする海人族だとみる説もある（畑井弘著『天皇と鍛冶王の伝承』）。

高倉下の居た「熊野邑」はどこか

尾張氏の祖先系譜を検討し、この氏族の強い海人性を確認したところで、また神武東征における高倉下の活動に戻って検討を加える。

高倉下に関係する伝承はほぼ同じだが、登場する地点は『記』では熊野村（「天孫本紀」も紀伊国熊野邑）、『書紀』では熊野の荒坂津（又の名が丹敷津）でその地の神（丹敷戸畔）を誅したとき、と記されており、両書は微妙に異なる。そして、『書紀』のほうが総じて合理的な内容となっている。すなわち、同書では、丹敷戸畔を誅したとき、神が毒気を吐いたので神武軍の兵士は皆、体力や気力を失ったとあるが、これは、硫黄や水銀の毒気に当たったことを示唆する。小路田泰直氏（奈良女子大学教授）は、古代日本における最も重要な幹線の一つであった紀ノ川ルート（「鉄の道」のなかに位置づけ）が神武の大和侵攻の実際の経路だと考えており、「溶けた金属の放出する毒ガス（例えば硫化銅）に神武軍はなぎ倒された」とみる（「奈良、「鐵の道」考」、『月刊奈良』二〇〇六年三月号所収）。高倉下が夢の教えに従って神武に献上した神剣の霊力により、悪神の出した毒気をふり払って覚醒した、と『書紀』にある。

記紀の高倉下と神剣の所伝について原型を探るのは、やや難しいが、神武一行は土地の発する毒に当たって気を失いかけたときに、高倉下が駆けつけ、地元事情を知っていることで、神剣を使って祭祀行為を行い毒気を振り払って覚醒させた、ということになろう。

そうすると、この事件が起きた土地は「丹生《にふ》（丹敷の訓もニフ）」あたりで、そこで硫黄等の毒気に当たったとするのが自然である。当該「熊野村」は高倉下の居住地か近隣だと解される。神剣フツノミタマは、後に物部の祖・宇摩志麻治《うましまち》命（饒速日命の子）の帰順により神武からこの者に与えられ、後年は石上神宮（石上坐布都御魂神社）に収められた。

高倉下は、物部連の祖・饒速日命が天道日女命（その素性は、紀国造の祖・天道根命の叔母で、天御鳥命の妹）を妻として生んだと「天孫本紀」に記されるが、本来、海神族系の人であるから、天孫族系の饒速日命とは男系が異なる。そうではあるが、饒速日命の女婿という縁由から、紀伊の熊野村あたりに居住していたものか。尾張氏族も銅鐸祭祀氏族だから、高倉下はもともとは長髄彦を長とする銅鐸祭祀の大和原始国家の一員であった。

問題の「熊野」の比定地については、紀伊の名草郡竃山から大和の宇陀への途中で通過することから、『書紀』の記事を踏まえ、従来は紀伊の牟婁郡熊野の地、具体的には熊野川河口部の新宮市付近だと頭から思い込まれてきた。熊野新宮（速玉大社）の元宮とされる神倉神社の神体・ゴトビキ岩も、いま高倉下を祀るとされる（これは祭神が後世に転訛した可能性が大きい）。従来の学説では、鳥越憲三郎氏の説を除き、熊野経由はいささかも疑われなかった。少なくとも、『書紀』の編者がそう信じていた。このことは、熊野の地名に関して、ほかに新宮市佐野に比定される「狭野」とか、海岸部の荒坂津（又の名を丹敷浦）を挙げることからも分かる。しかし、「熊野」は実際に牟婁郡の熊野なのだろうか。

これに大きな疑問があるのは、神武行軍に際して紀南の牟婁郡を経由する大迂回路をとる必然性がまったくなかったことに因る。しかも、熊野―吉野間の往来は、修験道の行者でもたいへんな難路であって、神武行軍ではむしろ避けねばならなかった。熊野大迂回に否定的な点としては、①紀ノ川下流域を制圧した神武軍がこの川を溯上するのが自然で合理的な経路であること、に加えて、②高地性集落は神武東征と強い関連性を有する遺跡とみられるが、紀伊では田辺・富田川以北にこの遺跡が見られるものの、潮岬から東方の新宮方面という熊野にかかる地域では見られないこと（県内の銅鐸出土も軌をほぼ一にして、紀ノ川流域に集中し、これも含め富田川以北が殆どである）、などもあげられる。そうすると、牟婁郡とは別の地に「熊野」の原型をもとめるほうが妥当である。

この「熊野」に関して、鳥越憲三郎氏が紀ノ川上流域に熊野があったとする見解を出されており

（『大いなる邪馬台国』、一九七五年刊）、私見と相通ずる。

　鳥越氏は、まず、古代の舟で熊野灘への迂回は常識として考えられず、後世の地名に影響された脚色だとし、次に、熊野の荒坂津（丹敷浦）で神武に討たれた丹敷戸畔についても、「丹敷」が万葉仮名で「にふ」と訓み、紀ノ川の中流、高野山の登山口にある支流の丹生川の合流地域（延喜式内の丹生都比売《にふつひめ》神社が鎮座）を指すものであろうとする。熊野からの行軍は、「後に紀伊半島をひろく熊野と称したことに禍いされて、紀伊半島の南端から熊野山岳地帯を越えたものとみたのである。しかし、古くは紀ノ川の上流を熊野と呼んでいたとみるべきであろう」と考えて、「実際、紀ノ川に沿って遡ると、たやすく大和の南にある葛城連山の南端に達する。神武帝の一族が大和で後に定住したところも、この葛城山麓であった。しかも、紀ノ川は、大和南部と紀伊とを結ぶ古代の主要な交通路でさえあった。…（中略）…神武帝が南に迂回したのは、紀ノ川の河口の津から遡行して、大和に入ろうとしたからである」と結論する。これは、きわめて合理的で妥当な見解といえよう。

　地名の「熊」の意味としては、「隈にて古茂累《こもる》義」（『紀伊国続風土記』）と説かれるように、山川幽深にして樹

丹生都比売神社

木の生い茂るところ、こうした地だから死者の霊も隠れるところであり、紀伊国の中心たる平野部の名草郡からみて奥まった山地の地域が本来「熊野」と呼ばれたのではなかろうか。

　問題の「熊野邑」が本来は牟婁郡の地名ではないことは、鳥越氏の上記説明で十分であろうが、高倉下命の後裔となる尾張氏族やその関係神社の分布を見ても、とくに上古の段階においては、熊野たる牟婁郡地方との関連が殆ど見られない。

　本来の「熊野邑」の地としては、牟婁郡に替わって、二つの候補地を考えられる。その一つが大和国宇陀郡大熊村（現宇陀市大宇陀大熊）であるため、紀伊に限れば、那賀《なが》郡の打田《うちた》（現・紀の川市域）あたりが取り上げられる。ここ紀伊国那賀郡に高倉下の居住地比定を考えるのは、この者の出自に因る。すなわち、高倉下命の本来の系譜は、海神豊玉彦の曾孫にあたり、神武行軍の海導者で倭国造の祖・珍彦の従兄弟にあたり、紀伊国造家とも縁由があった。高倉下の神武軍への帰服には、珍彦の手引きもあったと考えられる。

紀ノ川沿いの風景

具体的な熊野の比定には、那賀郡の式内社**海神《うなかみ・かい》社**（紀の川市（旧・打田町）神領《じんりょう》）の存在によるところが大きい。同社に所蔵の「海神系図」により、その祭神は豊玉彦命とされるが、同社は海岸線を遠く離れて鎮座する。すなわち、紀ノ川の中流域北岸、和泉国との境界線を画する和泉山脈の最高峰葛城山（標高八五七メートル）の南西麓にある。

海神族は竜蛇信仰をもち、那賀郡や筑前国那珂郡に通じるナーガ（那賀、那珂、長）は蛇の意味であった。紀伊国の那賀郡の郡領を見ると、承和の頃の大領外従八位上長我孫《ながのあびこ》縄主、大領従八位下長公《ながのきみ》広雄という者が史料（承和十二年十二月五日付け紀伊国那賀郡郡司解。東寺古文書『平安遺文』七九）に見える。この長我孫・長公という姓氏は、同じ海神族の出自である阿波の長国造（三輪氏支流）に関係が深く、阿波からの遷住とみられ、移遷時期は不明だが、神武東征時には居住してなかった。

紀伊国那賀郡に「熊野」の地を探すのは、このほか、高倉下の母が名草郡を本拠とする紀国造家の出と伝えることや、上記のように神武記では、名草郡竃山から吉野河尻の阿陀に到る途中で熊野の高倉下に出会うとの記事にもよる。『書紀』に見える「熊野の神邑」が熊野村と同じと考えられるが、ここでも「神」が「熊」や「ミワ・

海神社（和歌山県紀の川市神領）

カモ」に通じるし、「神領」という地名は「神邑」に由来するものか。丹敷戸畔の居た地が丹生だとすれば、竈山から丹生に行く途中に「熊野」が位置したことになり、この意味でも旧打田町神領はふさわしい。大和国宇陀郡の大熊村のほうも高倉下に関係があった可能性がある。

紀伊と大和の海神社

海神社についていえば、筑前国糟屋郡の式内名神大社、現・福岡市東区志賀島の志賀海神社が名の起源とみられる。綿津見三神が阿曇連氏により祀られ、海の守護神として永く信仰され、同じ海神の住吉（筒男）三神も対岸の那珂郡に鎮座する（福岡市博多区住吉）。

紀伊の牟婁郡にも式内社の海神社があり、紀伊半島南端の潮岬の付け根にあたる東牟婁郡串本町笠島の地に鎮座する潮崎本之宮《しおざきもとのみや》神社に比定される。同社は住吉三神を祀り、通称は「元の宮」、境内からは弥生式土器なども出土し、近くには笠島遺蹟がある。この神主家は高倉下命の後裔たる津守宿祢氏が永く続けた。苗字は、はじめ笠島といい、後に芝・小原といった（式内の海神社の論社には、田辺市の熊野本宮旧社地たる大斎原の海神社もあげられるが、祠官家などから考えて、笠島の神社のほうが妥当）。

串本の海神社の沿革は、神功皇后の時、香坂《かごさか》・忍熊《おしくま》二王（ともに仲哀天皇の皇子）の叛乱陰謀に遭ったので、皇后は武内大臣をして皇子（応神天皇）を奉じて紀伊に赴かしめ、大水門浦に御船を寄せて住吉の大神を祭られたという。これによると、この創祀は神武東征の遙か後代で、高倉下の居住とは無関係である。

大和にも式外ではあるが、吉野郡・宇陀郡に各々二社ずつ海神社がある。紀伊国那賀郡から紀ノ川を溯上して大和国吉野郡に入ると、その本文流の吉野川、丹生川に各一つの海神社（吉野郡の下市町大字立石、〔現・五條市〕西吉野町大字夜中に鎮座）があり、宇陀郡に入ると宇陀川沿いにも二つの海《かい》神社（宇陀市室生《むろう》区大野と、その東北近隣の同区三本松に鎮座）がある。これら四つの海神社は豊玉姫命を祀るというが、高倉下同族の後裔が祖の豊玉彦を祀ったとみられ、海神族が紀ノ川を溯上した名残りをとどめる。紀伊の打田の海神社ともども、神武行軍の足跡も示唆される。大和国の室生は平安期には竜神信仰の霊場であった。

「神領」という地名は海神社の社地に由来するといわれるが、「神」はクマとも訓まれる。紀ノ川市打田町の南部、紀ノ川中流域の南岸には高野という大字があり、「熊↓神《くま・こう》↓高」という地名転訛があったものか。紀北から大和にかけて神野や高野山の地名があるが、これら地名は上古の熊野が紀北の山間部にあった名残であろう。大和に入って丹生川を少し溯った吉野郡の西吉野村（紀伊の伊都郡の東隣で、現五條市）にも神野《こうの》という地があり（「慶長郷帳」では高野村と表記）、近隣の和田及び夜中の海神社、竜王山（標高六一九メートル）は海神族にゆかりの地名である。

以上に見るように、神武が高倉下に出会った「熊野邑」は、紀伊国那賀郡あたりの可能性が大きい。小路田泰直氏も、熊野の候補地として金屋、高野山、丹生社の関連地をあげる。

神武行軍は紀ノ川溯上ルート

神武行軍における紀伊の名草郡から大和の吉野に至る経路の記憶が、記紀編纂当時に失われていたことも考えられる。それよりも、「熊野」という名の経由地を古代の熊野国造の領域たる牟婁郡だと編者が頭から思い込んだ結果の記述かと思われる。これは、『書紀』の編者が進発地の「日向」

を南九州の日向国と思い込んだことと軌を一にする。
『古事記』の記事を見ると、行路は「紀国の竈山↓熊野村↓吉野河の河尻」という簡単な表現とされる。これに対し、『書紀』記事には、名草郡から熊野までの海路と熊野―吉野ルートの陸路という海・陸のたいへんな難路に加え、神武の二人の兄の行軍離脱など奇妙な記事（おそらく後世の竄入か）もある。従って、素朴で自然な『記』の記事のほうが史実原型に近いとみられる。

　こうした事情から、神武行軍が現在の熊野地方を経由せず、地理的に自然な紀ノ川溯上ルートをとったとみられる。九州から近畿地方に至る神武行軍の経路では、『記』の記事が妥当だが、紀伊から大和侵攻の経路でも『記』の記事のほうが妥当と考えられる。ただ、熊野地方を行軍が経由しなかったとして、新宮市の神倉神社の神体「ゴトビキ岩」の下から銅鐸出土があったことを考えると、当時の牟婁郡辺りにも大和の長髄彦関係者の勢力が多少及んだことはありえた（あるいは後世にもたらされたものなのか）。

　『書紀』に記される「紀国の名草邑↓狭野↓熊野の神邑↓熊野の荒坂津（丹敷浦）↓吉野」という行路も、紀ノ川溯上ルートを否定するものではない。狭野《さの》については、紀ノ川中流北岸の伊都郡かつらぎ町に大字佐野《さや》があり、その対岸に丹生都比売《にふつひめ》神社が鎮座する丹生（天野盆地）の地が位置することに留意される。

　神武軍が名草戸畔を誅した地が名草邑であり、丹敷戸畔を誅した地も同様に丹敷邑ではなかったろうか。「荒坂」という地名も、吉野川沿いに見える。阿陀に入る少し手前の五条市の北部にある地名に荒坂峠・荒坂池があり、岡町の東北、今井町から西河内町荒坂に入るあたりが荒坂峠である。その四キロほど東方に阿陀の地が位置する。五条市には、吉野川と丹生川との合流点近くの丹生川西岸に丹生川神社（宇智郡の式内社）があり、その付近が丹原《たんぱら》と呼ばれるから、丹生と荒坂とが一緒にある五条市あたりが丹敷戸畔の居地だったのかもしれない。ここの丹生も古い地名であり、天野盆地に鎮座の丹生都比売神が現鎮座地に至る前に宇智郡の布々岐《ふふき》丹生（上記の丹生川神社か）を経たと伝えられる。

紀ノ川沿いには、天孫族の移動に際して特徴的に現れる鷹取山（奈良県五條市）という地名もあり、こうした地名分布も紀ノ川溯上説の傍証となろう。天野の丹生都比売神社の地元では、神武軍が紀ノ川を溯り、吉野川の下流に出たとの所伝があるといわれる。神武軍は、紀伊の名草郡から紀ノ川を溯上して大和国の宇陀郡に到る途中で高倉下や八咫烏に出会い、その協力を得たとするのが自然であろう。現在の熊野山中の行路とみられる地域では、神武行軍関係で協力ないし敵対した部族の後裔が後世にいなかった。

大和葛城の高尾張邑

海神社のある紀の川市神領は、和泉山脈の最高峰葛城山（標高八五八㍍）の南麓にある。葛城山についていえば、大和国にも同名の葛城山（標高九六〇㍍）があって、大和のほうが有名である。その東麓の葛城地方には「高尾張邑」とも呼ばれた地が上古にあったという。『書紀』には高尾張邑を先に出して、赤銅の八十梟帥の居地とし、割注で「或本に云はく、葛城邑なり」と見える。これが、高倉下が神武創業の後に定住した地であり、その後裔の尾張氏族の故地とも伝えられるので、紀伊と大和の葛城山は相互に関係があるとみられる。高尾張邑の具体的な比定地は、かなり難解な部分があるので、尾張氏の起源地問題も含めて、後ろで検討するが、一地点と考えるより、大和の葛城山東麓の特定の一帯としてみたほうが良さそうである。

なお、紀伊のほうの那賀郡の海神社の社伝によると、祭神は富王彦命・国津姫命の二神で、十一代垂仁天皇の御代に、明神が熊野の楯《たて》が崎《さき》（三重県熊野市北東端）に出現するのを見た忌部宿弥が当地に創立したと伝える。同社は古くは熊野の楯が崎に鎮座していたが、いつの頃か紀北の現在地に遷されたとされ、それゆえ同社の鳥居は三か所あって、一の鳥居は熊野の楯が崎、二の鳥居は海神社の鎮座する神領の南に、三の鳥居は現社地の入口にあるとされる。この「楯が崎」は、牟婁郡木ノ本荘甫母《ほぼ》浦より東南の海中にある大岩という伝承もある（『日本一社船玉神宮略記』）。こうした伝承によると、海神社は遠く熊野の地から勧請されたことになるが、逆に元来の「楯が崎」は打田町神領の近くではなかったかとも思われる。実態は、紀北の神領あたりから牟婁郡熊野に遷された可能性もあろう。

初期大王の后妃伝承をもつ尾張氏

神武侵攻より前の時期に、磯城地方の三輪氏族が主体をなした「原大和国家」があり、その基礎は、博多海岸部から出雲西部を経て大和の三輪山麓への関係部族の東遷により築かれた。これは、筑紫の大己貴神の流れをくむ大物主命（櫛甕玉命。事代主命とも同神）による二世紀前半頃の大和移遷に因るが、次いでその弟の長髄彦（八現津彦命）に引き継がれて数十年にわたり、竜蛇信仰をもつ海神族系統部族の君長が続いた。これには、物部氏族も協力していた。この立場の長髄彦を一介の賊酋や土蜘蛛の類と考えるべきではなく、長髄彦の「長」は蛇を意味する「ナーガ」（インド神話に見える竜蛇神）にもあたる。畑井弘氏も、長髄彦を非実在としながらも、「銅鐸祭祀の蛇神族の魁師」

とみる（『物部氏の伝承』）。

神武に帰服した弟磯城（名は黒速。建御方命）の妹が神武天皇の皇后となる媛蹈鞴《たたら》五十鈴媛命（伊《い》須気余理《すけより》比売）であり、事代主神の娘とされる（『書紀』の一書）。『書紀』本文によると、神武は事代主神之大女（姉娘）の媛蹈鞴五十鈴媛を正妃に迎えて、第二代天皇となった綏靖《すいぜい》天皇（神渟名川耳《ぬなかわみみ》）を生み、綏靖は事代主神之少女（妹娘）の五十鈴依媛を后に迎えて、第三代天皇となった安寧天皇（磯城津彦玉手看《たまてみ》）を生み、さらに安寧は事代主神孫、鴨主の女の渟名底《ぬなそこ》仲媛を后に迎えて、第四代天皇の懿徳《いとく》天皇（大日本彦耜友《すきとも》）を生んだと記される。第二～四代という三人の天皇の母が事代主神の血筋だと明記される。

これら所伝は、『書紀』割注の一書及び『古事記』では母の名が異なるが、磯城（師木）県主家から出たことにほとんど異伝がない（『書紀』割注の一書には春日県主家なども見える）。これらが史実としたら、古代東北アジアの匈奴が后妃を特定の異姓氏族（呼衍《こえん》、須卜、蘭、丘林など）の出の者に定めていたこと（江上波夫著『騎馬民族国家』）と通じる。

懿徳天皇の以降でも、磯城県主一族の娘たちが次々に第七代孝霊までの歴代天皇の后妃になったと記される。これら記事には若干の混乱があるが、磯城県主家及び一族の十市県主家は、初期大王家の外戚として、当時は最大の天皇家支持層となっていた。第五代孝昭天皇以降では、第八代孝元の母が磯城県主大目の女（『旧事本紀』「天皇本紀」）と見えて、これが磯城県主家関係の最後の后妃となる。この第八代大王のころから、大王家の通婚範囲が氏族的にも地域的にもかなり拡がり出しており、大和王権の版図拡大が示唆されるが、それとともに、磯城県主一族のほうでも男系が断絶気味になっていた。

これら后妃関係の系譜から見て、神武が行った姉妹婚が甥・叔母の異世代婚に変型しているとみられる。すなわち、媛蹈鞴五十鈴媛・五十鈴依媛の姉妹が共に神武の后妃となって、各々が綏靖、安寧を生んだとみられ（安寧の父が神武ということ）、これが世代的にも対応する。この姉の名が伊須気依媛とも見えるので、実は妹とされる五十鈴依媛と同一人という可能性も考えられる。これら通婚・系譜関係を通じて見ると、神武と崇神との間に入る初期大王系統の世代数も、直系の八代（いわゆる「闕史八代」）ではなく、実際にはより少なく、四世代ほど（治世年数で百年超）と考えられる。

こうした天皇家との頻繁な通婚は、磯城県主一族が当時の大和第一の大族であったとともに、その本宗に当たる筑前の海神国（『魏志倭人伝』の奴国）王家から豊玉姫・玉依姫姉妹が共に天孫族の山幸彦たる火遠理《ほおり》命の后妃となって神武らを生んだという先立つ経緯もある（神武の実父は彦波瀲《なぎさ》尊ではない。これも姉妹婚で、匈奴等によく見られた）。

尾張氏からは、**世襲足《よそたらし》姫**命が第五代孝昭天皇（名は観松《みまつ》彦香殖稲《かえしね》）の皇后に入って、次の第六代孝安天皇と和珥氏の祖、天足彦国押人命を産んだと記紀等の諸書に見えるが、この辺は疑問が大きい。それは、「闕史八代」ということでの否定論ではなく、孝安天皇の名が「大倭帯日子国押人命」（古事記。『書紀』に日本足彦国押人尊）とあって、抽象的すぎるという理由からでもない。孝安天皇の実在性について、私見では否定するものではないが、孝昭天皇と次代とされる孝安天皇との親子関係は疑問が大きく、かつ、和珥氏も実際には皇裔ではなく、海神族の阿曇氏から出たとみられるからである。

世襲足姫は、「天孫本紀」に天香語山命の曾孫で、瀛津世襲《おきつよそ》（葛木彦命、奥津余曾）の妹と見えており、この姫と天皇家との通婚は、同族の磯城県主一族に準じたものと考えられる。瀛津世襲は池心朝（孝昭天皇御世）に「大連」となったという（「天孫本紀」）。いわば闕史八代の時代の大立者の一人だが、なぜかその子孫を具体的に伝えず、鍛冶造が後裔だとされる。掃守連や、おそらく忍海造・忍海連もその後裔とみられる。後者の流れから忍海原連も出て、平安前期には、典薬頭魚養の奏上で朝野宿祢を賜り、一族からは左大史・蔵人頭などを経て参議民部卿で従三位まで昇った**朝野朝臣鹿取**も出した（鷹取の子。葛城襲津彦の後裔と称したが、この系譜は疑問）。この朝臣姓をもつ氏は、尾張氏族のなかでは非常に少ない（『平安遺文』所収の武雄神社文書に、保安四年〔一一二三〕と翌年に散位尾張朝臣が見える）。

掃守連のほうでは、尾張氏族の先祖が筑紫にあったとき、豊玉姫の生んだ子の世話をしたとの伝承もある。『古語拾遺』に拠ると、豊玉姫の生んだ彦瀲尊を養育したときに、海浜に建物を造り、**掃守連**の遠祖天忍人命が仕えたが、箒を作って蟹を追い払った故事があり、このため当該職をなづけて蟹守といい、それが転訛して掃守となったという。

掃守連は宮中の敷物などの設営や掃除を職掌とした氏で、『姓氏録』には和泉等に掃守連・掃守首をあげて、いずれも「振魂命の四世孫、天忍人命の後」という系譜が記される。この系譜は先にあげた第2図（B・C系図）にも合致する。天忍人命の孫（「天孫本紀」には甥）が奥津余曽・世襲足姫兄妹で、前者の後が掃守連であった。『古語拾遺』に記載の蟹守役の「天忍人命」とは系図記載の天忍人命の先祖であり、振魂命が豊玉姫・玉依姫姉妹の兄と見えるから、これに該当しよう。豊玉姫が鰐の姿で出産する記事があるが、津田博士は記紀の記事を素朴に受けとめすぎ、東アジアの習俗・祭祀やトーテミズム（この場合は、海神族の竜蛇信仰で、鰐は竜蛇類の意）を理解せずに、ありえないことだとして切り捨てた。これでは、上古史の「真の研究に入ることが出来る」はずがない。
振魂命は綿津見豊玉彦命の子であり、穂高見命の弟とされる。穂高見命とは、瓊瓊杵命の降臨を出迎えた猿田彦神のことで、その子孫が阿曇氏になると系図にいい、海神族系統である（筑紫の大己貴神関係の神統譜は、拙著『三輪氏』を参照されたい）。

孝安天皇の登場及び尾張氏の天皇家との通婚

闕史八代の大王（天皇）にあげられる者のなかに第六代孝安天皇がおり、八代のなかでもとくに実在性を否定されがちであった。それは、別の名前と系譜上の位置づけが本来は皇統譜以外にあったからでもある。この辺の事情も説明しておく。

大王家（天皇家）の男系の血筋をひかない者が大王に即位した例は、日本列島では類例がなく、『記・紀』等に見えない（古代の東北アジアを広く見ても、匈奴の可汗位を世襲したレンティ氏族〔冒頓単于の男系血筋〕から可汗が出なかったのは、後漢になって匈奴の衰退期に数例ある程度かとされる）。それでも、孝昭・孝安両天皇及びその関係者に関する記事の混乱や、『書紀』紀年の四倍年暦換算で生没や治世年数、親子関係を具体的に考慮すれば、初期段階の大和大王家では細々とした形で男系が続くなか、外戚の磯城県主家から一時的な大王位継承者が現実にあったと考えざるをえない。

この孝安天皇にあたる者の実名が武石彦奇友背《くしともせ》命（櫛友背命）だとみられる。その系譜は、彼自身も姉の太真稚媛（懿徳皇后で孝昭天皇母）も、多氏（神八井耳命）を通じて神武天皇の曾孫になる位置づけにあったとみられ、懿徳天皇の同母兄の常津彦《とこつひこ》伊呂泥命（息石耳《おきしみみ》命）の娘・天豊津媛《おめのとよつ》（『書紀』には懿徳皇后で孝昭母と記すが、疑問〔義母的な位置にあったのかもしれない〕。孝昭の母は『記』のいう太真稚媛が妥当）を妻とした事情もある。

こうした三重の縁（①自身が母系を通じて大王の子孫、②姉妹が大王の皇后〔生家が大王の有力縁戚〕、③自身が大王家の娘を妻とする）で、武石彦奇友背命は大王家と密接に繋がっていた。これは、後に仲哀天皇崩御後に大王位を簒奪する応神天皇と同じような境遇にあったことにも通じる（以上の詳細は、本シリーズ『三輪氏』参照）。孝安天皇には子孫があり、これが「準王族」としてその後も続いて、諸天皇の后妃を輩出し、日下部連氏、丹波国造、吉備氏、毛野氏など有力古代氏族を生み出す母胎となり、それぞれが各地に巨大古墳を築造した。

同族の尾張氏から出た世襲足姫命が孝昭天皇の后妃に入っていたのなら、これも孝安天皇の大王就任の一助になったかもしれない。尾張氏の系図では、建宇那比命（火明命の六世孫）の妹・宇那比媛命に「天足彦国押人命（孝安天皇のこと）妃」と記される（「天孫本紀」は宇那比姫命の名はあげるが、記事がない）。後年の倭建命や五百木入彦命（成務天皇）の諸妃や、継体妃の目子媛を出す基盤も、こうした海神族系統諸氏の天皇家との間における古来の頻繁な通婚事例が先例となったとみられる。

四　熱田神宮の祭祀とその始源期

ここでは少し視点を変え、尾張氏一族に関する祭祀事情を見ていく。そのなかでも、熱田神宮奉斎は有名だが、尾張氏の移遷過程を考えるうえで、この関係の検討は重要である。これ以外の関係社の祭祀も、尾張氏の特徴を示唆するものがあることに留意したい。

熱田神宮の祭祀の起源

倭建命は、蝦夷征伐東征の帰路、尾張滞在の際に娶った妃・宮簀媛命のもとに暫くいたが、やがて近江国の伊吹山に荒ぶる神がいると聞いて、草薙剣を媛の家に残したまま、素手でこれを退治に出かけた。ここで、神が大蛇に化して山道に出現したのを無視したところ、神は氷を降らせて倭建を迷わし、失神した倭建は山下の泉でようやく正気を取り戻したが、病身となり、そのまま伊勢に向かって伊勢の能褒野《のぼの》（亀山市域）で亡くなったという。伊吹山の神は、当時は伊福部氏が奉斎したことも考えられ、その場合に海神族のもつ竜蛇信仰から大蛇（竜蛇体）とされるのも自然である。伊吹山の荒神との戦が実体として何を意味するのかは不明だが、伊吹山一帯の鉄資源は古来、重視されるから、倭建命が「山神」の退治だけで赴いたわけではなかろう。倭建東征の経路には、鉱物

熱田神宮社殿

資源地が多かった。

さて、倭建命の死後、預けられた草薙剣（三種の神器の一つ）を奉斎、鎮守するため、熱田の地を卜定して熱田神宮を建立したと伝える。『尾張国風土記』逸文の熱田社由来および『熱田大神宮縁起』には、日本武尊が宮酢媛命のもとにあった時、剣が神々しく光り輝いたため、宮酢媛命にその剣を奉斎することを命じたという。

こうした経緯から見て、大和の石上神宮の剣、紀伊の日前宮の鏡と同様に、尾張でも熱田に剣を神体として祭祀する神社が成立した。これら三社の創祀年代は、多少の時差があっても、おおむね四世紀中葉ごろかともされようが、疑問がないでもない。なかでも、熱田の祭祀態様が最も弱そうで、時期も実際には更に遅そうでもある。

熱田神宮は、現在の名古屋市熱田区にあって、熱田台地の南端に鎮座する。古くは、伊勢湾に突出した岬上に位置していた。いまは周辺の干拓が進んだことで、そうした面影は見られないが、位置的に尾張氏の海神族性を示唆するともいえよう。『延喜式』の式内名神大社で、尾張国の三宮とされ、旧社格は官幣大社であった。

主祭神の熱田大神とは、上記のように草薙剣の神霊のこととされるが、諸説もかなり多い。明治以降の熱田神宮や明治政府の見解では、草薙剣を御霊代・御神体として憑らせられる天照大神のことだとみるが、創建の経緯は倭建命と非常に関係深い神社である事情からみて、倭建命のことだとする説も根強い。

とはいえ、別宮の**八剣宮**《はっけんぐう》（式内社の八剣神社）が本宮と同じ神（熱田大神）を祭神とするというから、両社ともに草薙剣か当該剣に化体した神を祀るとする可能性があろう（「八剣宮」は素盞嗚神が祭神ともいい、今はこの名で日本武尊を祀る社が多いが、当該剣に化体した尾張氏遠祖神か天孫族の遠祖神とも考えられる。その場合、名前が通じる「八千矛神」が本来の祭神かもしれないが、八千矛神の原型は大国主神ではなく、五十猛神ではないかとみられる）。

草薙剣は、倭建命の東征伝承では当初、伊勢神宮にあったともされる。だから、ひいては熱田社は伊勢神宮と深い関係を持つともみられようが、この見方には疑問がある。というのは、皇祖神を祀る皇太神宮は当時は伊勢ではなく、大和にあり、同神宮の祭祀に尾張氏が関係したことは見えない。倭建の叔母とされる倭姫も、実態が豊鍬入姫と同人であり（ともに垂仁・景行兄弟の妹で千千衝《ちちつく》倭姫命のこと〔記・紀に崇神の皇女〕）、倭建に対比しての命名だ

八剣宮

から、草薙剣の授与伝承は疑問が大きい。

伊勢神宮自身の伝承を記す『皇大神宮儀式帳』には、ヤマトヒメの名はあっても、ヤマトタケルは記されないと松前健氏も指摘する（かつ、崇神～景行朝の伝説的斎王は史実としては甚だ疑わしいともするが、これは在伊勢としては疑問であっても、在大和までは否定しがたい）。もっとも、垂仁朝に北陸方面で悪神（賊徒の阿彦）征伐に当たった大若子命《おおわくご》（大幡主）に対しても剣の授与があったというから、悪賊征討の将軍に対しては、朝廷ないし皇太神宮からの授刀の儀式はあったのかもしれないが。だから、熱田社の祭祀も実のところ古くはよく分からない。

熱田社の神社管理は、当初はさほどしっかりしたものではなかったようである。『書紀』天智天皇七年（六六八）条には、是歳に「沙門道行盗草薙剣、逃向新羅。而中路風雨荒迷而帰」（この年、新羅僧の道行が草薙剣を盗み、新羅に向かって逃げたが、その路の途中で風雨が荒れ、迷って帰ってきた）と記載されており、熱田での祭祀にも波乱があったとされる。

この神剣が還御したときに尾張連稲君（稲公、稲置見）が奉祀して初めて熱田社の大宮司になったと尾張氏の系図に見える。この辺にも確認できない面もあるが、年代的に霊亀二年（七一六）に尾張連稲置が賜田を受けた記事が『続日本紀』に見えるから、否定もし難い。『尾張志』にも、朱鳥元年（六八六）六月に宮守七員を定めるとある。別の系譜記事では、板蓋宮朝（皇極斉明朝）に年魚《あゆ》市《ち》評督になった多々見連が熱田神宮に奉斎したと初めて見え、これ以降の歴代の者には「熱田大神宮司」の譜註が見える。これら諸伝のどれも決め手がないが、概ね七世紀後葉頃から熱田で神宮奉仕が始まったものか。

なお、前川明久氏も、熱田社成立時期を伝承より遅く考えており、熱田社に伊勢外宮から剣が分祀されたのは、尾張地方が重視され東国経営の進行に大きな役割を果たす欽明朝中期の六世紀中葉頃とみて、この時期を熱田社成立の実年代とみたいとする。私見では、倭建東征は史実とみるうえに、草薙剣が伊勢の皇太神宮にあったこと自体も疑問とするから（大和の笠縫宮には神剣があったのかもしれないが）、基本前提が異なり、この見方には与しない。伊勢外宮の祭祀に長く関わった磯部氏（度会神主）は、同じ海神族でも磯城県主の流れを汲む丹後在住の丹波国造支流に出て、遥か遠くに分かれたのだから、同族として同一視するのは問題が大きい。

中世以降の熱田神宮と摂末社

その後も熱田社祭祀に様々な変遷があるが、主なところだけをあげると、源頼朝は母が熱田大宮司の娘であったことから、外戚之祖神として崇敬して神馬・剣を奉納し、鶴岡八幡宮に熱田社を勧請した。建武の新政に際しては、後醍醐天皇は当社を官社に列し、足利将軍家（義持、義政、義晴）は社殿の造営・修造を行った。戦国時代にいたって、大宮司千秋氏は知多郡の羽豆崎城に本拠を移しており、織田信秀に属した大宮司千秋紀伊守季光は美濃の稲葉山城攻めで戦死し、子の四郎季忠も信長に属して桶狭間合戦で戦死しており、その子の紀伊守季信からは大宮司職に専念した。織田・豊臣・徳川の諸氏は各々、社殿の造営・修造を行っている。社領は中世に三百五十貫文余あったが、秀吉のために没収され、その後、徳川幕府から七百余石の朱印領を寄せられた。

熱田神宮には、大宮司・権宮司・大内人や祝師、総検校のほか、祢宜、中臈、神楽座、祝座、座主など神職が多かった。このため、社家も多く、尾張氏一族庶流のほか、異姓の守部宿祢（大喜）、粟田真人（一に朝臣。和珥氏族。粟田・屯倉・東大路など）、長岡朝臣（長岡・広畠・櫃園など十二家）、大原真人（大原・神守・広岡・藤江など。系図を見ると、実態は尾張氏支流か掃守・守部などの別姓か）、磯部臣（磯部・梅林など）、林朝臣（林・松蔭など）、松岡真人（松岡・御田垣・広町など。実は尾張氏支流で、建稲種の弟に出たか。既述）、若山真人（若山。実は若倭部連姓か）、鏡味宿祢（鏡味・坂本。美濃の各務勝後裔か）、三国真人などもあって（これら社家が称した姓氏に仮冒もあろうし、概して「真人」姓の諸氏はカバネ等で信頼しがたい）、合計で百五十余家を数えるという。

いま境内には本宮を始めとして別宮一社（八剣宮）・摂社八社・末社十九社があり、境外にも摂社四社・末社十二社があって、合わせて四五社が祀られる。

うち、境内社では、八剣宮の南西に上知我麻《ちかま》神社があり、下知我麻神社（ともに式内社）と併せ乎止與命・真敷刀俾命夫妻を祀るが、両社はもとは別地にあって、星宮社（名古屋市南区本星崎町）に天津甕星神とともに祀られたという。上知我麻社の両脇に大国主社、事代主社もある。境内に龍神社もある（今の祭神の吉備武彦命・大伴武日命は原型喪失か）。

上知我麻神社

熱田神宮周辺の祭祀と遺跡

境外摂社のなかでは、**氷上姉子神社**（式内社の火上姉子神社。名古屋市緑区大高町火上山）は、祭神を宮簀媛命としており、元熱田とも呼ばれる。当初は、父の乎止与命の館趾の地に創建され、持統天皇四年（六九〇）に火上山の麓で近隣の現在地に遷座したと伝える。神宮本社の建物はいまは伊勢神宮と同じ神明造であるが、明治二六年（一八九三）までは尾張造と呼ばれる独特の建築様式であって、尾張造の建築様式が氷上姉子神社にまだ残る。同社の祠官を現代まで代々世襲したのが久米家で、その墓所が神社の東方に所在する。

　中田憲信編の『諸系譜』第二冊には、氷上社祠官の久米宿祢氏についての系図が収められる。倭建東征に随行と『書紀』に見える七掬脛命の子の八甕《やみか》命に「尾張国氷上祝供奉」とあり、室町後期頃の人々まで記載がある。この系図は、平安前期の天長年間（八二四～八三四）に山田郡に分かれた系統の後で、美濃から九州の肥後まで移遷した。これよりも信頼性が弱いが、『張州雑志』巻第三に「氷上天神社務来目氏系譜」が記載される。

　高座結御子神社（同市熱田区高蔵町）も境外摂社で、式内名神大社とされ、高倉下命を祀る。同じく、青衾《あおぶすま》神社

青衾神社（名古屋市熱田区白鳥）

（熱田区白鳥）も式内社で、月神や天道日女命を祀るが、後者は月神祭祀をもつ山祇族の紀伊氏族（久米氏とも同族）から出た女性で、高倉下の母神である。

氷上社の西北方約四キロには**成海神社**（緑区鳴海町乙子山。ともに式内社）があり、日本武尊が主神で、建稲種・宮簀媛を配祠する（こちらが乙子というから、氷上社の姉を考えると建稲種は弟だったか）。当社が古来、東宮大明神と俗称するが、これは東之宮古墳にも通じそうである。その最古の文献として、応永二年（一三九五）二月の祈年祭で神主尾張宿祢千治が奏上した祝詞一葉がある。その創祀が天武元年（六七二）で、熱田祠官一族の稲麿が愛知郡牧野村（名古屋市中村区牧野）より来て初代神主となったと伝え、中世に見える神主牧野氏（元禄末年の神主播磨守英治など）はその後裔となる。

成海神社の北東近隣で秋葉山麓には、針名根命を祀る愛知郡式内の**針名神社**があり、大己貴・少彦名両神を合祀する。鎮座地はもと鳴海庄平針村（現・名古屋市天白区天白町大字平針）といい、当地に徳叉迦竜王堂もある。なお、犬山市の針綱神社には、針名根とその父・尾綱根が祀られる。

尾張国造が奉斎した熱田神宮関係では、平安前期の承和

高座結御子神社（名古屋市熱田区高蔵町）

二年（八三五）十二月に尾張国の日割御子神・孫若御子神・高座結御子神の合計三神を名神とする、並びに熱田大神の御児神なり、と『続日本後紀』に見える。いま、この三神が今は各々、天忍穂耳尊・天火明命・高倉下命にあたるとされる。この頃までに、尾張氏の神統譜が天孫族につながったことにもなろうが、『尾張名所図絵』では前二社について倭建命の御子たちを祭神と記するから、本来の祭神はよく分からない（あるいは、振魂命・前玉命がそうか）。

内々神社（愛知県春日井内津町上町）

高座《たかくら》結御子神社は境外摂社（名古屋市熱田区高蔵町）で、高倉下を祭神として「高座《たかくら》さま」と呼ばれ、尾張氏の祖神として信仰される。ただ、当社の祭神が高倉下だとしても、「高座結御子」という名義からは、「高座神の御子」（また子孫）と解され、高座神とは本来、饒速日命かその祖神を指すのではなかろうか。

尾張国造関係の神社では、春日井市の北東端部にある**内々神社**について先に触れたが、景行朝に建稲種を祀ったのが創祀だと吉見幸和著『妙見宮由緒書』にも見える。この神社に濃尾の農民は雨乞いの祈願をしており、「ここが内津か　妙見様か　竜が水吐く　おもしろや……」

という雨乞い歌まで残る。竜蛇信仰は海神族に特有のものであり、妙見信仰は月星信仰につながり、これは母系の山祇族系の紀伊国造族のほうから来た可能性がある。同社は式内社で、中世は妙見宮といい、濃尾の妙見信仰の中心であった。祭祀対象は巨岩で、境内社の双殿社の祭神のなかには火神カグツチも見える。

知多半島の最先端に当たる羽豆岬（知多郡南知多町師崎）に鎮座するのが**羽豆神社**である。『尾張本国神名帳』に従一位羽豆名神と見えており、尾張氏がアユチ潟（『万葉集』の「年魚市潟」）を見下ろす熱田台地に進出し、伊勢湾内奥東部の一大勢力となった時期に祭祀があったものか。ハヅの地名は、古代南方系海人の信仰である「泊頭の神」に因るともいい、神社の近隣で師崎の小字には磯部の地名も見える。その祭神は建稲種命とされ、白鳳年間に創祀と伝える。同社は、鎌倉末期～南北朝前期に熱田大宮司の摂津守親昌及びその猶子の大宮司昌能（北条時行の舅ともいう）が羽豆崎に城を築き、神社も修復したという。

尾張神社と尾張戸神社の祭祀

愛知県小牧市小針に**尾張神**《おぼり》社があり、小牧空港（県営名古屋空港）の北側近隣に位置する。山田郡の式内社にあげられ（地域的には春部郡か）、当国神名帳に従三位尾張田天神と見え、社格は旧郷社。鳥居の傍らの石碑に『尾張名称発源之地』（昭和十五年に当地・北里村青年団の献金によって建立）と刻まれる。小牧空港の南側には先に述べた味美古墳群がある。

同社の祭神は天香山命（高倉下のこと）・誉田別命・大名持命とされる。創建は不詳であり、伝承によれば、この地・尾張村は古墳時代に豪族の尾張氏が開拓したと言われる。同社が天火明命を祭神にあげずに、大名持命をあげるところに古伝が残る。宮簀媛が倭建薨去後に現在地の熱田に社地を定め、草薙剣を祭ったのが熱田神宮創祀だと伝えるから、尾張国造の始源段階の本拠は愛知郡熱田ではなかった。尾張神社が俗に「山王」と称される由来も、その創祀事情にあったものとみられる（後述）。

尾張氏の発生地の一説には、尾張神社周辺のほか、その東方に位置する**尾張戸《おわりべ》神社**（名古屋市守山区志段味。山田郡の式内社）もあげられる。

尾張戸神社があるのが東谷山山頂で、そこには神が宿る岩があり、古来より信仰を集めた霊山とも言われる。『東谷大明神草創本基』に拠ると、成務天皇五年に宮簀媛命の勧請と伝わり、尾張氏の祖神を祀ったという。東谷山の西麓には多数の古墳が所在し、尾張戸神社の本殿自体も尾張戸神社古墳と呼ばれる円墳の上に作られる。名古屋市教育委員会文化財保護室の発掘調査では、四世紀後半の築造と報告されるが、もう少し早いことも考えられる。現在の建物は尾張藩主により再建されており、元の神社は、大永元年（一五二一）七月の火災により神宮寺（同社の世話をする寺）と共に焼失したという。かつては熱田神宮に次ぐ大社だということで、熱田神宮の奥の院というわれもある。摂末社の中社（祭神は菊理媛、すなわち白山女神で、水神の罔象女神でもある）も中社古墳の上に鎮座する。

いま祭神とされるのは三柱（尾張氏祖神の天火明命、高倉下命に当たる天香語山命及び建稲種命。三座の場合は、本来は尾張神社と同じか）で、いずれも尾張氏の祖神である。このうち天香語山命（高倉下命）は、庄内川対岸の高蔵山に降り立ち、のち東谷山に移ったが、この際に白鹿に乗って川を渡ったという。「尾張戸」の神社が円墳の上に建ち、尾張氏祖神を祀る事情からいうと、元は「尾張戸辺」（オハリトベ）、すなわち真敷刀俾を指したものか。

真墨田神社の祭祀と神官家

尾張国の一宮は、国衙の置かれた中島郡に鎮座する**真墨田神社**（名神大社）とされた。しかし、神階の授与は一宮及び二宮の大県神とともども承和十四年（八四七）に無位からなされており、三宮とされる熱田神にかなり遅れる。同郡の尾張大国霊《おおくにたま》神社ともども尾張氏との関係も考えられるものの、創祀時期や経緯ははっきりしない。

真墨田神社は現社名を真清田神社（愛知県一宮市真清田に鎮座）といい、尾張国の総産土神として古来、崇敬を集めた。現在の祭神は天火明命とされ、大己貴神も合祀され、しかもこれまで祭神が変遷したことが知られる。祭神について記す諸書を見ると、十四世紀の『大日本一宮記』（卜部兼熙著）では大己貴命とし、それ以降、この説が多数であったが、中世末期から江戸時代にかけて、なぜか国常立尊説が優勢であり、明治以降に栗田寛などの提唱により天

真清田神社（愛知県一宮市）

火明命説が定着していった（津田豊彦氏の『日本の神々　十』の記事）。

田中巽氏も、「この尾張氏関係の古社に大己貴神を奉斎するのは、実は、初期の尾張氏の祖神の姿を忠実に伝えたものというべきではあるまいか」と指摘する（『銅鐸関係資料集成』九九三頁、一九八六年刊）。同社には竜神（水神）信仰があり、その意味でも天火明命より大己貴神を祭神とするのがふさわしいようだが、不明な点が多い。

真清田社の神職は、近世では佐分・関・魚松・伴野の四家が神主家として知られる〔註〕。佐分氏は佐分利とも書き、桓武平氏高棟流（公家平氏）と称したが、佐分利系図（鈴木真年編『諸氏本系帳』所載が比較的良本）を見る限り、鎌倉後期以降の「清」を通字とする命名などから、朝廷の近衛府や御随身、番長で仕えた身人部《むとべ》宿祢一族（六人部とも書く尾張氏族で、水口などの家号あり）の流れとみられる。鎌倉後期の相模介清倫以降しか、当該系図は信頼しがたい。身人部氏が同社を奉斎した事情は不明である。

身人部氏は、南北朝初期に身人部石見守清鷹（家号が水口で、阿波守信秀の子）の名も史料に見える。『残桜記』に拠ると、日野資朝が清鷹に命じて三種神器を偽造させ、真器のほうを延元二年（一三三七）春に吉野の南朝朝廷に届ける途路で、清鷹は先に蒙った矢傷がもとで卒去したが、資朝らにより神器が無事に届いたと「身人部氏家譜」に見えると記載される。身人部姓の地下官人は江戸期にも見えるが、鎌倉後期～南北朝初期から以降は「清」を通字として用いたことが知られる。江戸中期の和学者に水口清光（清之の次男）がおり、御随身から左近将監、隼人正に任じ従五位下の官位をもった。

〔註〕真清田神社の神主家四家の一にあげる関氏は、もと斎藤道三の家臣で、後に信長に従い立身した関成重の出自、美濃関氏とも縁由があったか。その子の成政は信長より下賜の蘭奢待を真清田神社へと奉納した。

子孫は美作津山藩主森家の家老としてあり、縁組みを通じて男系から藩主の森家を継いだり、関長政はその支藩の宮川藩を立藩したが（後に新見藩）、明治まで続いて華族に列した。

尾張大国霊神社と八剣社の祭祀

尾張大国霊神社は中島郡の尾張国衙（稲沢市国府宮）の付近に鎮座することで、国司が総社として奉祀し、通称が「国府宮」ともされた。その祭神は、社名通りの尾張大国霊神であり、近世の諸書は殆ど全てが大国主神としており、これは妥当であろう。七個の巨石が立ち並ぶ磐境という神聖な一廓が本殿に接してある。海部郡の式内社にも国玉神社があり、この論社が津島市の津島神社ないし境内社（祭神が素盞嗚神、大己貴神）にもあてられる。別宮には田心姫命を祀る宗形神社（式内社）や大御霊神社（大歳神之御子を祭神）があり、大国主神・田心姫命は中島県主及び尾張国造の祖神（含女系祖先）であろう。

同社は中島県主が奉斎したが、尾張国造も関与した。神主家に天背男命の後裔という中島連姓（鴨県主支族）の久田《くだ》氏があり、後に野々部《ののべ》・塩川氏となっ

尾張大国霊神社（愛知県稲沢市国府宮）

た。古くは天平六年（七三四）の中島郡郡領として外大初位上（官位不明も主帳くらいか）の中島連東人が『尾張国正税帳』に見え、その少し後の天平廿年（七四八）の「瑜伽《ゆか》師《し》地論」巻七四奥書に「願主中嶋連千嶋、中嶋連足人」も見える（ともに大日本古文書に所収）。

承久の変のときには、在庁官人の中島左衛門尉宣長（嵯峨源氏流と称するのは疑問）があり、京方に与したことで、この氏は一時、没落した。それより先、源平合戦のとき在庁の大屋中三安資が『東鑑』（治承五年三月条）に見え、源行家敗退の戦況を鎌倉に報ずるなど源氏方で活動した。この者は大矢城（稲沢市大矢町。国府宮から南西四キロほどの地）に居たと伝え、「中三」の通称から見ても中島連後裔か。族裔の大屋佐渡守が鎌倉期に押切城（城跡が現・白山社境内で、名古屋市西区）を築いたとも言う。

大国霊社権神主には**蜂須賀氏**があり、秀吉に仕え有名な小六（彦右衛門尉）正勝の弟の彦大夫正光の後という。蜂須賀氏は清和源氏の足利・斯波一族あるいは里見一族の出、頼光流などと称したが、これらは疑問である。愛智郡の成海神社の尾張宮内玄能（寿永元年〔一一八二〕卒）の次男次郎松が中島郡国府宮神主蜂須賀氏の養子となり、蜂須賀乙三郎と称したことが「尾張宿祢系譜」に見えるという（加藤國光氏の指摘、『尾張群書系図部集』下）。このほか、熱田大宮司家や大橋氏との通婚が見える。江戸期には阿波徳島藩主となる蜂須賀氏は、鎌倉期から苗字の地にあったとされるが、系図が知られるのは室町前期頃からである。それも諸伝があって原型が探りにくく、文明期の織田氏家臣のなかに見える蜂須賀彦四郎直泰・同右京亮胤泰、蜂須賀豊前守俊家が現伝の系図には見えないなど、問題が多い（異説がないのは正勝の父・正利以降か）。

海東郡蜂須賀（現・あま市北西部で、二ツ寺近隣）に起るとし、川並衆の一という事情から見て、海神族系の流れをなんらかの形で汲むものか。中島郡式内の久多神社（稲沢市稲島町で、国府宮の西北近隣。祭神は天背男命〔天神本紀に久我直や尾張中島海部直の祖と記す〕）にも上記の奉斎氏族が関連した。

海部郡式内の**国玉神社**（名古屋市中川区富田町万場）もあり、『尾張国神名帳』に従二位大国玉名神とあげる。いまは同社と八剣社を合殿に祀る。その祝家は尾張氏から出た横井氏が世襲した。大字万場は庄内川下流域で（万場の対岸が中村区横井）、大字包里・戸田・春田・伏屋などとともに同区富田町域となるが、この辺りに海部郡津積郷があったとみられる。万場の西方近隣には、同郡伊福郷（現・あま市七宝町伊福の一帯）があった。

八剣社については、先に熱田神宮で触れたが、濃尾地方に多い分布を示している（愛知県の尾張地方だけで五十社超）。その中心は延喜式内社の八剣神社で、熱田神宮境内に別宮八剣宮として鎮座しており、濃尾の殆どが同社からの勧請とする。尾張国造一族が同社を古くから奉斎した事情からみて、諏訪市小和田の同名社（旧県社）のように、元来の祭神は八千矛神（大国主神や大己貴命に擬せられる）につながるものであろう。

昭和十二年に発行の『神道大辞典』には、八剣神社の主なものとして、愛知県では宝飯郡三谷町（現・蒲郡市）、岐阜県では羽島郡八剣村下印食（現・岐南町）、同郡桑原村八神（現・羽島市）、土岐郡肥田村（現・土岐市）、養老郡笠郷村（現・養老町）があげられる。愛知県では上記の名古屋市中川区の万場及び同市守山区大森のほか、丹羽郡（現岩倉市）八剣、安城市域などに同名社が鎮座する。現在の地名では、愛知県の一宮市・稲沢市・あま市及び岐阜県羽島市の地域、これらは木曽川下流域で、

『和名抄』の尾張国の中島・海部両郡域あたりに八剣社の分布が集中する。

関連して言うと、秀吉に仕えて大名となった**堀尾茂助吉晴**の丹羽郡御供所《ごしょ》の生家旧跡は、いま八剣社（現・大口町南部の堀尾跡一丁目）となる。八剣社は堀尾氏の祭神とされ、先祖の堀尾帯刀が熱田の八剣宮を勧請して永徳二年（一三八三）に創祀と伝える。その苗字起源の地は中島郡の堀尾荘（比定地不明も、案ずるに羽島市堀津〔八剣神社が鎮座〕あたりか）か近隣の羽島市辺りと推される。堀尾氏は、天武皇裔の高階真人末流とか在原姓、橘姓等と様々に称したが、実際には濃尾の川並衆と縁のある出自か。海部郡から出た蜂須賀氏の家中（阿波徳島藩）にも堀尾氏が見える（吉晴の従兄弟、小平治吉勝の後と系図にいう。実際には、海神族系の尾張氏族から出たか。中世史料に見える堀尾氏一族の名と大名家堀尾氏の先祖系図が符合しない。あま市蜂須賀宮東にも八剣社があり、堀尾氏と蜂須賀氏とは同族の出であったか）。

尾張氏族が大己貴命を奉斎する例はほかにもある。山城国久世郡の水主神社十座（式内並大社）は尾張氏族の系統という水主直が奉斎者とされるが、この十座のなかに「水主坐天照御魂神、水主坐山背大国魂神二座」が特記される。この二神のうち、前者は天火明命の関係神（天照御魂神を天火明命そのものと解するのは誤り）であり、後者は大己貴神である。

田中巽氏が前掲書で指摘するように、尾張氏は最初から火明命を始祖として奉斎したのではなく、この氏発源の当初は勿論、一族と称されるなかには、一部の石作部のように後々に至るまで出雲系の神（主として大汝命）を奉斎したものがあるとの特徴があるという（ただし、石作部は本来、尾張氏とは別族か。後述）。

このほか、丹羽郡のタクミ神社二社（託美神社、宅美神社）が尾張の国内神名帳に「従三位工天神、従三位詫美天神」とあるように、工造・工首・工部関係の祭祀社であって、『姓氏録』大和神別の工造条にいう「火明命十世孫の大美和都弥乃命」を祭神とする。『尾張氏系図』によると、津守連の支流に工造の祖・大美和都弥乃命が見える。

これまでの記述を通じて、尾張氏が尾張国に遷住した初期には、祖神を大国魂神（大己貴神）として奉斎したこと、及び同国内には当初、天火明命を祀る神社はなかったことが分かる。尾張国内の尾張氏関係社には、水神祭祀につながる白山社が多く、宗像社も目につく。白山社は美濃に多いが、数では尾張のほうが更に多いとみられる。

大和国の尾張氏族関係神社

尾張氏が尾張自生だとする説もかなり根強い。すなわち、尾張国こそ同氏族の本貫、発生地であり、大和国葛城地方には後世に尾張国より移住したか、なんらかの形で大和朝廷と密接な関係が後世に生じたに過ぎないとする説（新井喜久夫、松前健、上遠野浩一などの諸氏）である。その主な論拠としては、葛城地方には上古尾張氏の居住を物語る尾張氏の祖神を祀る古社が見当たらないという見方があげられる。この尾張自生の見方は、尾張氏の祖神を天火明命だと信じ込んだこと、尾張氏同族を狭い範囲で把握することからきているにすぎず、誤りとみられる。

鈴木真年は、尾張氏の氏神として、葛下郡の式内大社、葛木二上神社二座（奈良県葛城市（旧北葛城郡当麻町）染野）をあげる。東の三輪山にほぼ対峙する二上山の男嶽（雄岳）頂上に鎮座の同社は、豊布都魂神（高倉下が天から授かった神剣）及び大国魂神を祀っており、この事情からも、古く大和

二上山。高い方が雄岳、山頂に葛木二上神社が鎮座
（奈良県葛城市染野）

居住段階の尾張氏は火明命を祖神としていないのが分かる。

これに関連して、近隣の同市加守に葛木倭文坐天羽雷命神社（同じく葛下郡の式内大社）があり、その摂社の加守神社（祭神は天忍人命）、二上神社（同、大国魂神）は、尾張氏の一派の掃守（『姓氏録』大和神別に掲載）が奉斎した。とくに二上神社は、二上山頂の葛木二上神社の遙拝所だと伝え、神主が蟹守家というのも掃守後裔だからだという。『古語拾遺』に見える彦波瀲《ひこなぎさ》尊の子守役として箒で蟹を追い払った祖先の故事は先にも述べた。

次ぎに、忍海郡の葛木坐火雷神社二座（並名神大。葛城市笛吹に鎮座）がある。同社は、尾張氏の一派、笛吹連に縁故の笛吹神社と合したと伝え、祭神は火雷大神（山祇族の祖神で、尾張氏にとって母系の祖神）及び天香山命（＝高倉下）とされる。笛吹神社の祭神は、笛吹連の祖・建多乎利命と伝え、祠官家も笛吹連後裔という持田氏であった。

葛下郡の式内大社、長尾神社（葛城市長尾）は水光姫・白雲別命を祭神とするが、ともに吉野首の祖であり、白雲別命は高倉下の父の別名か同族かともみられるから、当社の奉斎者はむしろ尾張氏族系統だったのかもしれない。同社の伝えでは、水光姫命が白蛇の姿で降臨したといい、水神としての祭祀がうかがわれる。

このように、大和の葛城地方を見ても、葛下・忍海両郡に尾張氏族関係者の分布と関係神社の存在が知られる。このほか、宇陀郡の椋下神社（祭神は高倉下。宇陀市榛原福地）、十市郡の竹田神社（祭神を火明命とする説もあるが、不明）も、尾張氏族の関係社として考えられる。とはいえ、葛城地方に尾張氏を名乗る氏人が四世紀半ば頃以降に居住したことは実証的に明らかにされず、古代史料で管見に入ったものがないから、注意を要しよう。

丹羽県君奉斎の大県神社

尾張氏は初期段階で尾張北部の丹羽県君氏と通婚し、両氏族あいまって尾張の開発につとめた。系図や大県神社の社伝などには、丹羽氏の祖・大荒田命の娘・玉姫命が尾張氏の建稲種命と婚姻して、その間の子孫は大県神社と田県神社の祭祀にも関与したという。

まず、**大県神社**は愛知県犬山市宮山にあって、式内名神大社で尾張国二ノ宮とされ、大県大神を祀り、社家は多氏族の丹羽（邇波）氏の一族が世襲した。丹羽郡領家の椋橋宿祢姓の原大夫高成が大宮司であったことも見えるが、これも丹羽県君氏の流れである。

社伝によれば、垂仁天皇二七年に本宮山の山頂から現在地に移転したといわれる。祭神の大県大神については諸説あるも、国狭槌尊《くにさづち》説、天津彦根命説、少彦名命説や大荒田命説は、年代・経緯・

出自等から見て、それぞれそぐわない。丹羽氏の遠祖ということでは、武恵賀前《えがさき》命（神八井耳命の子孫で、大荒田の祖先か）とする説がまだ穏当か。大県大神は尾張国開拓に活動した祖神とされよう。

この大県神社の祠官家神主・祝部として、尾張氏も見える。大須宝生院の寛元三年（一二四五）文書に尾張左衛門尉俊村、その子に左衛門尉俊秀が見え、暦仁元年（一二三八）十二月の尾張国諸社神領庁宣にも「尾張俊村仮名重松」とある。この子孫は永く同社に関与し、重松氏となった（尾張氏本宗からの分岐は平安後期で、大宮司員職の長子・大宮司季宗の後裔とされる）。

尾張二ノ宮（大県神社）の祠官・重松中務丞秀村の三男に生まれたのが落合将監安親（一に勝正の子とも親清の子ともいい、勝正が秀村の子孫か）といわれ、春部郡の上末城（上陶城）の城主となり、小牧・長久手合戦には秀吉方で参加して、子の庄九郎（名は正時とも親伴とも。後に京極丹波守に仕える）とともに秀吉勢の先導役を務めた。現在、城跡近くの陶昌院というお寺には、安親ら落合一族の墓が残る。一族は尾張藩・紀伊藩に仕えたり、地元に残って新田開発につとめ新田頭となった落合新

大県神社（愛知県犬山市宮山）

田縣神社（小牧市県町）

八郎宗親などがいる（落合氏は、藤原姓足利又太郎忠綱の子孫ともいい、一族の者の名前は複数伝わって混乱が大きい。本文記事は一応の表記）。

丹羽郡の**針綱神社**（犬山市犬山字北古券）は尾張国五社の一つで、祭神は尾治針名根連命、伊邪那岐命、大己貴命、玉姫命、菊理姫命、建稲種命、尾綱根命、大荒田命と多い。祖父方の建稲種命・尾綱根命、祖母方の大荒田命・玉姫命、という尾張・丹羽両系統を平等に祀る。主祭神の尾治針名根連は桧前舎人連（『姓氏録』左京神別）の祖とされる。その弟ともいう尾張連の祖・尾張弟彦の曾孫に当たる目子郎女は、継体天皇の妃となり宣化天皇を生

爾波神社（一宮市丹羽宮浦）

むが、この天皇が桧坰《ひのくま》の廬入野の宮（奈良県高市郡明日香村桧前）に坐たことで「桧隈天皇」という事情と関連があろう。そうすると、「針名根＝弟彦」で同一人ではなかろうか。

なお、桧前舎人連の後裔なるべしと太田亮博士が指摘する日前金里という者が、春日井郡久木村の人として『朝野群載』（巻十一。永久三年（一一一五）十二月）に見える。

丹羽郡には、玉姫命・御歳神を祀る**田縣神社**もあげられる。古い土着信仰に基づき子宝と農業の五穀豊穣への信仰を結びつけた神社であり、「大男茎形」の神輿が出る三月中旬の豊年祭で知られる。これは大縣神社の豊年祭（別名「於祖々《おそそ》祭」）と対になっており、こちらは女陰をかたどった山車などが氏子地域を練り歩く。現在の鎮座地は旧春日井郡（小牧市田県町）であり、後に遷座したか、尾張の他社にも見られる郡名の誤りかであろう。

このほか、丹羽氏一族が奉斎した神社として、丹羽郡式内の爾波《にわ》神社（一宮市丹羽宮浦）及び前利《さきと》神社（丹羽郡扶桑町斎藤宮添）もあった。

五　尾張氏族の移遷過程

尾張氏族の東遷と尾張国内での移遷

尾張国造家の故地は大和の葛城地方で、垂仁朝頃に尾張国に遷住してきたと一般に考えられている。これは本居宣長（『古事記伝』。崇神朝頃の移遷とみるか）以来の多数説であり、栗田寛、吉田東伍、太田亮、久米邦武などの研究大家たちも、概ねこれを踏襲する。

その主な論拠は、「天孫本紀」所載の尾張氏系図であって、火明命十一世孫とされる乎止与以降では、尾張を中心とする氏族発展が記されるのに対し、それより前の先祖たちは主に葛城地方で活動することとされる。

これに対し、同国造家の遷住説をとりながらも尾張入国時期を『書紀』宣化元年条の記事を根拠としてこの当該年とする説（重松明久氏）や、同国造家の尾張南部故地説（新井喜久夫氏）なども出された。これらの内容を検討してみると、「天孫本紀」所載系図には疑問な個所も多々あってそのまま依拠することはできないのは確かであるが（こうした問題意識は重要だが、宣長以降の上記大家たちは必ずしもこの辺を認識していない）、そうだとしても、従来の通説がやはり妥当だと考えられる。以下に、その検討の概要を示す。

尾張氏に見られる強い海人性を考慮すると、この種族が日本列島に渡来して以降は、北九州海岸部から長い年月かけて列島内を東漸してきた移遷経緯は否定できない。この関係の検討は、黛弘道氏の論考「海人族のウヂを探り東漸を追う」（大林太良編『日本の古代8』に所収。一九八七年）に詳しい。この論考では、阿曇氏を中心として、海人族（海神族）の東漸が具体的に追求される。ただ、尾張氏については「海人族」という認識が記されない。

博多湾沿岸部の**筑前国那珂郡**は、先に見たように、わが国海神族の起源地かつ本拠地であった。この辺を具体的に言うと、

天孫降臨神話に見える大己貴神が拠った「**葦原中国**」とは山陰地方の出雲ではなく、北九州の那珂川下流の平野部、筑前国那珂郡一帯（福岡市街地）にあった海神族の国である。この国は、南方の筑後国の筑後川の中・下流域にあった天孫族の「高天原」と長く争い、降服して天孫降臨を受け入れた。降臨地の「日向」も、後の日向国とは異なり、具体的な地理では筑前海岸部の怡土・早良両郡の境界地域あたり一帯となる。だから、「オオナムチ」なる神も、本来は筑紫に居た神であり、出雲で活動した大国主神とはまったく異なる（世代と行動から考えると、出雲の大国主神は筑紫の大己貴神の孫に当たる。この辺は拙著『三輪氏』参照）。この海神族の大己貴神の流れが、出雲や畿内、さらには東国の各地に分出していった。

さて、上記の重松説では、尾張氏の祖で当地在住と見える宮簀媛・建稲種は実在の人物ではないし、「国造本紀」の成務朝の定賜国造記事も後世の仮託だとして、これらが殆ど根拠になしえないとみる。この基礎に立って、尾張入国で信憑性のある記事としては上記宣化元年条があげる。宣化元年に非常時に備えて、官家を筑前の那津に修造し、数か国の屯倉の穀をここに運ばせたが、その

一環で蘇我大臣稲目宿祢は尾張連を派遣して尾張国の屯倉の穀も運ばせた。これに先立つ、安閑朝二年には尾張に間敷屯倉・入鹿屯倉（後者は丹羽郡、すなわち犬山市の入鹿池説が強そうだが、春部郡の小針入鹿のほうか）を設置したという記事があるので、六世紀前半頃の屯倉開設の動きのなかで尾張にも両屯倉が設置され、尾張氏がこれらの管理者として間敷屯倉の所在地らしい春日部郡に移住してきたとみる。さらに、尾張氏の平野南部への進出によりその奉祀の中心も春日部郡の内々神社から熱田神宮に移ったと考える。

この**重松説**は、尾張氏が尾張国内でもいくつか移動を行い、最終的に落ち着いた地が熱田だとする点では説得的である。しかし、尾張氏の入国の時期や移遷事情については極めて疑問である。その基礎にある倭建東征伝承や尾張国造定賜記事を頭から否定する姿勢は問題が大きい。総じて、津田博士流の論拠のない予断に立った見方である。宣化元年紀の記事は、蘇我稲目が尾張の屯倉の穀を当地雄族の尾張氏に命じて運搬させたにすぎず、尾張氏の本来の職掌が屯倉管理者にとどまるものではなかった。既に尾張氏から継体妃の目子媛が出て安閑・宣化両天皇を生んだという記紀等の記事を無視するものでもある。そして、尾張遷住までは、尾張氏はいったいどこに居住していたというのだろうか。

次ぎに**新井説**であるが、尾張南部故地説は、先祖の乎止与の位置づけを高く評価して尾張氏の大きな起点とみる点はほぼ妥当だが、この者より前の系図は後世の造作・架上とみる点で大きな問題がある。海部や伊福部連・津守連・丹比連など、有力な古代諸氏を含み相互に深く関連する尾張氏初期段階の系譜が、尾張氏単独の手により後世になって造作されたものだとは到底考えられない。このような複雑な系譜作成は、古代人に求めること自体が当時の能力を遥かに超えており、現実離れをしている。つまりは、この辺は抽象的な観念論、存在否定論にすぎず、戦後の津田史学の悪影響が端的に出ている。

新井氏が尾張氏と海部の関係を重視して、地理的関係から尾張氏の起源地を瑞穂台地とみて、本拠を名古屋の南部地域の特に熱田、瑞穂、笠寺台地から大高（氷上邑）にかけての地域に重点を置き、五世紀末頃には尾張南部の支配者に成長したとみる。これも、先に見た志段味古墳群（及び味美・味鋺古墳群もか）の築造勢力を無視する点に大きな問題がある。ただ、五世紀代に尾張氏が瑞穂台地あたりを本拠としたのは妥当であろう。

ともあれ、尾張氏一族の尾張国内での移遷についてもは諸説ある。式内社の火上姉子神社鎮座の愛智郡氷上が尾張氏の桑梓（産土の地）だと『熱田縁起』に記し、この地域最古の兜山古墳も氷上の近隣にあることから、太田亮博士は、氷上から熱田への移動を考える（『尾張』）。考古学的な領域を中心にアプローチする赤塚次郎氏は、味美古墳群の築造に関わった集団が、熱田に進出して断夫山古墳の築造に関わったという見解を示し、春日井郡や名古屋北部（尾張中部）に先住地の重点を置く。一方、明治期の栗田寛は、『風土記』逸文（原典は『塵袋』）に尾張国春部郡国造川瀬連と見え、同郡の内々神社が建稲種命を祀り、郡内に小針村もあることなどから、尾張国造は春部郡に居たとみた（『国造本紀考』）。

これら史料類は確かな史料となし難い面もあるが、春部郡とその南の山田郡（名古屋市北区山田町が遺称地。中世以降は春部郡と併せ春日井郡となる）という地域は、志段味古墳群・味美古墳群がある庄内川流域でもあり、この庄内川流域を最古段階の尾張を考える基礎とするのは重要である。この地域を瑞穂・熱田両台地よりも早い時期の尾張氏の居住地として重視して、十分に検討する必要がある。尾張氏が熱田を本拠とした時期は、古墳築造などの諸事情から見てもかなり遅いようであり、五世紀末頃として良いのだろう。

「尾張」という名の起源

上記の『風土記』逸文には、「尾張国山田郡山口郷ノ内ニ張田ノ邑有リ。尾州記ニ云フ、昔、此ノ間ニ榛多シ。俗ニ「之波里《ヲハリ》」ト云々」と記される。

この記事の山口郷も張田邑も、現在は遺称地がないので、比定地不明であるが、おおよそ名古屋市の東北部あたりか。『延喜式』神名帳にも、山田郡に尾張神社（『尾張国神名帳』に尾張田天神）、尾張戸神社と「尾張」を冠した神社が二社もあげられ、共に香語山命を祀るという。『続日本紀』神護景雲二年（七六八）十二月条には、尾張国山田郡人小治田連薬等八人が尾張宿祢を賜姓した。尾張を「小治田」とも云ったのであろうと宣長も記している（『古事記伝』）。山田郡の式内社に綿《わた》神社もあり、庄内川南岸の志賀の地（名古屋市北区元志賀町。なお、川の北側向こうは味鋺）にあって、志加綿津見神（『神祇志料』）、海童神（『尾張志』等）、あるいは玉依姫（神武の母）など海神を祀るというから、尾張氏の海人性を考えれば、この地域を無視できない。北区の西志賀貝塚からは、銅鐸形土製品も出ている。

従来から尾張という地名の起源については諸説あり、定説がない。主な説をあげると、

①もとは大和葛城の地名で、葛城山の尾の張りたる高原を尾張と名づけたとするもの（吉田東伍博士『大日本地名辞書』、鈴木真年『史略名称訓義』など）、

②南方に向かい長く尾の張り出たような尾張の地形に因るもの（『倭訓栞』）、
③小墾の義で、小治田というように田に依る名とするもの（『古事記伝』『尾張志』及び『倭訓栞』の一説）、
④『古事記』に天之尾羽張とあるように、十挙剣により負う名とみるもの（『諸国名義考』）、というところである。

このなかでは第①の説が比較的有力のようである。『書紀』神武段には、「高尾張邑或本云、葛城邑也」（即位前紀戊午年九月条）とか、高尾張邑の土蜘蛛を葛の網を用いて滅ぼしたことにより葛城と改めた（即位前紀己未年二月条）という記事があり、これら記事を根拠に尾張国に移遷後に、もとの本拠地の名をもって国名としたと考えるものである。

これに対し、宣長はそうではないとし、尾張国造になって彼国に下り居住した人がいた縁で、その国名をとって故地の葛城を高尾張邑と云ったのが、誤ってこれが本名のように伝えたものだろうとする（『古事記伝』二二）。尾張氏が国造になって尾張に遷住したのではなく、遷住した後に国造・県主の設置で尾張国造に定められたものではあるが、宣長に多少魅力を感じる面もある。そう考えるのは、次の事情があるからである。

一言主神社境内にある蜘蛛塚。神武侵攻時に高尾張邑にいた土蜘蛛を葛のつるでつくった網をかぶせて捕らえ、葛城というようになったとする（『書紀』）＝御所市森脇

第一に、「天孫本紀」には乎止与が尾張大印岐の娘の真敷刀俾を妻に一男を生むと見え（『田島家系譜』では、乎止与命の母と記載）、乎止与の舅が既に尾張を称していたことである。

第二に、「天孫本紀」の系譜には十三世孫にあげる尻綱根命（乎止与の孫）が品太天皇（応神）の御世に「尾治連」という姓を賜ったと記され（このため、尻綱連とも表記。同系譜は一貫して尾治の表記）、成務朝の乎止与の以前に分岐の系統及び大和に残った系統からは尾張を号する氏が現実に出ていないことである。大和の高尾張邑という地名が古ければ、尾張国在住の系統以外にも尾張という姓氏が大和ないしその近隣にあってしかるべきであろう。出土木簡の表記では、当初は「尾治」であり、天平頃から尾張に変わる事情がある。

第三に、倭建東征に随行した尾張氏一族が吉備まで随い、そこに「尾治、尾針」の名を冠する古社（御野郡に尾針神社、尾治針名真若比咩神社）を奉祀したが、この景行朝当時は、尾張ではなく、これら表記をしていたと考えやすい。

従って、山田郡あるいは春部郡の「小針（尾治、小治田）」という地名が一国全体の大号になったのではないかとみられ、こうした例は諸国に多い。このように考えれば、「本所の地名あれば也」とする『尾張志』の説が妥当そうである。

当該の**山田郡小針村**の地については、名古屋市昭和区小針町が遺称地の一つとみられ、昭和四七年以降の地名は鶴舞一～四丁目（公園や市立中央図書館がある）となる。この地は熱田神宮の三キロほど北東に位置し、この丘陵の西側末端部に八幡山古墳（昭和区山脇町。径約七、八〇㍍台の円墳とされるが、帆立貝形古墳か）、八高古墳（瑞穂区で、墳長八〇㍍超か。円筒埴輪Ⅲ・Ⅳ式を出土）、五中山古墳（高田古墳。瑞穂区で、墳長八七㍍、円筒埴輪Ⅲ・Ⅳ式や鉄刀・鉄鏃・伝鉄釧・伝石製模造品等を出土）などの**瑞穂古墳群**という比較的古い時期（四世紀末頃～五世紀代か）に築造された古墳が分布する。

旧山田郡は名古屋市東北部に拡がっており、守山区も郡域にあった。守山区南部の小幡・瓢箪山・守山一帯には、守山白山古墳（墳長約八、九〇㍍）のほか、小幡長塚古墳、東山古墳、守山瓢箪山古墳、小幡茶臼山古墳という墳長が八〇㍍前後の比較的大型の前方後円墳もある。これら諸古墳は、庄内川と矢田川の扇状地の背景となる丘陵上に群集しており、**守山古墳群**と呼ばれる。この古墳群は瑞穂・熱田の諸古墳に先立ち、尾張氏一族によって築造されたとみられる。

守山古墳群と庄内川を隔てて西北側の春日井市南部（旧春部郡）には、春日山古墳（墳長七一㍍）、白山神社古墳（同八一㍍）、二子山古墳（同九四㍍）などの古墳からなる**味美古墳群**もある。これらの古墳も、上記の瑞穂古墳群や守山古墳群と規模的にほぼ同様で、尾張氏一族により築造された可能性があるが、とりあえずは留保して検討を進める。

西春日井郡の小針の地

小針の候補地のもう一つが西春日井郡（春部郡）の小針で、現在は愛知県小牧市小針となっている。先に見た小針（鶴舞）の十五キロほど真北にあり、庄内川の北岸で、名古屋空港の北側に位置する。先に述べた味美古墳群の北側近隣にあって、往時は尾張村と書かれた時期もあった。最初に見た小針に尾張氏が移遷する前の故地とも考えられる。

新野直吉氏も、西春日井郡のほうを重視した見解を示される（「国造の世界」、一九七〇年。『古代の日本6中部』所収）。熱田神宮の前には、当地小針にある尾張神社（後世は山王）を氏神として国魂神

尾張神社と鳥居の横に建つ「尾張名称発源之石碑（愛知県小牧市小針）

社と考えた。尾張神社の門の傍に尾張名称の起源地という碑も後に建てられるが、この地に尾張の名称の起源地をもとめる見方はあながち誤りではなかろう。

ところで、尾張氏初期段階の平止与あたりが小牧市小針一帯に実際に居住したのであろうか。こうした疑問を感じさせるのは、近隣の味美・味鋺あたりの古墳群では、多くの古墳が滅失したとはいえ、最古段階級の古墳が三角縁神獣鏡を出した白山藪古墳（名古屋市北区味鋺にあった）あたりとされる事情にあるからである。これが景行朝あたりの築造だとしても、それより古い時期の古墳が見つけにくいため、先住者と伝える「尾張大印岐」の考古学的痕跡が確認できない。

ここで一つの仮説を考えてみると、小牧市小針あたりに住んで当地に「尾張」の地名を生じさせ

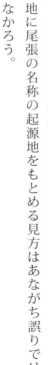

たのが尾張大印岐の一族ではなかったろうか。その場合、大印岐の娘の真敷刀俾を妻として、尾張（尾治）という氏の名を受け継いだ乎止与は、これより東方の守山古墳群のある守山区北東部の東谷山麓から守山・小幡台地にかけての一帯に居て、次ぎに、その後裔たちが南下して山田郡小針あたりに本拠を営んだのかもしれない。

尾張大印岐一族が外来者とみられるのは、弥生時代に尾張の大勢力であった清須市の**朝日遺跡**（貝殻山貝塚一帯で、小針の南西八キロほどの位置）という大環濠集落の主体とは無縁そうな事情からである。同遺跡からは巴形銅器、銅鐸・石製銅鐸鋳型や遠賀川式土器・パレス式土器、勾玉・管玉など玉類、石鏃なども出て、方形周溝墓、玉造工房跡も検出された。

尾張大印岐一族の系譜はまったく不明だが、多少の推測を交え敢えて言うと、大和の葛城山東麓辺りから山城を経て東国方面に展開した鴨県主の同族ではなかろうか。こうみると、崇神朝でも早い時期に（ないしそれよりもやや早い時期に）、山城の鴨県主一族から分かれて美濃西部に入ったとみられるのが三野前国造一族の氏祖・神骨命で、その兄弟近親にあたるのが尾張大

朝日遺跡（貝殻山貝塚）＝愛知県清須市

印岐か（小針の尾張神社の俗称「山王」も鴨族奉斎の少彦名神に因る）。これが、尾張地方の最初の開発者ということになる。中島郡の古族で古社を奉斎した中島県主・中島連氏は、天背男命（少彦名神の父神）の後裔といい、これも鴨県主支族であった。

それに少し遅れて尾張に入ってきた小縫・乎止与の一族が尾張大印岐一族と通婚し、その領域も「尾張、尾治」の名称も受け継いだのではなかろうか（以上が、尾張氏の入国時期・場所等について一応のとりまとめである）。

『全国古墳編年集成』で赤塚次郎氏が執筆する「美濃・尾張」の項には、古いほうから尾張戸神社古墳↓高御堂古墳↓出川大塚↓白鳥塚↓白山藪、という築造順であげるが、尾張戸神社古墳を白鳥塚と同じくらいの時期に引き下げれば、**高御堂古墳**が最古級となる。この古墳からは底部穿孔壺形土器の出土が知られており、大和・柳本古墳群の黒塚古墳やホケノ山古墳からも同じ土器が出たことに留意される。

美濃でも、本巣市宗慶《そうけい》の**宗慶大塚古墳**は、古くから「王塚」と呼ばれた前期古墳であり、三野前国造の初祖・神大根王（神骨命、八瓜命）の墓と伝える。その前方部は大半が崩壊して原形をとどめず、元の規模は不明だが、墳長が八二メートルほどか（『前方後円墳集成』では六三メートル）という推定がなされる。この古墳から、昭和六三年（一九八八）の範囲確認調査により、周溝から高御堂と同様に底部穿孔壺形土器が出た事情があり、高御堂古墳の被葬者が尾張大印岐一族の初祖（大印岐自身か）ではないかという可能性も出てくる。

上古尾張の開拓者

ここでまた尾張国に戻って、この地の開拓者、上古代の居住者としてどのような氏族がいたのかを考えてみたい。主だったところからあげると、次のようなものがある。

①**多氏族**　皇別で神武の皇子・神八井耳命の後裔とされ、『姓氏録』の記事（右京皇別・島田臣条）では、成務朝に尾張に派遣された仲臣子上を祖とするという。この一族は、丹羽県君・丹羽臣・県主前刀《さき》《と》連（以上は丹羽郡）、島田臣（海部郡島田郷）、船木臣（山田郡船木郷及び伊勢国）などがある。これらの初祖とされる丹羽県君の祖・大荒田（既述のように娘婿が尾張氏建稲種）の位置づけから見て、垂仁朝頃には到来したものか。

②**和珥氏族**　孝昭天皇後裔の皇別を称するが、実態は地祇の海神族の出であり、尾張来住の時期は不明も、最初に近いころの開拓者か。一族には、葉栗臣（葉栗郡）、知多臣（知多郡）、春日部（春部郡）や和邇部臣（葉栗・知多郡）などが尾張に多く分布したが、氏の名が郡名で残ることに留意される。尾張には、美濃西部の池田郡の額田・春日郷あたりから到来したか。

③**鴨氏族**　天神（実際には天孫族）で山城の鴨県主の支族であり、中島郡中心に中島県主（後に中島連）として栄えた。尾張来住時期は不明も、鴨氏の系図に見えるような雄略ないし欽明朝頃よりは遥かに早い崇神朝頃に、美濃西部から南下して来住したのではなかろうか（中島県主の祖・為弖足尼を祝部宿祢の祖・賀弖足尼の兄弟におく系譜は疑問が大きい。これが正しいとした場合でも、従来からあった中島県主の家に入ったものか）。中島県主の系譜は三野前（本巣）国造の同族とみられる。

これら三氏族よりも来住が少し遅れるが、息長氏族で磐梨別君同族の④稲木乃別（稲城壬生君。丹羽郡で稲木神社を奉斎）の一族があり、これらに⑤尾張氏族、さらには⑥物部氏族（美濃東部の三野後国造の一族か）を加えた五、六系統ほどが、上古代尾張の主要氏族と言えよう。

このほか、割合有力な氏族として、天孫族・皇別系統の忌部氏族の日置部、阿倍氏族の裳咋《もくい》臣・敢臣や、山祇族系統では紀伊国造族の瓜工連、久米氏族の久米造などがあり、遅れるが荒田井直など東漢氏系の諸氏もある。古墳時代に大古墳が顕著に継続して築造されたのは殆どが尾張東部で、築造主体が主に尾張氏族とみられ、これに丹羽氏関係があるにすぎない。

これらの実態を言えば、海神族系統が主で、天孫族・皇別系統が三、四であるが、後者にも多氏族に船木臣があるなど海人性が割合強そうである。海部郡の地名が海人性の強さを示唆するし、大河川が流れ、沿海部が大きい尾張国の開拓者としてふさわしい。尾張と伊勢とは海路、船で結ばれたことが考えられ、海人系統の比重が大きかった要因になったとみられる。その一派として尾張氏は、庄内川を溯りその中流域に勢力を扶植させたものか。それでも、美濃から陸路で木曽三川を渡って尾張にきたのもかなりあったろう。

尾張の尾張国造一族と尾張氏同族

ここまで記してきたことと多少重複する部分もあるが、整理も兼ねて、尾張国造一族の総覧をしておく。

尾張連の氏人が郡領の地位にあった尾張国内の郡名を見ると、愛知・春部・中島・海部が史料から知られる。「大宮司系図」には熱田社の大祢宜は、愛智・山田両郡司を兼ねたとの記事がある。言うまでもないが、愛智郡には熱田社があり、山田郡には尾治戸神社や小針の地があって、尾張氏本宗にとってそれぞれが重要な郡であった。

史料に見える尾張国造同族とみられる諸氏とその居住地をあげると、次のとおり。

まず尾張国造族関係では、大宝二年（七〇二）の御野国加毛郡半布里戸籍に尾治国造族伊加都知、尾治戸稲寸女が見え、神亀三年（七二六）に山背国愛宕郡雲下里計帳に尾治連族酒虫売が見える。

次ぎに同族諸氏では、

①海部直（大海部直）　愛智郡氷上邑。また、無姓の海部が海評三家里（海部郡三宅郷）。中島郡の海部直は尾張氏と別系の系譜（天背尾命の後裔）のように伝える。

②海連　愛智郡大宅郷、海部郡嶋里（志摩郷）。愛智郡荒大郷（後の知多郡荒尾郷で、東海市域か）戸主の久例連首麻呂、戸口の同姓足月（正倉院丹裏文書）も一族の可能性。

③小塞《おせき》連　中島郡小塞郷（一宮市浅井町尾関）に起こり、『延喜式』に小塞神社が掲載される。一族の改賜姓などは既述。この後裔とみられる鎌倉期の尾塞氏五代相伝の本領の一つが「たくミ」の地（一宮市域の託美御園）であった。承久の乱後とみられる某年（嘉禎四年か）三月廿六日付相模守某書状案（石清水文書）に「尾塞左衛門尉季重申、尾張国内匠《たくみ》保名主職間事」とあり、嘉禎四年（一二三八）十月付尾塞置文には、「たくミ」の地を、えもんの尉と兵衛尉（季親）の兄弟で折半するよう記される（『一宮市史』資料編補遺二。石清水八幡宮菊大路家文書）。

④小治田連　山田郡。改賜姓は既述。

⑤甚目《はため》連　海部郡の甚目寺、志摩郷、津積郷。中島郡領にも見え、高尾張宿祢の賜姓者もいた。甚目寺の創建には、伊勢国の漁師甚目龍麿が海中から観音像を引き揚げたことに因むというが、史実原型の有無は不明。伊勢にも甚目の地（松坂市域）がある。

⑥尾張益城宿祢　間敷屯倉の地。同屯倉は山田郡域か。
⑦三宅連　春部郡主帳、愛智郡主政。間敷屯倉、入鹿屯倉の管掌者。海部郡や中島郡に三宅郷があり、太田亮博士は尾張氏の族とする。出自は確かめ難いが、妥当か。
⑧民連　春部郡大領。太田博士に同説。三宅連と近縁か。

また、尾張氏族として高倉下の後裔氏族とされそうな尾張国居住の諸氏では、
ア伊福部連・伊福部　海部郡伊福郷（現・あま市南部の七宝町伊福一帯）。天平六年の『尾張国正税帳』には葉栗郡（ないし知多郡か）の主帳外少初位上で伊福部大麻呂が見える。神名式では愛智郡に伊副神社、「尾張国本国帳」に海部郡に正四位伊福部神社。美濃の伊福部も先に触れた。伊福郷という郷が、東国では美濃国池田郡、尾張国海部郡、遠江国引佐郡と続いて『和名抄』に見える事情がある。
イ掃部　海部郡に神守村（現・津島市東部の大字神守一帯）があり、神守は掃守より出るという。同郡の蟹江邑も神守村の南近隣にあって掃部に関係するか。尾張国居住の掃部には連姓が見えない。山田郡守山にも神守の地名（名古屋市守山区瀬古のうち）があり、熱田神官家にも神守がある。美濃にも掃守・掃部・守部が居住した。
ウ礒部・儀部　海部郡三宅郷や中島郡に礒部氏の存在が知られる。この系統について明確にしがたい。尾張氏族ないし丹波氏族につながる度会神主一派か、あるいは伊勢の三輪氏族宇治土公一族にも儀部がおり、伊勢から到来か。
エ工部《たくみ》　丹羽郡の式内社に託美神社・宅美神社があり、大美和都弥乃命を祀る。大美和都弥乃命は、

系図によると、工造の祖で、若倭部連の祖・忍己理《おしこり》足尼命の兄におかれる。丹羽郡扶桑町高雄の託美神社境内社には、津島社・熱田社等がある。先に見たように、美濃に工部君・工部が見え、平城宮出土木簡に美濃国の「大野郡赤見里工部□□、米二斗」(□□は解読不能)と見え、この大野郡には宅美郷があった(奈文研『出土木簡概報』十一、十五。『和名抄』には郷名不記載)。藤原京出土木簡にも三野大野評堤野里の工人鳥が見える。駿河国有度郡にも託美郷(『和名抄』)があるから、尾張にも工部の居住があったとみられる。尾張の若倭部は後述する。

オ石作部・石作連　中島郡・山田郡に石作郷があり、神名式では山田・丹羽・中島・葉栗の四郡に石作神社をあげる。ただ、尾張の史料には具体的な石作部関係者が管見に入っておらず、石作連が尾張氏族なのかについても疑問がある(後述)。

こうして見るように、尾張氏の一族や少し遠い同族の諸氏は、名代や品部という管掌内容に因ってか、殆どが連姓をもっていた。本宗家としての尾張氏は、国造の地位から直姓もありえたろうが、これよりも連姓のほうが格上という意識もあったものか。その意味で、地方豪族のなかでは殊更に中央王権との関係が深く、臣姓諸氏(出雲臣、吉備臣など)とともに、別格的な存在だった(新井氏も、内廷の伴造的職務により尾張氏が異例の連姓を得たのではないかとみる)。濃尾や畿内に同族諸氏が広く居住したという特徴もある。

大和葛城の尾張氏の同族諸氏

大和の葛城地方は、往古に葛城県・葛城国造がおかれた地域であり、ここには、天神(実は天孫族系統)の葛城国造、地祇の三輪君同族の鴨君、皇別の武内宿祢後裔の葛城臣・玉手臣一族、すこし時期が遅れて皇親系の当麻真人、などの諸氏が繁衍した。尾張氏族の諸氏もそのなかに散在してあったが、この分布状態などを考えてみる。

葛城地方という場合、『和名抄』の葛上郡・忍海郡・葛下郡の三郡の地域〔現在の御所市・葛城市や北葛城郡〔上牧町・王寺町・広陵町・河合町〕、大和高田市の一部〕にあたるが、ここに尾張氏族がどのように分布していたのだろうか。

『姓氏録』の大和国神別の天孫には、この一族として尾張連・伊福部宿祢・蝮壬部首《たぢひのみぶ》・工《たくみ》造の五氏が掲載される。このうち、尾張氏〔連姓、倉人姓、無姓〕の人々が平城京の左・右京や藤原京〔尾治連訓子〕に見えるほかは、大和関係の古代記録で管見に入っていない。

伊福部氏も宇陀郡伊福郷〔現・宇陀市榛原〔旧宇陀郡榛原町〕福西一帯〕を主要地とした模様であり、尾張氏族が葛城地方に居住したのだろうかという疑問も出てくる。そこで、同族諸氏の動向を見た結果では、葛城を故地として諸国各地に分岐・移遷したことが分かる。そうした例を個別に見ていくと、濃尾の関係で主なところは次のとおり。

(1)**掃部連**　葛下郡に加守邑・掃守社〔加守神社〕・掃守寺跡〔いずれも葛城市〔旧北葛城郡当麻町〕大字加守〕があり、『姓氏録』大和神別の天神に掲載の掃守がこの地に在った。

掃守氏の本体は、この故地を出て葛城の西北方で大和川の下流域にあたる河内国高安郡に移遷し、同地に掃守郷〔八尾市黒谷・教興寺一帯〕を形成して、この辺りに掃守宿祢・掃守連・守部連・掃守造が居た〔いずれも『姓氏録』河内神別に掲載〕。掃守郷は和泉国和泉郷にもあり、掃守首が和泉神別に掲載される。左京神別にも掃守連が見える。この流れか、天平十七年四月の「内掃部司解」〔正倉院文書）には、正七位上行令史掃守連が見える。

平安初期の掃守氏の本拠が河内国だとみられ、河内の掃部神が従五位下の神階を貞観十六年（八七四）十二月に授けられた（『三代実録』）。掃部神は、『河内名所図会』等により、黒谷村に所在とが分かる。これに先立つ、承和二年（八三五）には河内国人の掃守連豊永らが善世宿祢の賜姓をうけた（『続日本後紀』）。河内では、延久四年九月付けの「太政官牒」（『石清水文書』田中家）に交野郡前擬大領守部平麻呂、同広道の名が見える。

和泉の掃守郷（現・岸和田市加守町）には加守寺があった。山城国相楽郡にも、郡令を務める掃守宿祢阿賀流《あかる》がおり（『続紀』大宝二年条。後に、仁明紀にも故掃守宿祢明〔入唐判官従五品下〕に贈位）、その家に代々伝える薬が『大同類聚方』に記される。美濃、尾張については、本書の他の個所でも記す。

このほか、摂津、近江、伊勢、越前、出雲、伯耆や、淡路（大和大国魂神社の氏子）にも、掃守・掃守部を名乗る氏が広く分布するが、どこまでが同族かは不明である。

美濃国では、大宝二年（七〇二）の戸籍に掃守部夜和が見え（各牟郡中里の断簡らしき個所にあり、続けて同じ戸主のもと六人部一人、若倭部三人も掲載）、天平勝宝二年（七五〇）四月の東大寺東南院文書（美

加守《かもり》（掃守）神社。倭文《しずり》神社、二上神社も共に祀られる（葛城市加守）

濃国司解案）には、可児郡駅家郷の戸主として守部麻呂が見える。同郡明知庄に関して、承暦二年（一〇七八）十二月の石清水文書に「従七位上守部（花押）」も見える。安八郡の貞観期の大領として守部秀名・氏岑親子も見える（『平安遺文』）。中世の武家につながる守部氏も、美濃国席田郡に郡領としてあった。

尾張には、熱田祠官大内人の守部氏もあって、別宮八剣神社祠官の大喜氏は守部宿祢姓とされる（大喜氏は尾張宿祢も称）。名古屋市瑞穂区大喜新町にある田光《たこう》神社（田光八幡社）にも関与し、延暦元年（七八二）に熱田神宮祠官の守部彦正が創祀したと伝える。

海東郡神守に居た土豪が桑山氏で、先祖が居た美濃国席田郡桑山（岐阜県本巣市郡府あたり）の地名に因む。秀吉と共に立身した桑山重晴（重勝）で有名だが、文禄の役の朝鮮出征（一五九二）に際して、船手衆（水軍）のなかに、九鬼嘉隆を筆頭に来島水軍の来島通之・通総兄弟らとともに、紀伊和歌山（豊臣秀長の城代）の桑山重勝の一族の桑山小藤太（孫の一晴）・同小伝次（子の貞晴）が見えており（「島津文書」）、桑山氏の水軍性を示唆する。これに先立つ天正三年（一五七五）に、桑山重晴は、浅野長政とともに琵琶湖の船手奉行にもなったから、尾張の古社諸桑神社の奉斎も併せ考えると、掃部・守部の後裔か。

田光神社（名古屋市瑞穂区）

(2)**伊福部連**　大和では宇陀郡に伊福郷があったほか、葛下郡高田郷に伊福寺跡（現・大和高田市本郷町。伊福部氏との関係は不明だが）があり、伊福部氏が葛城地方に居住した可能性がある。天平期の皇后宮職の舎人大初位下伊福部宿祢男依は、天平二十年（七四八）八月から翌二一年三月まで主として東大寺写経所に上日したが、前述の葛下郡の掃守寺に別当として出向したことも知られ（正倉院文書の「経師等上日帳」）、興味深い。平城宮出土木簡には、天平五年八月に「伊福部宿祢広濱 大倭国十市郡」の名が見える（『出土木簡概報』十二）。

谷川健一氏は、葛城の近くに伊福部氏の居住地を思わせる五百家《ゆうか》があると指摘する（『白鳥伝説』一七二頁）。五百家は、現在、御所市の大字で葛上郡に属するが、銅山の鉱脈が走っていて伊福部氏に金属工人の性格もあることを併せ考えると、一概に無視しえない。

『姓氏録』では、大和のほか、左京に伊福部宿祢、河内に五百木部連、山城に伊福部があげられ、火明命の後裔と記される。諸国では、播磨、伊勢、美濃、尾張、志摩、因幡、出雲、石見、備前、美作、安芸、薩摩、遠江、陸奥などと伊福部・五百木部の分布が多い。伊福部には宿祢・連・無姓のほか、首・臣・君・直など別系統とみられる姓氏もあって、これらが個別に尾張氏族系統かどうかの判別は困難である。

伊福部連氏の主力は大和（葛下郡、宇陀郡）・河内から伊勢、美濃、尾張にかけて分布したとみられる。先にも見たが、『拾芥集』には、諸国に命じて新宮の諸門を造らしめたなか、尾張美濃二国が殷富門を造ったが、門名は伊福部氏に因むと見える。

(3)笛吹連　葛城山麓の忍海郡笛吹村（現・葛城市笛吹）が本拠と伝えられ、笛吹集落の西部、葛城山東方尾根端に笛吹神社が鎮座する。

『姓氏録』では、河内のみに笛吹連（一伝に笛吹）が掲載され、大和には見えないが、『令集解』職員令、雅楽寮条の笛工には奈良笛吹九戸、『延喜式』践祚大嘗祭、油以下事条に「宮内官人、楢笛工十二人を引く」と見える。河内神別の笛吹連も具体的な人名が知られず、畿内では、わずかに奈良時代の東大寺の写経所や造石山寺所の文書に、無姓の笛吹丈万呂（一に才万呂）や笛吹申万呂が見られる程度である。

ところが、尾張には笛吹部氏が二例も見える。山田郡両村《ふたむら》郷（豊明市域か）の戸主の笛吹部少足（天平勝宝二年四月付「仕丁送文」）と尾張国人の笛吹部高継（『三代実録』貞観二年五月条。本姓の物部屋形に復姓の記事）である。ほかの地方には現在のところ見当たらないから、笛吹部と尾張国・尾張氏との深い関係が窺われる。

これは重要な点であり、小縫の子孫が尾張国造で、大縫の子孫が笛吹部・笛吹連ではないかという背景を傍証する。すなわち、「笛連、竹田連、若犬甘連」等の祖とされるのが建多乎利命で、その子に大縫・小縫兄弟がおかれるとしたら、「天孫本紀」尾張氏系図は世代的なつながりがよくなる。尾張国の尾張氏が「建多乎利―小縫」という系統につながるのが妥当だとすれば、小縫の兄にあげる大縫なる者の流れが、建多乎利の子として大和葛城に残り、その庶流が地方へ転出し尾張に分かれたとしても、とくに不自然ではない。

(4)若犬養連　天武十三年（六八四）に宿祢賜姓があるから、当時、かなり有力な氏であった。乙巳の変で蘇我入鹿の誅殺にあたり活躍する者として、葛木（葛城）の稚犬養連網田が皇極紀に見える。宮城十二門を警護する門号氏族のなかには尾張氏同族が多く、若犬養氏は皇嘉門の守衛を担う軍事氏族だから、「犬養」は軍事・狩猟用の飼養であった。

この者にはたんに稚犬養連網田という表記もあり（『寧楽遺文』下八七六）、葛城は居住地とみてよく、葛城地方には犬養邑があった。奈良時代には、『続日本紀』に慶雲元年（七〇四）に若犬養宿祢檳榔《あじまさ》、天平二十年（七四八）に若犬養宿祢東人が各々従五位下に叙位された記事がある。同じく天平二十年八月に山背介従五位下の若犬養宿祢東人（「東南院文書」）や天平勝宝元～三年に経師の若犬甘宿祢木積万呂（『大日本史料』）が史料に見える。

『延喜式』神名帳には、葛上郡に葛木大重神社をあげるが、「新抄格勅符抄」に葛木犬養神と記すので、『大和志料』では「大重」は犬養の誤写とみられている。ともあれ、葛城地方に犬養神社が鎮座したことは確かである。当該大重神社は、明治四〇年（一九〇七）に駒形神社と合祀され、現在は駒形大重神社（御所市楢原字石川）となるが、元はその東方の字田口に鎮座していたという（「神社明細帳」）。『大和志料』の記事が正しければ、この地一帯が稚犬養連の起源地で、元来の居住地か。

『姓氏録』では、河内及び和泉に各々、若犬養宿祢をあげ、ともに火明命の後裔とする。「天孫本紀」には二所伝あって、一は天火明命の六世孫たる建多乎利命の後とし、もう一つは平止与の五世孫・古利命の後裔という系譜が見える。後者のほうに、『姓氏録』は符合して、火明命十六世孫の尻調根命の後（河内神別）とか同十五世孫の古利命の後（和泉神別）、と記される（ともに世代数の数字が疑問）。これをどのように整合的に考えるかの問題だが、まず葛城に起こった氏があって（武田光弘氏もほぼ同説）、その氏の跡に、後に金連の子・古利連が入って継いだ可能性も考えられる（古利連が「金連の子」

とすることが系譜仮冒の可能性もある）。

和泉では和泉郡に犬飼村があり、この氏の居住関連地かとみられるが、『和泉志』によると箕土路《みどろ》村（現・岸和田市箕土路町）が古くは村名を犬飼と称したといい、ここに犬飼神社があった。この地は県犬養連の居地とも考えられ、掃守の居地たる加守にも留意される。

先に見た和泉の加守村と箕土路村とは二キロほどの近隣に位置しており、縄文～歴史時代にわたる複合遺跡の箕土路遺跡にも注目される。この辺一帯は『和名抄』の八木郷とされ、箕土路村の北隣の中井村（現・同市中井町）には海神族の八木造に関係する夜疑《やぎ》神社（祭神は布留多摩乃命）が鎮座し、これに明治末期、犬飼社が合祀された。八木造・掃守連・若犬養連は、いずれも海神族で、振魂命の後裔とされる。

濃尾との関連で言えば、尾張の丹羽郡犬山はこの縁かともいわれ、吉備に多い桃太郎伝承が尾張犬山あたりにもあって、犬山市栗栖に桃太郎神社もある。大宝二年（七〇二）の御野国戸籍（正倉院文書）には、味蜂間郡（安八郡）春部里に無姓の犬甘部鳥売・犬甘部善売が見える事情もある。

いま「犬飼」の名字は全国に一万五千人弱ほどいて、その半数を愛知県（名古屋市付近に多いという）が占めるというが、これに次いで、岡山、長野、岐阜の諸県に濃い分布がある。これら愛知・岐阜の犬飼は、なんらかの形で濃尾の犬甘の流れを引くものか。

(5)**工造・工部**　『姓氏録』では、大和に工造及び和泉未定雑姓に工首をあげ、前者は大美和都弥命の後とする。工部の総領的伴造とみられ（太田亮博士）、大和での居住地は不明だが、濃尾にも居住があった。美濃での大宝二年の戸籍（正倉院文書）に、加毛郡半布里及び味蜂間郡春部里の人に工部（半布里に嶋売。春部里に姉売、多真志女、若子売、御成売、姉都売が見える）が、味蜂間郡春部里には工君真久弥売が見える。

なお、平城京の経師など下級官人に工部・工が見えるが、『姓氏録』には呉国人太利須須の後とする右京諸蕃・山城諸蕃の工造も掲載され、これら渡来系との判別がしがたい。

(6)竹田連　大和の尾張氏族には竹田連（菌田連）もいた。この氏については、十市郡の刑坂川（寺川）の川辺に橿原市の竹田神社（「多神宮注進状案」には天孫国照火明命を祭神という）があり、その祝として竹田川辺連の存在が知られる（『姓氏録』左京神別の竹田川辺連条、『大同類聚方』）。この一帯が竹田庄と呼ばれており（『万葉集』歌番七六〇・七六一。現・橿原市東竹田町）、十市郡が本貫の地とされる。この地には仁徳朝の頃に移遷してきたという。一族としては、『姓氏録』左京神別に湯母《ゆおもの》竹田連、竹田川辺連が見える。

葛城地方にも竹田の地名があり（現・御所市竹田。旧忍海郡域か）、竹田連一族はこの地が発生地か。ちなみに、上記の「笛連」について、御巫清直勘注本には「竹田連」としており、祖の建多平利には「武田折命」（タケタオリ）

竹田神社（橿原市東竹田町）

という表記もなされるから、御巫清直勘注も誤りだとはいいがたい。「笛」の字は分解すれば「竹田」だし、笛は竹から造るということであれば、竹田の地に笛氏が居たという事情も考えられる。

壬辰の乱の時に大海人皇子の従者に見える竹田大徳は一族とみられ、奈良後期～平安前期に名医で見える山城国愛宕郡人で、枸杞《くこ》が長寿に有効だと栽培したことで知られ、典薬允にもなった**竹田千継**は族裔か。十一世紀前葉に『権記』等に見える右大史竹田宿祢宣理や右史生・右府生竹田種理（両者は兄弟か）も族裔か。

(7)葛木厨直　津守連祖の建筒草命の子・御食久努《みけくぬ》命が祖だと『尾張氏系図』に記載されるが、この氏は「天孫本紀」に見えるのみで、氏人や居住地などが不明である。ところが、「厨」を太田亮博士のように「ミヅシ」と訓んで、「水主」と同訓だとすると、山城・美濃・飛騨等に見える。すなわち、『姓氏録』に山城神別に水主直・三富部をあげ、ともに火明命の後とし、同国久世郡の水主郷に式内社の水主神社がある。

「天孫本紀」尾張氏系譜には、玉勝山代根古命に山代水主直・雀部連・軽部造・蘇宜部首の祖と見える。大宝二年の御野国栗栖太里戸籍には、水主直族五百依と嫡子布留老ら一族五人が一緒に記載される。加毛郡半布里戸籍には、水取部広・水取部都売が見える。

こうして見ると、玉勝山代根古命は「天孫本紀」では建筒草命の子孫として見えないが、太田博士の見解が妥当かもしれない。『尾張氏系図』には玉勝山代根古が三富部・綺《かむはた》連の祖とも見えるが、三富部は水戸部・身人部（六人部）に通じ、水取部の意となる（栗田寛の指摘とほぼ同旨）。綺連のほうは、『姓氏録』和泉神別にあげ、「津守連同祖。天香山命の後」とあるから、玉勝山代根古は津守連の祖たる建筒草命の後におかれるのが妥当となる。「雀部連・軽部造・蘇宜部首」は、これに関連する氏を『姓氏録』には見ない。

尾張国造初祖の乎止与の父祖

尾張国造の初代とされる乎止与について、垂仁朝前後の人とみる太田亮博士の見解は先にもあげた。すなわち、博士は、「尾張氏は崇神朝頃まで葛城にありたるが、其の時代、或は垂仁帝の朝に至りて自家の女（大海姫）の生みまつりし皇子八坂入彦命を奉じて東し、美濃に下りたり」と推定する。尾張国には垂仁帝前後より居住したとみて、「天孫本紀」に火明命の第八世孫とする倭得玉彦と乎止与とが殆ど同時代の人だと考える。倭得玉彦については、崇神垂仁頃に尾張氏を率いて美濃に下った人かとも推定する。

従って、乎止与を第十一世孫として倭得玉彦の後裔に位置づける「天孫本紀」所載系図は、乎止与のあたりに誤脱があり、その父祖を明らかにできないと太田博士はする。ただ、六世孫の建田背命の条に「丹波国造云々等祖」と註し、「国造本紀」の丹波国造条には、「尾張同祖、建稲種命四世孫大倉岐命、定賜国造」と記すことから、建稲種及びその父・乎止与は建田背の後ではないかと推考する（ただし、「この説甚だ薄弱なりと感ずれど、他によるべきものなければ致方なし」とも記される）。

これら太田亮博士の見方について、もう少し丁寧に検討を加えよう。

第一に、初期段階の尾張氏が大和の葛城地方に居たという点は、首肯できる。「天孫本紀」所載の系図が記すように、尾張氏は忍人命より倭得玉彦の頃までは、殆ど葛城地方の人と婚し、あるいはその地名を名に負うという指摘どおりである。当該婚姻例としては、①天忍男命が葛木土神剣根命の娘を妻とし、②天忍人命が異妹葛木出石姫と婚し、③天戸目命が葛木避姫と婚し、④建額赤命が葛城尾治置姫と婚して建筒草命を生み（建筒草命の位置づけは疑問かもしれないが）、⑤建諸隅命が葛木直祖の大諸見足尼の娘を妻としたこと、があげられる。葛城の地名を尾張氏の一族が名に負う例としては、①瀛津世襲命の別名が葛木彦命、②建筒草命が葛木厨直の祖、③崇神妃大海姫の別名が葛木高名姫、④倭得玉彦の妹に葛城之高千那毘売（味師内宿祢の母。孝元記）、があげられる。こうした命名や系譜を後世の人が簡単に造出できると考えるのは無理がある。

第二に、倭得玉彦と乎止与とが同世代であって、垂仁朝頃の人という点も首肯できる。

倭得玉彦は、『古事記』孝元段に「尾張連等の祖、意富那毘」と見えて、その妹が生んだ味師内宿祢は、武内宿祢（成務天皇と同日に生まれたという伝承をもつ）の異母兄弟だから、世代的に垂仁・景行天皇（両者は実際には兄弟。崇神王統の世代配分については、拙著『「神武東征」の原像』参照のこと）の世代に対応する。また、「天孫本紀」に崇神妃と見える大海姫の甥にもおかれ、この点でも世代配置が符合する。

崇神妃と伝える大海姫を妹にもつ崇神朝頃の建諸隅を真ん中におく「建宇那比—建諸隅—意富那毘」の三代は、妹の嫁ぎ先から見てもまさに中央の雄族であり、尾張氏を含む「津積」の流れの嫡統であった（意富那毘の子の世代以降の地位低下の事情は不明）。

一方、乎止与は「天孫本紀」系譜では十一世孫におかれており、八世孫世代の倭得玉彦とは世代でかなりの差異があるが、この系譜も記紀の天皇家系譜も共に崇神～仁徳朝の期間では、世代的に問題があるので、別途、考える必要がある。この辺は、乎止与がもともと「津積」の支流で、王権の拡張の動きに応じ、地方に活路を求めたことが窺われる。

要は、天皇家系譜原型での世代配置は、崇神～仁徳朝では合計で五世代にすぎず（「①崇神―②垂仁・景行―③成務〔含倭建命〕―④仲哀・応神―⑤仁徳」。詳細は拙著『「神武東征」の原像』を参照）、こうした世代配置を尾張氏の系譜に当てはめて総合的に考える必要がある。乎止与の子の建稲種・宮簀姫が倭建命と同世代であり、「天孫本紀」には乎止与の孫の尻調根が応神朝供奉、曾孫の意乎巳が仁徳朝供奉と記されるので、これら諸世代と対応しても、乎止与は垂仁・景行朝頃の人となる。

第三に、乎止与の祖を建田背とするのは誤りと考えられる。太田博士は、その根拠を丹波国造条の記事とするが、この記事は「建稲種命の四世孫」という大倉岐命を志賀高穴穂朝（成務朝）の人とする場合、建稲種について世代的に疑問が大きい。もちろん、尾張国の建稲種の後裔にも大倉岐命なる者は系図に見えず、この大倉岐は成務朝頃の人として、建稲種あたりとほぼ同じ世代に属するとするのがよい。だから、当該記事にはどこかで誤記がある。

建多乎利命の後裔

乎止与の父祖問題を解くためには、『旧事本紀』のみに依拠するのは十分ではない。そのため、宮内庁書陵部所蔵の『田島家系譜』『尾張氏系図』などを用いることにする。

『田島家系譜』には、倭得玉彦の子・弟彦命の子に淡夜別命（丹波国造等祖と譜註）及び大縫命・小縫命の三人をあげ、小縫命の子が乎止与とする点、建宇那比命を記さずに建諸隅命を建田背命の子とする点（ただし、この点は疑問）、に特徴がある。

『尾張氏系図』もこの二点は基本的に同様であるが、これらに加え、淡夜別命の子に大倉岐命、以下その四世孫まで丹波国造・海直・度会神主等の先祖の系譜が記される点及び男大迹天皇（継体）

后の目子郎女の系譜が記される点などに特徴がある。この系図にあっては、淡夜別命、小縫命のそれぞれ三世孫に応神朝の人がおかれることで、両者はほぼ同世代で崇神朝頃の人に位置づけられる。ここでの丹波国造関係部分では、「建稲種命四世孫大倉岐命」ではなく、逆に大倉岐命の四世孫の位置に稲種直が記され、これも興味深い。

大縫命と小縫命とは、その名の対比から考えて兄弟とみられるが、一方、小縫命と淡夜別命との兄弟関係は疑わしい。世代的に考えても、淡夜別命が丹波国造の祖であるのなら、弟彦命よりも先祖の世代とするのが妥当であろう（淡夜別が十世孫とされるのが疑問）。淡夜別の先祖については、淡夜別が『尾張氏系図』に「丹波国造・海直」等の先祖とされるので、「天孫本紀」に海部直・丹波国造の祖と記される建田背命が世代的に考えても父とされよう（この系統については更に総合的な系譜検討が必要であり、後述する）。

小縫命の父については、火明命六世孫の男子のなかで考えると、建田背命・建宇那比命を除く四人のなかでは、「笛連若犬甘連等の祖」とされる建多乎利命が、笛吹連などの事情から見て最もふさわしい。「天孫本紀」所載系図でも、乎止与の後裔諸氏のなかに若犬養宿祢が記載される。

針綱神社（愛知県犬山市）

建多乎利命は、その兄弟とされる者のなかでは唯一、尾張の式内社の祭神の一としてその名が見える。すなわち、丹羽郡の針綱神社の祭神として、『犬山里語記』（文化十四年の肥田信男の書）では尾綱根命・建稲種命・建多乎利命など九柱があげられ、現在ではこれら三神を含む十柱がいわれる。これら祭神が本来のものであったかどうかは確認できないが、尾張国と一見、関係がなさそうな建多乎利命がなぜ掲げられたかは興味深い。当該針綱神社の鎮座地の犬山（犬山市犬山）という地名が若犬養氏に因むものだったか。

後世の尾張氏系図でも、乎止与の父を小縫命とするものがかなりある（『姓氏家系大辞典』にも記載）。この関係が正しいとすると、尾張国造祖先系譜の原型は「建多乎利―小縫―乎止与（小豊）」という形で系がつながる。大和葛城から尾張国へ移ったのが小縫ないし乎止与の時期だとすると、これは崇神朝ないし垂仁朝という頃になり、大和王権の濃尾地方への勢力伸張の過程や時期とも符合する。小縫の兄にあげる大縫なる者が、建多乎利の嫡子として故地の大和葛城に残ったとしても、これは不自然ではない。この大縫こそ、「笛連、竹田連、若犬甘連」等の祖だと推せられる。

大和の忍海郡と関係氏族

尾張国造家の関係氏族たる若犬養連、笛吹連、竹田連について、葛城地方での起源地ないし縁由地が、それぞれ御所市田口、葛城市（旧新庄町）笛吹、御所市竹田とみられる。これらの地域は葛城市南部及び御所市北部にあたり、旧忍海郡の郡域にほぼ含まれる。

忍海という郡は、北の葛下郡と南の葛上郡に挟まれた扁平な小郡であった。「忍海」の訓みは、「オシミ、オシウミ、オシノウミ、オシノミ、オシヌミ」と各種多い。清寧記には「葛城忍海之高木角刺宮」（飯豊青尊こと忍海郎女の坐した地）が見え、『延喜式』神名帳に忍海郡の式内社として「葛木坐火雷神社」が見えることから、忍海郡は葛上郡・葛下郡両郡とともに元は葛城国（葛木国）の国域だったものが、後に両郡を分断する形で郡として成立したものと考えられている（『日本歴史地名大系三〇　奈良県の地名』四五頁）。

それでは、何故に忍海郡という郡域が成立したのであろうか。葛城地方は葛城族・鴨族が繁衍した地であるのに、特別に郡域、それもかなり狭小な地域をわざわざ設けるのは、それ相応の理由があったのだろう。

太田亮博士は、「凡は忍と通じ、凡海は忍海と同様に用ひらる」とし（『姓氏家系大辞典』九四七頁）、『奈良県の地名』（一五二頁）も「忍海部は凡海部《おほしあまべ》の義か」と記している。このように解したとき、葛城地方のほぼ中央部に凡海部（大海部）を地域名に遺すほど海人性の強い部族が飯豊青尊と関係し、名代伴造として居住した結果が、忍海郡の成立につながったことになろう。この辺について、推論も交えて言うと、次のように考えられる。

忍海地方の風景（奈良県葛城市）

結論的には、忍海郡という地名が由来した主要居住者は海神族系氏族とみられる。後世には、忍海造（天武十年に宗族は賜連姓）、忍海首、忍海村主、忍海漢人（忍海漢部）、忍海手人、忍海戸狛人など「忍海」を冠した諸氏が多く見られる。このうち、渡来人・雑戸系統の諸氏（村主、漢人、手人、狛人などの諸氏で、鍛冶など諸技術を担ったか）を除くと、その他の忍海氏は、管掌者層として皇別の孝元天皇後裔（葛城臣の一族）か開化天皇後裔（建豊波豆羅別王、比古由牟須美王の後裔）を称したのが殆どであった。

ところが、忍海上連、忍海倉連、忍海山下連、忍海原連（後裔から平安初期の参議従三位、朝野朝臣鹿取が出た）などの「忍海某連」という氏が、皇別の葛城臣から出た一族というのは仮冒にすぎず、総べて忍海造（忍海連）より出た氏だと思われる。これは、忍海部を名代とみること（雑工戸説は根拠薄弱）と共に、太田亮博士の論断だが（『姓氏家系大辞典』九四八、九頁）、私見でも基本的にほぼ妥当とみる（拙著『葛城氏』参照）。奈良時代の経師、忍海原連広次が忍海広次と記される例もあるが、忍海部が忍海と表記の例は見られない。

太田博士はこの忍海一族の出自についてなんら記さないが、初期尾張氏分岐（掃守の近親氏族か）の後裔か丹波道主命後裔の忍海部造かであろう。いずれも海神族の流れを汲む。忍海造と忍海部造とが同じ氏かどうかの判断は難しいが、忍海造小龍の娘・色夫古娘が宮人として天智天皇に召され、川島皇子と皇女二人を生んだこと（天智紀七年二月条）、その後も叙爵者や国司補任者（対馬守大国、安芸守人成）が数人出ており、連賜姓などの事情や丹比連の例などから見て、同族としてほぼ良さそうでもある。平城宮出土木簡にも、和銅六年（七一三）の忍海郡の忍海連宮立という名が見える（奈文研『出土木簡概報』六）。

忍海部、忍海部造という諸氏は忍海郎女（飯豊青皇女）の御名代部の伴造氏族やその関係者であるが、これも磯城県主の初期分岐の支流であった。『姓氏録』河内皇別の忍海部や、開化記の忍海部造はそうした氏とみられる。

一族では忍海部造細目（伊等尾《いとみ》）が代表的であり、播磨の赤石郡縮見《しじみ》屯倉（後の美嚢郡。現・兵庫県三木市志染町あたり）の長として、オケ・ヲケ兄弟（後の仁賢・顕宗両天皇）の保護者として知られる。針間の忍海部造の系譜も難解であるが、稲葉（因幡）忍海部の同族で、丹波道主命の子の印南命（彦多気日子君）の後裔に位置づけられるか。印南命の兄弟の稲田命は丹後国竹野郡に残って竹野君の祖となっており、地域経路からみて、丹後国竹野郡→稲葉（因幡）国→針間という順で、支族が分岐繁衍していったともみられる。オケ兄弟も同様に、丹後国与謝郡からこのルートで針間へ居地移動をしたのであろう。「細目、糸目」なる者は、その名（片目の鍛冶神・天目一箇命に通じる）から製鉄・鍛冶技術者の集団管掌者とみられがちだが、名代がそうした性格をもつこともありうる。葛城の忍海にある脇田遺跡（葛城市南端部）からは鉄器生産を証する痕跡が出土するが、その西側近隣にある葛木坐火雷神社（笛吹神社も合祀）や笛吹連一族との関連もいわれる。伊福部も同様の鍛冶の性格をもつと思われ、尾張氏の瀛津世襲命の後裔に鍛冶造が出たともされる。

なお、忍海手人は雑戸の姓氏だが、忍海漢人とは異なり、その淵源を国内に有したことも考えられる。『続日本紀』神亀元年十月条には、「忍海手人大海等兄弟六人、手人の名を除き、外祖父外従五位下津守連通の姓に従う」とあり、忍海手人と津守連とは同族ないし共に海人性の強さ故に、通婚した可能性も考えられる。

忍海郡の地名と若倭部

平安中期の『和名抄』には、忍海郡に属する郷として、津積、園人、中村、栗栖の四郷をあげる。

この四郷の所在地の検討を通じて、忍海郡の郷域や関係氏族を考えてみたい。
①津積《つつみ》郷―忍海郡東部を北流する葛城川に築かれた堤の東、現・御所市大字北十三《じゅうそ》・南十三付近に比定される（『奈良県の地名』）。これは、十三が堤に通じるとみてのことであり（津積が堤の意でなければ、別地に比定の可能性もあるが。大阪の十三も淀川下流部北岸に位置）、御所市北東部の当地の西方近隣に竹田の地名も見えることに留意される。
②園人郷―葛城山東麓の現・御所市大字楢原小字園池《そんのいけ》付近か。
③中村郷―現・葛城市（旧新庄町）大字忍海付近か。葛城市南東部で、御所市の十三のすぐ北側にあたる位置を占める。
④栗栖郷―現・御所市大字柳原に比定する見解（『大和志』）もあるが、現・葛城市（旧新庄町）大字笛吹小字栗田、同市大字平岡小字栗原の付近ではなかろうか。
これだけで忍海郡と関係の深い氏族を考えるのは不十分だが、**栗栖郷**には若干の手がかりがあると思われる。栗栖郷が、『和名抄』には忍海郡のほか、播磨国揖保郡及び紀伊国牟婁郡にもあげられる。後者・紀伊のほうに尾張氏族の竹田連の族が居たほか、前者・播磨のほうには『風土記』に栗栖の地名起源説話が見える。それに拠ると、難波高津宮天皇（仁徳）が勅して、削った栗の実を若倭部連池子に賜ったので、それを持って宮殿を退出した池子がこの村に生育させたことがあり、それ故に栗栖と名づけたと見える。

この説話をそのまま受け止めて、播磨から上番していた池子が賜った栗の実を同国に持ち帰ったようにも解されよう。しかし、はたしてそうだろうか。池子が持ち帰って栗を育てた地は、本来、大和の忍海郡栗栖郷であって、後世にこの地から播磨国揖保郡に遷住した一派がこの説話を伝えたと考えられる。というのは、若倭部連氏が当初から播磨に居住したとは考え難い事情があるからである。ともあれ、藤原宮出土木簡のなかに「飯□評若倭部柏五戸乎加ツ」の記事があり、「飯□評」は播磨国飯穂評（揖保郡）と解されている。

若倭部連は尾張連の有力支族、津守連の同族とされる。『姓氏録』では、若倭部連が右京神別天神（神魂命七世孫天筒草命の後）、若倭部が左京神別天神（神牟須比命〔神魂命〕の後）、右京神別天孫（火明命四世孫の建額明命の後）にあげられ、諸系統の若倭部氏が存在したものの、ここにあげる諸氏はすべて同一系統として良い。在京の系統は奈良時代後期に経師・書生などで若倭部益国、同国桙、同大万呂が見え（「大日本古文書」）、平安中期頃まで続いたようで、十一世紀前葉の若倭部亮範は随身番長、府生、右近将曹で見える（『小右記』）。

出雲にも若倭部の部民が多く（天平十一年の「大税賑給歴名帳」）、管掌者に臣姓・連姓が見える。日本海側には但馬・若狭・能登、吉備の上道郡にも若倭部が居た（出土木簡など）。

東国の若倭部は、美濃国に味蜂間郡春部里（後の池田郡春日郷か）、肩県郡肩々里（方県郡方県郷）、及び各牟郡中里（各務郡那珂郷）らしき大宝二年の戸籍に見える。遠江国でも、敷智郡竹田郷の伊場遺跡（浜松市中区）の出土文字（戸主若倭部石山、同若倭部足嶋）や麁玉郡人（『万葉集』に主帳丁若倭部身麻呂）に見える。麁玉郡には『延喜式』神名帳に若倭神社（浜松市東区笠井町に比定）があげる。中間の尾張でも、「尾張国中嶋郡中寸若倭部」と平城宮出土木簡に見える（『出土木簡概報』二一。「中寸」は中村か。先にあげた熱田神宮祠官家を参照）。

ちなみに、栗栖連は、『姓氏録』では河内神別にあげて「于《う》摩《ま》志《し》摩《ま》治《ち》命の後」とし、物部氏系統とされる。この氏は、式内の河内国若江郡の栗栖神社（現社名は八尾神社で、近世は牛頭天王社。八尾市本町に鎮座）の地に起こったとされるが、具体的な系譜は知られない。同書の左京神別に掲載の若倭部も、記事からは物部氏族のようにもみられるが、両氏ともに原型は尾張氏族だったのかもしれない。

津積という地名

大和の忍海郡には更に重要な地名がある。それが「津積」である。

津積の語源や語義については諸説あるが、人工的築堤地という説（吉田東伍博士）が最も有力である。『奈良県の地名』も、葛城川に築かれた堤の「堤」に「津積、十三」の文字を当てはめたものと考えられるとし、鏡味完二氏もほぼ同様に、①堤、②溜池、の意味とする（『日本の地名』附載の「日本地名小辞典」）。これに対し、むしろ自然地名とみて「崖、自然堤防や川の曲流・山ひだ」とする説（楠原佑介等編『古代地名語源辞典』）もある。地名は自然・人工の地形からのみ発生するわけでもなく、居住者に因む命名もある。

津積を別の角度から見ると、『和名抄』には忍海郡のほか、河内国大県郡及び尾張国海部郡に津積郷があげられる。大県郡の津積郷は、長瀬川（旧大和川本流）の堤に面する交通の要地と考えられ（『大阪府の地名』）、海部郡のほうも庄内川の下流域と考えられるので、三つの津積を通じて「川の堤」が関係しているようにも思われる。しかし、これも一面を説明するにすぎない。

古代氏族の原始姓には、出雲積とか穂積、鴨積、鰐積とかいう「**積**」のつくものがあることを考えるべきと思われる。その場合、尾張氏族の原始姓が「津積」につながる可能性がある。河内国大県郡の津積郷には交通の要衝としての津積駅が置かれ、『延喜式』（兵部省）の諸国駅伝馬の条に記される。この津積駅が『和名抄』高山寺本には「津守駅」と記され、津積が津守に通じる。すなわち、ツツミとは一語の堤（地形）ではなく、船着き場や港の意の「ツ（津）」と原始氏族の意の「ツミ（積）」との合成語ということになる。津守が津部であるのは、掃守が掃部と書かれることにも通じる。九州でも、福岡県行橋市（旧豊前国京都郡）に大字津積があり、そこには御所ヶ谷神籠石（香春岳の東方に位置）やその北側に住吉神社（筒男三神が祭神）が鎮座するから、海神族に関係する地名と言えよう。

「津守」が尾張氏族の有力な氏であり、大県郡津積郷の周辺には津守氏の居住は確かめられないが、同郡大里郷の式内社たる若倭彦命神社・若倭姫命神社が津守一族の若倭部連氏と関係があるとの見解もある（『大阪府の地名』）。大県郡の隣郡で大和川を隔てる安宿郡には尾張郷があり、『姓氏録』の河内の神別に尾張連、皇別に尾張部が見えることから、これら諸氏との関係も考えられる。当該尾張郷の比定地としては、柏原市の国分地区説（『大日本地名辞書』）、片山―円明寺地区説（『柏原市史』）があり、後者のほうが多数のようだが、ともあれ、大和川南岸地域であることに注目される。

大和川とその上流の葛城川、大津道（長尾街道）及び丹比道（竹内街道）という水陸の交通路を通じて、大和から摂津まで、郡名をあげると、大和国の忍海・葛下郡から河内国の大県・安宿・丹比の諸郡を経て摂津国の住吉郡につながる。この地域を、古代では笛吹連、若犬養連、掃部連、若倭部連、丹比連、津守連という尾張氏族に属する諸氏が陸続して居住した。このことは、この一族の海人性にも関係し、その勢力の大きさ・連携も物語る。

尾張国海部郡のほうの津積郷は、いま比定地が不詳とされる。『大日本地名辞書』は、諸郷の位置より推して、「戸田村、萬須田村などにあらずや、蟹江の東北にして中島郷の南とす、東は愛智郡界庄内川に至る」とし、『地理志料』では、津積は廃したが、戸田荘の包里村が津積郷の転とし、戸田、春田、伏屋、前田、榎津、供米田、包里、長須賀、蟹江、江松、富永、福田の諸邑がその故区とする。これを現在の地名で考えると、名古屋市西端部（中川区・港区の西端部）とそれに隣接する蟹江町東部という地域になる。

この津積郷には尾張連一族の甚目連が居住した。八世紀中頃の「貢進仕丁歴名帳」（正倉院丹裏古文書）に甚目連乎佐美が「尾張国海部郡津積郷戸主甚目連久良為戸口」と記事に見え、同じ海部郡の三宅郷には石部人足の戸口として礒部大国も見える。

尾張国海部郡と尾張氏との関係の深さはいうまでもなく、津積郷に隣接して伊福部連居住の伊福郷があった（現・あま市七宝町伊福で、既出）。海部郡の西端の現・立田村の地域は、間敷屯倉の地で『和名抄』の三宅郷にあたると『地理志料』は考え、同村の宮地は三宅の転とみて、宮地、戸倉、葛木、後江等々立田村の全域が三宅郷の故区だと同書に記される。

間敷屯倉の比定地については、諸説あるから決めがたい。仮に海部郡に関係があるとしたら、尾張氏は、大和の忍海郡から尾張の海部郡三宅郷か同郡津積郷の地に先ず遷り、そこから庄内川を溯って春部郡小針から山田郡守山の一帯、次いで山田郡小墾の地へ、そして最後に愛智郡熱田の地に落ち着いたのではないか、という経路が推される。

大和から尾張へ至る間に美濃を経由したかは不明だが、同族の伊福部氏や守部氏が美濃でもかなりの勢力をもったこと、及び加毛郡半布里（現・加茂郡富加町域）の大宝二年戸籍（正倉院文書）には尾治戸稲寸女や尾治国造族伊加都知が見えることを考えると、東国方面への展開では、まず美濃の経由もあったとみるのが自然であろう。壬申の乱のときに、尾張連大隅には美濃あたりに私邸があったとみられる事情もある（上述）。

このように見ていくと、わが国上代からの大種族である海神族（綿積族）は、その一派に鰐積（後の和珥臣）、葦積（後に阿曇連）など原始姓たる「積」のつく氏族名を名乗ったが、尾張氏もその一環で当初は「津積」と号したとみられる。ちなみに、三輪氏は「神積（みわつみ）」か「磯積・石積（いそつみ）」か。こう考えれば、葛城の高尾張邑とされる地は、忍海郡の津積郷（上記に御所市十三あたりとした）を含む一帯地域とみるのが自然であろう。問題となる「高尾張」とは、尾張氏の遠祖が居た地という意味で、後世になってからそう呼ばれた地なのかもしれない。

尾張氏系統と津守・掃守氏系統の分岐

尾張氏を主とする系統の海神族諸氏を合わせて「津積氏族」と言うとすると、この氏族は初期段階（三世紀中葉頃）、高倉下の孫くらいの世代迄に、後の尾張氏・伊福部氏につながる系統（天忍人命の後裔で、主に火明命を奉斎）と、後の津守氏・丹比氏及び掃守氏につながる系統（天忍男命の後裔で、主に住吉神を奉斎）に分岐したものか。

この両系統とも、崇神朝頃までは大和の葛城山東麓の忍海郡あたりにまとまって在ったが、前者は主に東方に進出し、大和国宇陀郡、伊勢、美濃、更に尾張方面に展開し、次第にその本拠を遷していった。その途中経路の痕跡はあまり明確ではないが、三重県伊賀市（旧上野市。元阿拝郡）西高倉の高倉神社は、国史見在で高倉下命・倭得玉彦命を祭神とし、社家が尾張氏といわれる。創建は垂仁天皇の御代で、高倉下命の七世孫、倭得玉彦命がこの地に住し、先祖を祀り氏神としたのが創祀と伝える。

この系統でも、大和の故地や同国内に留まった支分勢力があり、一部が分かれて後に山城方面に進出した流れもあった。それが、笛吹連、若犬養連や六人部連などであった。

一方、津守氏などにつながる系統でも、崇神・垂仁朝頃から活動を始め、西方の大和川下流、摂河泉方面に進出していったが、一部は故地に留まった。この系統には、津守連、丹比連、若倭部連、掃守連などがあげられる。このなかでも、守部連など濃尾方面にが展開したものが一部あることに留意される。原始姓が穂積であった物部氏族が、やはり同様に崇神朝頃から各地へ支族を多く分出するようになるのと軌を一にしていた。

これらの動きのうちの東方のほうに関連するかもしれないものに土器の動きがある。それが、**パレス・スタイル土器**（パレス式土器）と呼ばれる赤い彩色と文様をもつ土器で、弥生時代後期の尾張地方を代表する。この土器が伊勢湾全域＝三尾勢地方（三河・尾張・伊勢地方）全体における尾張氏・海部氏に関わる重要な土器だ、と森浩一氏は指摘する（『地域学のすすめ』二〇〇二年刊）。朝日遺跡や下懸遺跡などから多く出土して、その分布は太平洋側にベルトのように広がり、重要なことに、東海系で多い二世紀頃の方形周溝墓→前方後方墳→方墳地帯とのリンクや、多孔銅鏃とのリンクを示しているともされる。

六　平安期・中世以降の尾張氏一族の動向

平安時代の尾張氏一族

平安時代に入ってからの尾張氏一族の主な動向を見ていく。

淳和天皇朝では、天長二年（八二五）正月に忠宗宿祢末継がまず外従五位下、次いで同五年に従五位下を叙位されたと見える（『日本後紀』巻卅三の逸文）。この忠宗宿祢の賜姓記事は現存の六国史には欠落で見えないが、尾張氏一族の出とみられ（系譜は不明）、その少し後の天長十年（八三三）二月には、右京人の上野権少掾従八位上尾張連年長や位子無位尾張連豊野・留省無位尾張連豊山らが、同じ忠宗宿祢を賜姓した（『続日本後紀』）。

次いで、貞観六年（八六四）八月には、尾張国海部郡人の治部少録従六位上甚目連宗氏・尾張医師従六位上甚目連冬雄らの同族十六人が高尾張宿祢を賜姓しており、天孫火明命の後也とある（『三代実録』）。「高尾張」という呼称には一族の拘りも見られる。

更に、仁和元年（八八五）十二月には、尾張国の春部郡大領外正六位上尾張宿祢弟広とその子の安文・安郷が見える（『三代実録』）。郡領になってから、三十余年余と弟廣は述べるが、宿祢を姓とするその家柄から推すと、その祖先は奈良朝からすでに郡司階層であった蓋然性は高い（系図では、大宮司稲置の孫が海部郡少領宮守で、その曾孫が弟広、宮守の子に春日井郡少領男継が見える）。尾張連一族が早くから春部郡も本貫としたことは、『寧楽遺文』の歴名断簡に、「尾張連牛養年廿七　尾張国春部郡山村郷戸主大初位下尾張連孫戸口」という記載からも知られる。ここに見える大初位下といえば、郡の主帳級の位階である。

平安中期になると、十世紀前半の延喜・延長頃（九二二～九二八）の少外記・大外記に尾張貞恒がおり（『外記補任』）、次ぎに承平・天慶頃に左大史**尾張宿祢言鑑**が見え、天慶五、六年には従五位下で丹波権介兼任で見える（『別聚符宣抄』『政事要略』や『慶延記』など）。尾張言鑑は『本朝文粋』に掲載の詩文の作者としても見える。尾張宿祢言鑑とは別系統の尾張連忠連が天暦二年（九四八）に伊勢権少目従七位下で見え、その一族らしい右大史正六位上尾張連（欠名）が永延三年（九八九）四月の栄山寺文書に見える。

これらの子孫とみられる中務少録尾張如時（行時）が長徳四年（九九八）に蔵人所出納になり、長保五年（一〇〇三）には権少外記で見える（『本朝世紀』）。如時は寛弘二年（一〇〇五）に少外記から大外記に転じ、同年末に滋野朝臣に改姓し、翌年には下総介に転じ（『外記補任』）、更に七年後の長和二年（一〇一三）には大隅守に在任が見え、大納言藤原実資を訪ねて馬を給わった（『小右記』）。如時とほぼ同時期の人々に、左衛門大志如春や民部少録如親（行親）が『西宮記』や『類聚符宣抄』などの史料に見えるが、これらは兄弟などの近親か。また、寛弘七年（一〇一〇）から二年間、少外記に見え、後に日向守に転じた中原朝臣徳如は旧姓が尾張というから如時の兄弟近親か。

これらの祖は桓武朝の左大史尾張連定鑑か。延暦二四年（八〇五）に、天皇に命じられ、最澄のため東山区の雙林寺伽藍を建立したという。谷森本『諸家系図』には、言鑑の子に春時・秋時などをあげ、その子孫に中原姓の貞親（淡路守博士大外記。大外記中原朝臣師任の子、実は大隅守尾張秋時の子）以下の中下級官人が記される。中原貞親の玄孫には大江広元がいるから、中世に繁衍した大江姓の諸武家は血脈的に尾張氏の流れを汲んだものか。

平安中期頃には、諸国国司に任じた尾張氏一族がある。いずれも系譜不明ながら、恒興（永観元年〔九八三〕に下野介正六位上）、彦理（長徳二年〔九九六〕に筑後権介を改任）、正佐（長徳三年に日向介に任）、雅茂（正茂。長徳二年に尾張権大目、同四年に正六位上で大和権介に任）、有親（寛仁三年〔一〇一九〕に紀伊介に任）などの人々が『除目大成抄』『魚魯愚鈔』などの史料に見えており、姓が記載されるのは尾張宿祢とある。このほか、衛府官人で楽人としても活動した尾張氏一族も見えるが、これは次項以下に記す。

尾張国のほうでは、応和三年（九六三）十二月に、海部郡大領に外従八位上尾張宿祢常村の死闕に替えて、散位正六位上尾張宿祢是種が補任されている（『類聚符宣抄』巻七）。

楽人尾張氏一族の流れ

尾張氏は、一族のなかに笛吹連氏があるように、宮廷などの雅楽と縁由があった。熱田神宮でも雅楽による御神楽が伝えられた。尾張氏の楽人として名高いのが奈良時代末期〜平安初期に活動した**尾張連浜主**である。

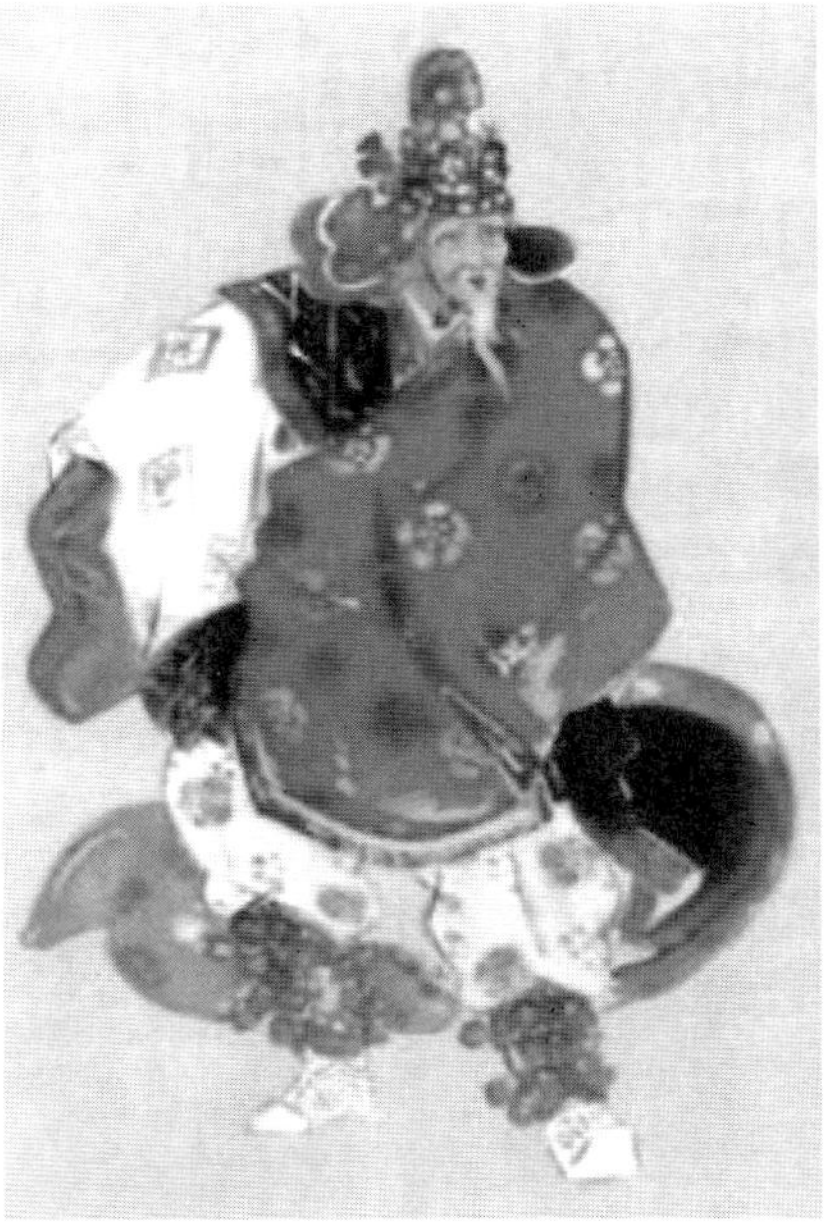

猪飼嘯谷筆「尾張連演主翁」（部分）

浜主は、承和六年（八三九）に外従五位下を叙位されており、『続日本後紀』には同十二年（八四五）に一一三歳という長寿になっていたと記す。この年の正月に大極殿の最勝会で長寿楽の舞をし、その二日後にも清涼殿で再び舞をし、翌年に再び清涼殿で舞を見事に踊り、その際に従五位下を授けられた。父が大和国人雅楽少属の外従七位下秋吉と伝える。尾張秋吉は笛と舞の名手であり、大戸清上とともに、仁明天皇の時代の楽制改革の中心人物として、日本雅楽の形成にあたり重要な役割を果たした。これより早く、孝謙天皇の勅により「陵王」を改修したとも伝える。

「令集解」巻四に記す雅楽寮大属の尾張浄足は、天平年間ごろの人とみられているが（天平勝宝七年の「斑田使歴名」に尾張浄人が記載されており、近親か）、雅楽寮楽人の内、「大属尾張浄足説。今寮に有る舞曲左の如し。久米舞大伴琴を弾き、佐伯刀を持て舞う、即蜘蛛を斬る、只今琴取二人、舞人八人、大伴佐伯不別也。五節舞十六人田舞師、舞人四人、倭舞師舞也」と見える。

尾張連浜主の後では、楽人家の尾張氏があり、なかでも、平安中期に競馬上手で知られる近衛舎人、左近将監**尾張兼時**の諸活動がある。兼時は舞の名手で、神楽道名人として『体源抄』に記され、『紫式部日記』『権記』『御堂関白記』『小右記』などにも登場する。

九世紀から十一世紀初め頃、近衛府の舎人・将監などとして尾張氏は活動が見える。この職で有名なのが下毛野氏・秦氏・播磨氏などであり、『江談抄』には当時の近衛舎人として名のある者として、尾張安居・六人部助利・尾張宣時・播磨武仲・茨田助平などがあげられる。この条件として、馬芸・弓・舞楽などの諸芸能に優れたことが必要とされ、尾張・播磨両氏は『江家次第』の「臨時競馬事」に代々が好敵手として名を挙げられる。尾張氏は尾張遠望以下では子の安居、その子の兼国・兼時兄弟まで、播磨氏のほうは播磨武仲以下、その子の貞理、その子の保信まで代々の名が見える。

尾張兼時のほうは、外孫（一に女婿）の下毛野公時（藤原道長の随身で、寛仁元年〔一〇一七〕に相撲使として下向した先で死去。同時期に見える尾張公時と同人の可能性もある）にも競馬の技が伝えたが、兼時の子の兼依以後は見られない。兼国の後では、その子で人長の時頼以下、則時、時兼と続いており、『楽所補任』に右近府生尾張時兼が永久四年（一一一六）に見えるが、その後は鎌倉期はじめの包助、宗利を最後として、尾張氏一族の雅楽関係者の名は楽所から姿を消す。なお、『中右記』に見える相撲人で寛治六年（一〇九二）の尾張宗弘があるが、出自等は不明である。

楽人尾張氏の系図は、中田憲信編『諸系譜』第三一冊にごく断片的に見える。雅楽少属尾張連秋吉が浜主の父で、浜主の従兄弟に先に掲げた延暦十五年（七九六）に外従五位下叙位が見える尾張連大食がいた（これらの祖系は不明も、畿内系統の尾張氏か）。浜主の四世孫（玄孫）が安居・宣時兄弟とされる。

なお、古代に笛吹連という姓氏があったことは、先に見た。大和国葛城地方には笛吹の地名と笛吹神社（葛城市笛吹）があり、いま『延喜式』神名帳に掲載の葛木坐火雷神社が笛吹の地にあるものと解され、そこに笛吹神社もある。

奈良で雅楽を伝承するために、平安時代中期頃に形成された南都《なんと》楽所《がくそ》という組織があり、そこでの雅楽の演者が南都楽人と呼ばれた。平安中期以降鎌倉中期までの治部省雅楽寮の楽人（伶人）の任免についての記録『**楽所補任**』がいまに残る（『群書類従』の補任部に所収されるが、上巻が端缺）。そこには大神、高麗、安倍など、雅楽の特定の家柄が平安中・後期からいくつか現れるが、笛の演奏者として笛氏の者は見えず、小部氏（多臣一族の小子部連末裔か）や大神氏が笛の楽器を担当した。『教

『訓抄』でも保安二年（一一二二）二月二十九日の記事に、「小部氏笛吹蒙賞、豊原氏笙吹、大神氏笛吹」と見える（拙稿「雅楽を担った人々」〔『家系研究』第二三・二四号所収。一九九〇年八月、一九九一年六月〕を参照）。

熱田神宮祠官家の一族

熱田大宮司は、当初、尾張宿祢氏が一族のなかで世襲したが、平安後期の応徳元年（一〇八四）になって、尾張氏の大宮司員職の外孫で、南家藤原氏出の季範（従四位下まで昇叙。生没は一〇九〇～一一五五）が神のお告げなどの事情で任じた。それから後は、季範後裔の藤姓一族が長く世襲し、一族には千秋・野田・星野・篠田などの家が見え、諸流があった。なかでも、千秋氏の系統が南北朝頃から大宮司職を世襲するようになり、明治にいたって男爵に列した。

尾張氏のほうは、大宮司職からはずれた後も、一族が権宮司、祝師、総検校などの祠官となって続いた。そのなかで、宗家の田島氏が祝師職を世襲し、馬場氏が総検校職を世襲した。史料には、『鎌倉遺文』に文暦二年（一二三五）の「熱田宮神官散位尾張宿祢親継解」が見え、親継は馬場家の人であった。同書所収の三河の猿投神社蔵裏文書に「散位尾張員仲」の記事があり、員仲は熱田権宮司、常陸介とも見える鎌倉後期の田島家庶流である。

このほか、天武天皇の朱鳥元年に守部宿祢孫谷（彦谷）が祭主となって以来、子孫が相次いで大内人職を掌ったといわれ、その家を大喜といって別宮八剣神社祠官もつとめた。系図では、守部連姓を賜った大隅の六世孫が清稲といい、これが大内人大喜氏の祖と見える（尾張氏一族との養子縁組もあったか）。

さて、熱田大宮司藤原季範の娘が源義朝室となり、頼朝を生んだことは先にも触れた。季範の子・範忠の娘は季範の養女となって足利氏の祖・義康に嫁して嗣子義兼を産み、熱田大宮司家は後世の足利将軍家との血脈も繋いだ。

頼朝の生誕・生育に関係する地が名古屋には大宮司家のほか、もう一つある。名古屋市瑞穂区井戸田町の鎌倉街道沿いにある亀井山竜泉寺の地がそれであり、熱田神宮の東方四キロ弱に位置する。この場所は**津賀田神社**（塚田神社。瑞穂区津賀田《つかた》町で、竜泉寺の北方）の祠官という亀井六郎重清の屋敷があった所で、重清の母が頼朝の乳母を務めたといわれ、寺の入口には頼朝の産湯の井戸とされる亀井水の石碑が建っている。この亀井氏も尾張氏一族に出ており、「亀井六郎重清」の名は尾張氏系図に拠ると「亀井太郎宗亮」の誤伝とみられる。「六郎重清」のほうは熊野の穂積姓鈴木一族の出で源義経の家臣として知られ、この有名人の影響を受けて上記のような訛伝となっている。

津賀田神社は、『尾張志』に愛智郡従三位津賀田天神（天照大神・仁徳天皇を祀る）とあり、若宮八幡、井戸田八幡ともいう。亀井水を産湯としたことで、津賀田神社が産土神（本居神）と呼ばれたと伝えられ、鶴岡八幡宮に分霊遷祀がなされ、八幡宮も当社に祀られた。津賀田神社

津賀田神社（名古屋市瑞穂区津賀田町）

の神宮寺が竜泉寺で、近くに白龍神社がある。津賀田神社全体が前方後円墳（神社が古墳上）とも推定されており、付近で弥生式土器、石鏃などが出土した（古墳の遺構は見つかっておらず、境内全体の長さが一五〇メートルほどもあって、これ全てが古墳であるのなら巨大さは断夫山古墳に匹敵するが、この辺も確認されていない）。ここまで見たように、尾張（及び駿河など東国）の古い古墳の墳丘上には神社設置があるので、尾張氏縁由の地なのであろう。

瑞穂区の井戸田地域にはもとは古墳が非常に多く、天保十二年（一八四一）の村絵図にある鎧塚、冑塚、大黒塚等が描いてあるが、消滅した古墳も多く（冑塚や剣塚、おつくり山古墳〔直径約二五メートルの円墳〕）、残存するのが姫塚、為丸塚、津賀田古墳（鎧塚と推定）とされる。殆どが中小の古墳であって五、六世紀代に築造のものだったか。津賀田古墳は、直径十二メートルの小さな円墳で、出土した須恵器年代から六世紀前葉頃に築造されたかとみられている。ほかの出土品には、腐食鉄鏃が多数あったほか、鉄刀・刀子や鉄針などがある。

亀井太郎宗亮の後裔はいくつかに分かれて戦国末期頃まで続いており、系図に見えるなかには織田信秀に仕えた押田余七友定、近藤彦右衛門正方も見える。

話を鎌倉時代まで戻すと、承久の変では熱田大宮司家の一族でも京方につく者が出た。その後も、大宮司職をめぐる長男範忠流と五男範雅流との争いがあった。持明院統・北朝に大宮司を認められた範忠流の忠氏・季氏らと、範雅流の昌能との対立があり、後醍醐方・南朝方として大宮司昌能は活動した。後の大宮司家千秋氏は次男範信の流れである。

尾張氏から出た諸武家―横井氏、加賀野井氏など

尾張氏では尾張各地に分流が多いから、ここまでに既にいくつか武士として活動した一族を取り上げてきた。そうしたものに、重松氏や亀井・押田の一族などがある。

先に国玉神社で触れたが、祝職を世襲したのが**横井氏**で、愛智郡横井村（現・名古屋市中村区横井町）に起るといい、室町期に伊勢新九郎宗瑞（いわゆる北条早雲）との縁組みから早雲に随って関東に行き小田原北条氏に属した横井・田中等の一族も出た。これらも含め、執権北条高時の遺児、相模次郎時行の後裔という系譜を称したが、これは系譜仮冒である。

尾張に残った一族では、横井雅楽助時延は信長・秀吉に仕え、天正二年（一五七四）七月の伊勢長島攻めにも従軍した（『信長公記』）。子孫は尾張藩重臣で海西郡赤目（現・愛西市域）の横井氏本宗家（伊織家）など三家に分れて続き、俳文集『鶉衣』で有名な江戸中期の国学者**横井也有**（実名は時般〔ときつら〕）も後裔にある。肥後熊本藩の横井小楠（時存）の家も支流である。

同族には、秀吉に仕えて賤ヶ岳七本槍で有名な**平野権兵衛長泰**がおり、中島郡平野村に起こって津島七名字にあげられる。関ヶ原合戦では東軍に属し、家康・秀忠に仕えて大和国田原本で五千石の知行をもち、子孫は明治に華族に列した。

尾塞氏の後裔が尾張郡葉栗郡尾関に残り、福島正則の重臣に尾関隠岐守吉次・石見守正勝（吉勝）親子が出た。関ヶ原合戦の後に安芸国広島に入封した福島正則は、筆頭家老の尾関正勝に二万石を与え三次城主とした。尾関正勝は韮山城攻めや朝鮮出兵などで軍功があり、子弟は福島家改易後では池田光政に仕えた。正勝の従弟吉兵衛吉正の子孫は同じ葉栗郡の小日比野や河田に住んだが、尾塞起源の地に近い。尾張藩主徳川義直に仕えた尾関正次もいた。これら尾関氏は清和源氏を称した。

十五世紀後半に名古屋市守山区の大森城主尾関勘八郎がおり、近隣の水野雅楽頭宗国に攻められ落城して、鍋屋上野城（同市千種区）の同族小関源五左衛門を頼ったと伝える。大森城の遺構は残らないが、その跡の大森中央公園は八剱神社（その境内社に尾関社がある）の旧地とされる。その祖先・小塞連の起った中島郡、現一宮市域には八剱神社が多く、萩原町・更屋敷・木曽川町外割・瀬部・玉野など七社を数える。中島郡の式内社に石刀《いわと》神社があり、その論社として尾関の近隣の一宮市浅井町黒岩（黒岩天王。旧郷社）や、同市今伊勢町（旧県社）の同名の石刀神社、岐阜県羽島市桑原町八神の八剱神社が論社とされる。

現在に伝わる系図に見えるところでは、ほかに尾張氏後裔に**加賀野井氏**の一族がある。加賀野井は美濃国加賀見野（各務郡か）に因む苗字で、系図によると、春日井郡大領弟広の子の安郷の後とされる。安郷の子の富足が天禄二年（九七一）に美濃国加賀見野に居したが、その八世孫の加賀野光潔は承久の乱の時に院方になって土佐に流された。光潔の四世孫の加賀野公義は元弘三年に後醍醐天皇の笠置行幸に供奉して討死し、その子の公豊の後は大野郡にあって土岐氏に属した。公豊の弟・加賀野井五郎義景の後は系図には見えないが、信長・秀吉に属した美濃国加賀野井（岐阜県羽島市域）の城主、加賀野井駿河守重宗・弥八郎重望（秀望）親子につながるとみられる。重望は、小牧戦役で秀吉に敵対の後に秀吉より使番として一万石を与えられたが、慶長五年（一六〇〇）七月の関ヶ原戦の直前に、三河国池鯉鮒《ちりふ》（現・愛知県知立市）の宴席で、水野忠重（徳川家康の叔父）を口論のすえ殺害し、堀尾吉晴を傷つけたものの、自らも吉晴によって殺害されている。

明治期の鈴木真年著『華族諸家伝』によると、熱田大宮司一族に毛受（訓みは、「めんじゅ、めんじょ、めんじょう」など）もあったという。**毛受氏**では、柴田勝家に属した小姓頭で賤ヶ岳合戦で勝家身代わりの討死をした毛受勝介勝照（家照）の兄弟が名高い。武家の毛受氏が藤姓大宮司家の一族とは考え難く、これは尾張氏支族という意味か。毛受氏の系譜は諸伝あって（清和源氏頼光流とも、桓武平氏水野一族ともいい、父親の名前にも異伝あり）、定めがたいが、起源の地が尾張国春部郡安食荘（一に中島郡稲葉村）というから庄内川流域で、鎌倉中期頃から現れるから、尾張氏一族か古代鵜飼氏（鵜飼から毛受に改姓ともいう）の後とするのが比較的穏当であろう。毛受氏の子孫は尾張徳川家に仕えた。

信長・秀吉麾下の有名な武将には、尾張氏後裔の者が見られないが、その下の国人土豪クラスには族裔ないし流れを汲む者がかなり残っていたようで、それが主に平姓を称した傾向があった。秀吉の妹・朝日の最初の夫は**副田《そえだ》甚兵衛吉成**とされ、尾張氏から出た苗字には系図に副田（平己志の後裔か）もあげられるから、やはり尾張氏族裔だったか（『諸系譜』第十三冊掲載の副田系図では、清和源氏山田十郎重方の十世孫の小十郎秀政の子が甚兵衛某と見える。世代数が若干多く、どこかに系が入り混じった可能性もある）。

副田吉成は愛知郡人で、当初、信長に仕え、与力として羽柴秀吉の配下に属し、その異父妹・朝日姫を妻とした。但馬国多伊城を与えられ、大徳寺における信長葬儀の奉行も務めたが、徳川家康懐柔のために、朝日姫が家康へ嫁ぐ事が決まって離縁され、五万石加増を拒否して出家、隠斎と号して烏森（現・名古屋市中村区烏森町）に隠棲したという。

海東郡に起こり秀吉のもとで立身した桑山重晴も、この系統が神守近隣の諸鍬神社（愛西市諸桑町。江戸期は白山社）の祭祀を頑固に保持した事情から、掃部の後裔かと推される。

薩摩と丹波の千竈氏一族

系図等の史料に尾張氏後裔としてはとくに記されないが、起源地や諸活動から見てそのように推されるのが**千竈《ちかま》氏**である。この氏は鎌倉時代では、尾張国愛智郡千竈郷（現在の名古屋市南区の本星崎町あたりか）を本拠地とした御家人であると共に、北条氏得宗家の被官（御内人）として得宗家の各地所領の代官職を務め、とくに南九州辺境の南島群十二島など海上交通を掌握したことで注目される。「千竈氏系図」には出自不詳といいつつ、後世の系図では、祖系を秩父平氏の畠山重忠の兄弟に架けている（薩隅で近隣に住む伊地知氏が重忠の兄・重光後裔とした系図をもつことの影響をうけたか）。一族では丹波に分かれた一派もあり、こちらは後に平家家人の平貞能の後裔という平姓を称したが、これも系譜仮冒である。

承久の変の際、鎌倉方として宇治橋合戦で討死したなかに千竈四郎・同新太郎の名が見える（『東鑑』）。丹波のほうは、この新太郎（系図には、名が貞光で、貞能の四代の後、明政の子という。薩摩の千竈氏との分岐関係は不明）の後とされ、その軍功で丹波国多紀郡に所領酒井庄を与えられたのを、その嗣で弟の酒井兵衛次郎政親が引き継ぎ、後裔が当地に繁衍して酒井

御田神社（熱田神宮境内）

党（当野、矢代、栗栖野、油井、宮林などの諸氏）になった。これら居住地には氏神として大歳神が祭祀され、熱田神宮の境内の御田《みた》神社（愛智郡式内社）の奉斎につながる。

南北朝期には、矢代の祖・**酒井六郎貞信**（政親の孫）が『太平記』に見える。丹波の久下・波々伯部など諸氏とともに足利尊氏の丹波・篠村八幡宮（亀岡市）での決起に加わり、以降の合戦にも参陣した（貞信より前の歴代は別名でも伝えており、明政〔貞重〕の父・貞政より前の名は不明。貞政の前を秀郷流藤原氏の波多野・松田氏一族につなぐ系図もあるが、これは後世の系譜仮冒とみられる）。

貞信の孫という左馬頭信敏が室町前期に関東公方の家人として東国へ行き、これが戦国期まで続いて、上総北部の山辺郡に拠った酒井氏になった。同郡の土気《とけ》（現・千葉市緑区土気町）及び東金（現・同県山武郡東金町）の二城を押さえ、戦国武将として活動しており、後北条氏に属していったんは滅んだが、後に旗本として復活して家は残った。

千竈郷は熱田神宮の境外摂社の上・下知我麻《ちかま》社（祭神は乎止与夫妻）が当初に鎮座した地とされ、薩隅でおおいに展開した海上活動から見ても、尾張氏末流に間違いなかろう。

薩摩での千竈氏の初見は鎌倉中期の弘安三年（一二八〇）で、硫黄島領主で見え、千竈時家が地頭となり赴任したという。後世の系図では、時家を畠山重忠の弟におくのもあるが、明らかに年代が合わない。おそらくは、上記承久の新太郎の叔父・千竈四郎（名を重範と伝える）の後かと推される。

千竈氏の支配領域は、鎌倉後期の嘉元四年（一三〇六）四月の千竈時家によるその息子の六郎貞泰・弥六経家・熊夜叉丸や女子二人に対する処分状（『鎌倉遺文』所収）で知られる。それによると、本領の尾張国千竈郷のほか、常陸国、駿河国、薩摩国での北条氏得宗領の代官職があり、日本の広範囲に及んだ。薩摩での所領は承久の乱以降の授与とみられ、川辺郡（鹿児島県南九州市川辺町野崎の松尾城）を拠点に坊津・喜界島・奄美大島・沖永良部島・徳之島・屋久島下郡などの重要港や奄美群島の島々までが挙げられる。

鎌倉期に国家の南北境界周辺にあった得宗被官、北境の安東氏（蝦夷沙汰代官職）と南境の千竈氏の比較研究が近年進んでおり、中央部の武士団に比べ共に所領・管轄の面積が広大で、国家の境界外に及んだ（村井章介など編『境界の日本史』、一九九七年）。上記の処分状を含む「長島千竈文書」（『鹿児島県史料拾遺』第十に所収）の研究により、支配実態が交易を通じる経済権益と推定されるが、金沢文庫に収める日本地図には「雨見嶋、私領郡」との記載もあって、千竈氏の奄美群島に対する権益が経済的なものに止まらなかった。

室町時代には、薩摩の千竈氏は薩隅守護の島津氏に属する。南北朝前期に近竈彦六入道本阿（名は算時〔多く「筆時」と読まれるが、「算」が妥当〕。前出の熊夜叉丸（南群島七島を譲受）の後身か）が島津伊集院氏の配下で見える。北条得宗家に直結した被官であったため、鎌倉幕府の崩壊とともに、一時期は南朝方で動くも、薩摩のなかで生きる道を選択した結果となろう。その後も南島をおさえ、島津氏の意向を踏まえつつ千竈氏のもとで対外交易が行われた。その過程で警護の武士が船に多く乗り込み、他集団からの海賊行為も排除し中国に渡って強制的な交易もなされたようで、中国側から見れば、倭寇的な行為ともなろう。

以上の千竈氏の検討を通じて、尾張国海部郡津島の有力国人で津島社祠官でもあった**大橋氏**も、同様に実は尾張氏後裔ではないかという示唆がでてくる。

大橋氏は桓武平氏の流れで平家の有力家人の肥後守平貞能の後裔と称した。貞能の子の左衛門尉貞経が肥後国山本郡大橋の城主となって（一に通貞が三河国額田郡大橋に住という）、大橋を号したという（肥後から尾張、又三河への移遷は極めて唐突。共通祖先の「貞能」は実は尾張氏一族の出の者で、平家家人の者とは別人か）。平家の没落後に源頼朝に従って御家人に列し、貞能は隠居の地として尾張国海東郡内に所領を得たと伝えるが、これには疑問がある。この地がのちに大橋氏の拠点となり、南北朝期は宮方に属して活動した。

津島の四家・七苗字という土豪（これに四姓を加え、南朝方「十五党」ともいう）のなかで四家の長が大橋氏であった。戦国初期の当主が和泉守重一（大河内氏より入嗣）で、大永二年（一五二二）に美濃国石津郡の高須城（岐阜県海津市）を築いた。その養嗣の清兵衛重長（重一の義弟で、大橋定安の子）は、勝幡城主の織田信秀と抗争を続けたが、遂には女婿となって信秀に属する。その族裔は津島あたりに多く居住したが、滝川一益や福島正則に仕えて主君が没落・改易の後は、松江藩主松平出羽守直政に仕え家老を勤めた大橋与三衛門重賢（子孫が松江藩重臣の大橋茂右衛門家）もいる。支流が三河国額田郡にもあり、大橋一族は戦国期が終わると帰農したり、将軍家旗本などになった者も出た。

津島社祠官の大橋氏は、南朝皇胤の流れを汲む尹重王（良王）の一族や紀姓を称した堀田一族と通婚や養子縁組などを重ねた。このため、系図は複雑になるが、津島神主氷室氏にも大橋氏の血が入り、幕藩大名となる永井伝八郎直勝も大橋一族の血を引いていた。

七　地方の主な尾張氏支流と後裔

諸国の尾張氏関係神社と尾張郷の分布

ここまで尾張と吉備を中心に、尾張氏の関係神社とこれに関係する地名を見てきたが、他の地域でこうしたものは無いかを検討しておく。

『和名抄』では、「オハリ、尾張、小治」の郡名はなく、郷名が備前国邑久郡、河内国安宿郡、上野国緑野郡及び信濃国の水内郡・佐久郡と、合計で五つに見える。このうち、水内郡だけ「オハリベ」と訓み、現在の地名が長野市の南・北尾張部で、地域に尾張神社も存在し、佐久郡では小治と表示される。信濃には筑摩郡を中心に安曇・伊那の諸郡に天香語山命が祭神という伊夜彦神社（「矢彦」というのもある）や五城社・五社神社が分布する。この「伊夜彦神」は志摩海賊の九鬼氏が奉祀した「韋夜《いや》神」にも通じそうで、安曇氏も含む海神族系統が奉斎した神なのであろう。なお、由来不明だが、奈良県高市郡飛鳥の石神遺跡出土木簡に尾治部、秋田城跡出土木簡に尾治部子徳□万呂、尾張部真鳥の名が見える。

河内国安宿郡の尾張郷（現・柏原市域）には、同族の河内神別の尾張連や次田連（吹田連、鋤田連）の居住が考えられる（『大阪府の地名』など）。この地は、天平二十年（七四八）に奈加郷（中郷）という名で見えて、その後の何時かの時点で郷名変更になったから、古い縁の地とは言い難く、尾張氏居住も具体的に知られない。河内皇別には尾張部もあげられるが、これが実際に皇別の多氏族なのかも不明である。尾張倉人も近隣の同国高安郡にあり、次田連の一族らしい次田倉人もあって、皆同族か（摂津国菟原郡の倉人の大和連賜姓もあり〔『続紀』〕、海神族から倉人も出た）。

和泉・河内の出身者を中心としたらしい行基の教団・主要弟子のなかに尾張氏の玄基も見えるが、尾張氏は『姓氏録』に左右の京や山城・河内にも見えるので安宿郡出身とは決めがたい。行基との関連では、安宿郡の奈良時代の三論宗の僧、智光は俗姓が鋤田連で、行基と関係する逸話（誹謗して地獄に堕ち、蘇生して帰依という）があって、これが『日本霊異記』に見えており、奈良市の元興寺に「智光曼荼羅」が残る。

「小針、小張」について言うと、現在に遺る地名から見れば、管見に入ったところでは殆どが同様の倭建東征路程か尾張氏族の居住関係にある。

すなわち、①常陸国筑波郡小張（茨城県伊奈村〔現・つくばみらい市〕）、②武蔵国北足立郡小針村（埼玉県北足立郡伊奈町小針）、③同国北埼玉郡太田村小針（埼玉県行田市小針）、④越後国西蒲原郡坂井輪村小針（新潟県新潟市西区小針）、⑤三河国碧海郡小針村（愛知県岡崎市小針で、矢作川の中流西岸域。中世の永仁三年に小針郷と見えており、小張郷とも表記。近年の「尾治」の名字は少ないが、愛知県刈谷市辺りに見られる）の五個所であり、これらが尾張の二個所の小針に加わる。これらオハリ関係地名は、倭建と吉備武彦の東征・帰還の経路上にあることが多く、建稲種ら尾張氏一族の東征従軍者の痕跡ではなかろうか（その場合、小針の表記のほうが古いか）。ただ、痕跡の場合、なんらかの族裔が後世に残るのが自然だが、後裔等はとくに管見に入っていない。いま小針の名字は、福島県の西白河郡・

石川郡とその周辺に主に見られる。

三河との関係に触れておくと、藤姓熱田大宮司家の所領が中世の三河にも多くあった。『尾張氏系図』に附載の「佐橋系図」には、尾張宿祢諸方が宝亀二年（七七一）に三河掾に任じ、その孫の家主が加茂郡司となり、大塚の祖だと記される（太田亮博士は、佐橋は愛知郡の名族で、神戸佐橋兵庫助友秀が見える、三河の碧海郡合歓木村の豪族に大塚平右衛門あり、と記す。『参河志』には額田郡坂崎村〔幸田町〕に佐橋左門など三人が見え、『尾張志』では熱田区田中町地蔵院への寄進状に神戸佐橋兵庫助友秀の名が見える）。

また、赤塚次郎氏は、尾張の知多郡から三河の幡豆郡にかけての地域で海部の一体的な活動が見られたと指摘する（「海部と三河湾の考古学」、『海と列島文化8』所収。一九九二年）。三重県の志摩地域から神島、三河の伊良湖岬へ行き、そこから北上して三河湾を浮かぶ島々を経て羽豆岬（知多半島最先端）あるいは矢作川河口部へ、というコースが古くから根強くあって、その中心に幡豆郡や碧海郡があったとみる。幡豆の名は知多郡羽豆に通じる。幡豆郡の篠島・析島（佐久島）の海部は御贄を出し、平城宮出土木簡に多く見える。

紀伊の尾張氏の流れ―玉置氏と九鬼氏

紀伊には尾張氏の後裔という諸氏が多くある。古代からの尾張氏一族の流れを汲む熊野三社の祠官家のうちで代表的な存在が、**玉置氏**である。大和国吉野郡十津川村の玉置山上に鎮座する玉置社の神官から出た。これに符合するように、「天孫本紀」の尾張氏系譜でも、最後の世代（主に敏達～

推古朝頃の人）となる第十八世孫の尾治枚夫連《ひらふ》（栗原連〔大隅の祖父〕の弟）には、「紀伊尾治連らの祖」と記載がある。

尾張氏の系図のなかには、枚夫連について、具体的に「小治田朝奉斎熊野太神、紀伊尾治連祖也」、更に「小治田大宮朝十年に来目皇子の征新羅に供奉し、同朝に熊野太神忌人となり、同十一年に大智位を授かり、難波豊嵜宮朝大化三年四月十七日没年八十六、墓在玉置庄」とまで記すものもある。

玉置神社（奈良県十津川村玉置川）

この枚夫連の後裔について、『尾張氏系図』にはその後、三代にわたる記載があり、子の小山上の白猪古は斉明天皇の新羅親征に供奉し、その子の子麻呂は牟婁郡大領となり、同郡擬大領の八牛らの諸子まであげる。この八牛の後裔から玉置氏が出たとされるが、中世のほうまで系図は具体的につながっていない。

『太平記』には玉木（玉置）荘司と見え、その本拠は大和国吉野郡十津川村折立（玉置山の北麓）あたりといい、いまも十津川村には玉置姓が多い。後醍醐天皇の倒幕運動から起こった元弘の乱当時の玉置荘司盛高は、幕府方として大塔宮の入山を拒んだ。盛高の養子直光には三人の男子があり、長男は玉置神社の別当職を継ぎ、次・三男は紀伊国日高郡川上庄・山地庄に移って別家を立てた。紀州の日高川流域（現・日高郡日高川町）に進出した次・三男の流れが、室町期に畠山被官となる玉置氏だとみられている。和佐の手取城主玉置兵部大輔直和は、舅の湯川直春により落城し、後に豊臣秀長に仕えた。この後裔は紀伊徳川家に仕え、支流は尾張徳川家に仕えた。

十津川村の玉置神社の僧舎を杉坊といい、これを苗字とする玉置一族がいて、支族が日高郡小中荘にあり、小中を名乗って熊野本宮の神官でもあった。源平争乱期の元暦二年（一一八五）三月の金剛峰寺文書に尾張常廉・尾張則清など尾張姓の人々が多く見えるが、系譜等は不明である。文治五年（一一八九）伊賀国名張郡黒田御庄の地に関しても、「刀祢尾張（花押）」が東大寺文書に見える。

また、志摩水軍の長で戦国大名・幕藩大名となった九鬼氏も、玉置氏末裔で熊野に起こった。出自には熊野別当長快の後裔など諸説あるが、牟婁郡九木浦（九鬼浦。三重県尾鷲市九鬼町）に移住した熊野本宮の祠官家一派から出たとみられる。系図でも、玉置庄司宗参の子の隆真（初、宗頼）が九鬼浦に住んで、その子の宗俊が九鬼を号したと見え、後裔の右馬允隆良（史料に見える刑部少輔源祥に当たるか）が志摩国英虞郡波切《なきり》村（現・志摩市波切。伊雑郷のなかで、もとは魚切、名錐との表記）に移住して、ここに志摩の九鬼氏が始まるとされる。平家に属して讃州陣で軍功があった太郎隆貞と、南朝に味方して貞和年中に仁木義長に敗れた宮内少輔隆信との間が不明だが、この系譜の信頼性が比較的高そうである。

隆良の五世孫の**九鬼嘉隆**は、信長に属して水軍大将として名を挙げた。織田氏の北畠氏侵攻の際、織田勢を後盾にして志摩を手中におさめ、第二次木津川口の戦いでは鉄鋼船を用いて毛利水軍を破り、後の幕藩大名（摂津三田藩など）への道を開いた。九鬼氏が志摩で根拠とした波切には波切神社

（志摩市大王町波切）があり、その祭神のうちの韋夜《いや》神が波切の産土神で九鬼氏奉斎というが、神との関係やこの神の実体がよくわからない（海神族系、竜神系の神か。黄泉比良坂《よもつひらさか》に居る神で塞坐黄泉戸大神とも言われ、出雲国意宇郡式内社の揖夜神社に通じるようでもあり、その場合、なんらかの形で大己貴命かその眷属神であろう）。

関連して言うと、尾張藩の水軍担当、船奉行であった**千賀**《ちが・せんが》氏は、系譜に源姓などの諸伝があるものの、『尾藩諸家系譜』に掲載の千賀氏系図では、姓は藤原で九鬼支流といい、一に越智ということ記して、家康に仕えた与八郎重親から以降を記す。北畠晴具の家臣で千賀砦主の千賀志摩守為重から世系が知られるが、その孫が重親（実父は佐治為貞で、八郎信方の弟。一に実父が佐治為重ともいう。元和三年死、享年七六）で、その子が与八郎信親とされる。志摩国答志郡千賀《せんが》浦（鳥羽市千賀町で、同市南端部。的矢湾に面する）から起こり、「越智」が音通の尾治の転訛かという可能性も考えれば、九鬼支流は正伝かもしれない（九鬼の旧地名、比志賀《ひじか》にも関係するか）。尾張では、知多郡師崎《もろざき》（同郡南知多町師崎）に根拠をおいて、活動した。この地は知多半島の先端部で、師崎の小字には磯部の地名も見える。

これらのほか、紀北の有田郡でも有田川町（旧金屋町）小川の薬王寺にある阿弥陀如来像の永長二年（一〇九七）正月の銘文に、大壇越尾張武忠・尾張則安・同則元など尾張氏の男女が十一名記される。

紀伊の竹田連の後裔―愛洲氏と湯川氏

尾張連の同族の竹田連の後裔も、紀州熊野の牟婁郡で繁衍した。奈良後期の天平勝宝年間に竹田連大麻呂が富田川流域の牟婁郡栗栖郷の郷長になったのが起源という。

竹田連氏の系図には不明な点が種々あるが、火明命の六世孫とされる「建多乎利命」(笛連、若犬甘連等祖)が祖とみられる。建多乎利命の記事「笛連、若犬甘連等祖」は現在の解釈の一つであり、「笛連」を御巫清直勘注本には「竹田連」と見え、竹田連も『姓氏録』左京神別(但し、久米氏族系ともとれるが)にあり、尾張氏族のなかにも「湯母竹田連」「竹田川辺連」があって共に左京神別にあげられ、「武田折命」(タケタオリ=建多乎利)の後と見えるから、御巫清直勘注も誤りとはいいがたい。「笛」の字は分解すれば「竹田」だし、笛は竹から造るということで、竹田の地に笛氏が居たという事情も考えられる。

竹田連大麻呂の子孫は生馬《いくま》山王社(現・日吉神社で、西牟婁郡上富田町生馬に鎮座)を創建し、一族から栗栖(現在も宮司家)、岩淵、栢山、松本、鳥淵(鳥渕)の諸氏が出た。愛洲(会洲、愛須)もその一族で、紀伊・志摩・伊勢などに中世、大きな勢力を持った。紀伊国牟婁郡に居住の一族には、久留栖(栗栖)、三本(御本)、近露、山本、湯川、武田、川、別所、上(宇恵)、幸徳、坂本、尾喜などがあり、また土佐に遷った一派からは御本、武田、浜田などが出た。浜田の末裔には田中光顕伯爵家もある。

室町期に阿波・淡路に進出した熊野水軍の**安宅氏**《あたぎ》も、橘姓を称したが、愛洲一族から出たとみられる。生馬村の山王社棟札には、永正年間の安宅大炊助実俊の領地と見える。淡路では由良城を本拠とし、のち三好長慶が弟・冬康に安宅氏の家督を継がせ、淡路水軍を統率させた(治興あるいは実俊ないし定俊の養子)。後に長慶により自害させられた。東大史料編纂所蔵の『安宅氏系図』では、阿波小笠原の流れとするが系譜仮冒である。

これら諸氏は、多くがタケダに因んで同音の甲斐源氏の武田氏（一族の奈古氏から出自など諸伝ある）から出て熊野に遷った者の流れとも称したが、これは疑問が大きく、実際には尾張氏族系の熊野古族の出とみられる。その場合、居住地域や海人性、久留栖と栗栖との同一性などから考えて、愛洲一族は栗栖一族の分れかとみられる。

中世伊勢の**愛洲氏**は強力な水軍を擁して、愛洲の里（南勢町五ヶ所）に関所を設け通行銭を徴収していた。愛洲氏は弘安の役のとき愛洲水軍を率いて蒙古軍船と戦ったと伝え、この是非はともかく、室町幕府の遣明貿易でも、醍醐寺座主満済との関係で「伊勢法楽舎二号船・九号船」の宝徳度（一四五一年）の発遣以来携わった。陰流の創始者として知られる剣豪・愛洲移香斎（久忠）もこの一族から出た。剣聖といわれた上泉信綱は移香斎の弟子とも、子・小七郎宗通の弟子ともいわれ、宗通は後に常陸に移って佐竹氏に仕え、平澤氏を名乗り、子孫が秋田県の平澤家として文書を伝える。

湯川（湯河）氏は熊野八庄司の一で、紀伊国牟婁郡道湯川に起り日高郡に拠る室町期の大族であった。一族に大畑、沢、能城、日足、愛川、小松原などがある。熊野本宮祠官の坂本は右坐にあり、尾治姓玉置氏一族の坂本氏を継いだというが、本来、両者は同族か。越後平氏の城氏の後と称した松本・鬼ヶ城氏もあるが、実態は湯川の支流か紀伊竹田連の支流かとみられる（拙稿「紀州湯河荘司とその同族諸氏」参照。『家系研究』第五五・五六号所収）。

尾張連一族の**水主直氏**も牟婁郡熊野社家にあって、清水、色川（色河）、水口、木下などの諸氏を出した。色川氏は、那智大社の後背地に位置する色川郷（那智勝浦町域）に起こり、熊野に隠れた三位中将平維盛の後裔と称するも、系譜仮冒である。色川左兵衛尉盛氏の一族は南朝方に属し尽忠し、娘は小倉宮尊義王のお側にいて尊秀王（自天王。後南朝最後の指導者）を生んだと伝える。戦国末期まで色川氏の活動は堀内氏などとともに見えており、後裔は江戸期には藤堂氏や紀州藩付家老で新宮城主の水野氏に従った。

このほか、具体的な系譜は不明であるが、早くに分岐して上古から牟婁郡熊野など紀伊に居住した一派があったようで、熊野神官家や紀伊・志摩さらには伊勢・土佐の土豪のなかにはこうした流れもかなりあったと推される。

熊野の高座神の実体

尾張国造が奉斎した熱田神宮では、境外摂社の高座結御子《たかくら》神社が高倉下を祭神とする。「高座《たかくら》さま」と呼ばれ、尾張氏の祖神として信仰される。当社の祭神が高倉下だとしても、「高座結御子」という名義からは、「高座神の御子」（または子孫）と解され、「高座神」とは別神で、本来、こちらは饒速日命かその祖神を指すのであろう。

「高座・高倉・高蔵」という名の神は全国に広く分布するが、ここでは総じて石神祭祀が多く見られる。備前の高蔵神社（岡山市北区牟佐。祭神は天照国照彦火明命とされる）がもと鎮座した高倉山頂南面には磐座がある。河内国高安郡の式内大社、天照大神高座《あまてらすおおかみたかくら》神社（八尾市教興寺）には祭殿の脇に白飯の滝があり、元宮とされる高安山中腹の境内末社・岩戸神社の地に巨岩や窟弁天という石祠がある。それらの北方近隣の高座神が伊勢津彦だと一にいう。伊勢津彦が饒速日命ないしその近親神にあたることは、本シリーズ『物部氏』で説明した。丹波国何鹿郡には物部郷の地にも高蔵神社（綾部市西坂町宮ヶ嶽）が鎮座する。

紀伊国牟婁郡には高倉神社という名の神社が多く、これらの多くはいま高倉下を祀るとされるが、疑問がある。熊野国造祖神の饒速日命を祀った元の実体が失われ、「高倉・高座」という神社名に影響されて、後世に祭神も高倉下へと転訛したのではなかろうか（全国的にもこの傾向がある）。古代熊野に尾張氏族の繁衍もあったが、その紀伊への到来時期は、古代のなかでもかなり遅れており、神社において祭祀対象となったとは思われ難い。


高倉下系と称する系譜をもつ熊野の古族は、熊野新宮を中心に牟婁郡から志摩にかけての海岸部に居住した。その流れの姓氏は不明だが、「熊野部」というのがその姓氏か（とすると、これら熊野古族の諸氏は、尾張氏族ではなく、本来は物部氏の熊野国造同族か）。

石垣氏が大伴氏族の仲丸子連姓というので、のちこうした姓氏を号して系譜を仮冒したものか、この辺の系譜混乱は判別しがたい。山門、佐野、鵜殿は、石垣の一族という系図もある。

「熊野部」を称する系統には、潮崎（塩崎。平頼盛後裔というのは仮冒）、米良、長田、丸山、鮒田、泰地、和田、上（宇恵）、内川など熊野社家の諸氏があって、一部は鵜殿などのように三河に遷居して発展した。泰地は太地とも書く鯨漁の本拠地であったから、その海人性に留意されるが、熊野新宮（速玉大社）神官などをつとめ、熊野国造族という所伝もあって、様々な系譜が混淆したものか。熊野北牟婁郡の向井に起ったともいう徳川家の船手奉行向井氏も、系譜に諸伝あるが、実際にはこの同族であったか（当初段階の通字「長」が鵜殿氏に通じる）。牟婁郡の阿古志海部（志摩国英虞郡に起る）も尾張氏同族であろう。

熊野には、藤原姓で陸奥守実方の子という別当泰救の流れもあって、これが**熊野別当**一族となるが、十一世紀初頭頃から史料に現れ、本宮・田辺派と新宮派の諸流諸家に分かれて、南北朝期まで熊野別当が続いた。一族の主な苗字に堀内、田辺、米良などがある。上記の熊野部諸氏には互いに通婚・養猶子関係が多く見られて、系図は複雑である。熊野別当の祖系も実態が不明であって、本来の系譜はこの熊野部の流れかもしれない。熊野別当は源平争乱期、多くの兵船を率いて活動しており、その海人性がうかがわれる。

因幡の佐治氏一族

中世の因幡国八上郡（鳥取県の鳥取市の一部と八頭郡八頭町の一部が郡域）に尾張氏を名乗る武家があった。この尾張氏は八上郡司を務める豪族で、平安時代末期には一族のうち佐治氏、曳田氏（道貞の子、康貞に始まる）が開発領主として成長した（以下等も含め、『鳥取県史』〔第二巻　中世、一九七三年刊〕などに拠る）。この一派の祖先の系譜は不明だが、承和九年（八四二）七月廿四日付の「東南院文書」（『平安遺文』七四号）に見える当国の「正六位上行権掾尾張大家麻呂」の族裔という可能性もあるか。

『源平盛衰記』には因幡住人の尾張四郎長経が見える。この一族のうち、因幡国智頭郡佐治郷（鳥取市南部の山間地、佐治町あたり）に居住の佐治氏は、鎌倉幕府の御家人となった。鎌倉初期の佐治四郎重貞（道貞の子）は建暦三年（一二一三）の和田合戦で活躍して、佐治郷地頭職に任じられ、郷内の苅地村（佐治町刈地）に居城した。十三世紀中葉には佐治左衛門尉重家の活動が『経俊卿記』『民経記』に見える。

佐治氏初代は佐治四郎道貞（長経と同人か）といわれ、在地領主として佐治谷の開発につとめた（江戸期には切明大明神とされた）。在地名に因んで佐治を名乗り、郷一宮の群佐羅大明神を篤く奉斎した。佐治郷の支配は佐治川を境に南北の区分で行われ、鎌倉後期になると、分割相続に起因する所領の細分化が進んで、一族内で所領争いが起きたが、訴訟などにより収拾が図られた。永仁七年（一二九九）の文書に「佐治五郎尾張忠重」、建武四年の文書に佐治郷の領主佐治孫四郎重泰が見える。

鎌倉幕府滅亡後では当初、南朝に属したが、建武三年（一三三六）の湊川合戦の後には、北朝に帰順して本領が安堵された。文和四年（一三五五）の神南合戦には、山名時氏傘下の軍勢に因幡国人の佐治但馬守の名が『太平記』に見える。応永年間の山城守護高師英の守護代には、佐治因幡入道（宗朝）が「東寺百合文書」に見える。系図でも室町前期頃まで名が見えるが、応仁・文明の乱以後では史料上に現れなくなる。

尾張国にも、戦国時代以降の知多郡西部に大族佐治氏が居た。知多半島の大野村（常滑市域）を中心とする西海岸地域を領し、伊勢湾海上交通を掌握する佐治水軍を率いた。なかで著名なのが織田氏の家臣の**佐治与九郎一成**（又名が信時）で、信長の妹婿の佐治八郎信方（初め為興で、左馬允為久〔為貞〕の子。伊勢長島一揆討伐で討死）の嫡男ないし弟とされる。浅井長政の娘・江を妻に迎えたが、後に離縁させられ、伯父・織田上野介信包《のぶかね》の領する伊勢・安濃津、次いで丹波・柏原藩で重臣として家中にあった。

知多郡へは戦国期に甲賀から来住といい、両地で通字の「為」を共通にする。一族には、同郡内海城主の備中守為縄（為貞の従弟で、妻は為貞の娘という）もいる。

『系図綜覧』には「佐治系図」が見える。近江国甲賀郡佐治郷より起こって、尾州大野に移った佐治氏の初代、伊佐野為綱以下が記される。伊佐野城は野洲川南岸で現・滋賀県甲賀市水口町和野の地、佐治本城の北方一キロにあった支城である。この佐治一族は、平貞盛流で業国後裔と称したが、実際にはもともと尾張氏の流れであろう（桓武平氏説は、良文流ともあって混乱があり、信頼がおきがたい。南北朝期ごろから佐治氏が現れるか）。尾張では、大野衆と呼ばれる佐治水軍を率いて伊勢湾全域を押さえた事情が、それを示唆する。同じ佐治氏でも、因幡の佐治氏との関係は不明である。

甲賀郡の佐治一族についてもう少し言うと、甲賀五十三家の一、とくに甲賀二十一家に数え、その北山九家の一にあげる。その祖を平業国といい、伊豆（波豆の転訛か？）から来て、康平五年（一〇六二）に佐治城を築いたと伝える。建武四年（一三三七）には、小佐治右衛門三郎基氏は足利尊氏の命により出兵して感状を受けた。天正十三年（一五八五）に、小牧・長久手戦での対応を問責されて、佐治美作守為祐（為次）は秀吉軍に攻められ抗戦するも、佐治城は落城し甲賀の佐治氏は滅んだ。この先祖には四郎左衛門尉為行がおり、この者が初めて佐治氏を称したともいうが、系譜は不分明である。甲賀のうち上記伊佐野の流れには、滝川一益に仕えて亀山城代として秀吉軍に善戦した佐治新助益氏もいた。

佐治城の麓に氏神で郷惣社の佐治神社があり、文明二年（一四七〇）に再建されたが、その時の棟札には「佐治美作守平為氏」の名が記される。同社は祭神を大己貴命とし、左右脇に諾冊二神（イザナギ・イザナミ）を置き、境内摂社に龍田神社・竜王神社がある。これらは降雨祈願の神とされ、この辺の祭祀事情も尾張氏に通じるものがある。

各地の尾張氏同族諸氏

ここまで取り上げなかったその他各地の尾張氏の一族や人々について、史料に所伝があるものを補遺的にあげておく。

先ず、越後国西蒲原郡弥彦村の**弥彦《いやひこ》神社**（伊夜比古神社）の祠官家には、天香山命の後裔とも伝えるものがある。その代表が大宮司の高橋祝氏であり、尾張連の末裔で、もとは長橋を称するともいう。これには疑問もあり、血統的に考えると、凶族とされる阿彦やその退治伝承のある大若子ないしその随行伝承もある物部・玉作部などの流れを汲んだ可能性もある。能登国能登郡の式内社に伊夜比咩神社（石川県七尾市能登島）がある事情にも考慮する必要がある。この辺は拙著『越と出雲の夜明け』でも検討したが、解明までは行かなかった。信州安曇郡にも伊夜比古神社（安曇野市穂高。越後の弥彦から勧請と伝える）があり、出羽にも最上郡金山町に同名社があって、本拠の越後国蒲原郡や同国魚沼郡のほか、出羽国最上郡や陸奥岩代の大沼郡に弥彦・伊夜比古を名乗る神社が多く分布する。

弥彦関係には様々な複合的要素のなかに海神族の要素がかなりあるから、「弥彦」には、倭建東征で信濃に残った尾張氏一族が信濃川を下り何らかの形で入りこんだ可能性もないでもない。そうした残滓・痕跡が伊弥彦神社や志摩の九鬼氏奉斎の葦夜神に通じるともみられるが、倭建東征随行の尾張氏関係者が遠征帰路から離れる形で、その当時、直ちに越後の弥彦まで到ったとは考え難い。「イヤ」の神の混同がどこかにあるかもしれない。

倭建東征では、帰途になされた北陸分遣の一隊が越前を通過した。その残滓か、天平神護二年の

「越前国司解」（大日本古文書）には坂井郡の海部郷戸主で尾張諸上が見える。同郡には磯部郷もあり、堀江郷戸主に掃守友弓も同文書に見える。ただ、この地域は、東征関連ではなくても、美濃から北上すれば到達するので、どちらの経路で何時、到達したのかは不明である。なお、天平宝字二年（七五八）三月の「越前国田使解」に田使散位正六位下尾張連古万侶が見えるが、これは平城京の官人であろう。先に掲げた中央官人の尾張連豊人も、天平宝字八年二月の「越前国司公験」に正六位上行掾で見える。

美濃の隣の近江では、坂田郡の尾張連秋成は先に触れたが、蒲生郡阿伎里の里長に尾治都留伎《つるぎ》（平城宮出土木簡）、浅井郡速水郷に尾治公吉（長岡京出土木簡）が見える。

『播磨国風土記』では、飾磨郡伊和里に大長谷（雄略）天皇の御世、尾治連等の上祖長日子が居た記事がある。長日子は良き婢（私有民の女）と愛馬を持っていたが、死の床にあって、子に自分の埋葬を遺言し、各々用の三つの墓を造らせた。これらが、伊和里の船丘の北に馬墓の池がある、と記載される。当時の殉死・殉葬の例をここに見ることができるが、この播磨の尾張氏については、その後は史料に現れない。

伊和里の水尾山が姫路市山野井町（姫路城のすぐ西側）にあり、そこ伊和神（大己貴命）を祀る水尾神社に兵主神も併せ祀られ、式内社の射楯兵主神社二座（播磨国総社）につながる事情にある。なお、播磨では、推古天皇朝に伊福部連駁田彦《ふじたひこ》という長者が揖保郡にいて、天火明命の神勅をうけて粒坐《いいぼにます》天照神社（たつの市龍野町日山）を創祀したと伝える。鎮座地の天神山が龍の坐る形に似ることで、旧称が龍座神社（粒坐神社）として知られる。

八　畿内の尾張氏の同族諸氏

尾張氏についてひととおり見たところで、畿内に居住の尾張氏同族など近縁諸氏についても、その概略を見ておく。いままで見てきた諸氏の補遺でもあり、この辺りについても書くことが多いが、ここでの記事は一応のものにすぎないこともお断りする。

大和などの伊福部氏

伊福部とそれに関連する氏（表記は五百木、五百城、五百旗、五百籏、廬城、伊富岐、伊福など数多い）は、大和・山城の畿内のほか、伊勢、美濃、尾張、遠江、武蔵、陸奥、因幡、出雲、播磨、美作、備前、安芸、薩摩などで、分布は広く全国的であった。『姓氏録』では河内の五百木部連以外は伊福部と記載される。藤原京や平城宮等からの出土木簡を見ると、奈良時代前期頃まで五百木部と表記され、それが天平頃から伊福部にほぼ変わった。『和名抄』に掲載の伊福郷の地は、東から見ると遠江国引佐郡、尾張国海部郡、美濃国池田郡、大和国宇陀郡であり、山陽道にも備前国御野郡、安芸国佐伯郡にあげる。

このため、各地にカバネ・系統の異なる様々な伊福部氏が生じた。例えば、美濃（君姓で牟義都国造族か）、因幡（臣姓で稲葉国造族か。本シリーズ『物部氏』参照）、石見（直姓で石見国造族か）、播磨（連姓）で見えており、各々の地における国造の一族とみられる場合が多い。こうした事情で、尾張氏族に属する伊福部の判別は難しいが、『三代実録』貞観四年（八六二）六月条には、播磨国揖保郡人で雅楽寮答笙生無位の伊福貞が本姓五百木部連に復したと見えており、これは尾張氏族としてよかろう。この族裔かもしれない五百木部宿祢陳番が治安三年（一〇二三）に正六位上で播磨大目に補された（「除目申文之抄」）。奈良時代・平安前期の文献等に出てくる伊福部氏も多く、男依・種麻呂・紫女などかなりの数が見えており、中下級官人では守衛、経師（写経生）、雅楽奏者などの職にあった。

「伊福部」という部の性格自体、従来の学説でも諸説ある。これは、先に記したように、景行天皇の皇子・五百木之入日子命（五百城入彦命で、成務天皇のこと）の名代部の伴造氏族とする説が妥当である。それは、当初の表記が五百木部であった上記事情から言えよう。

名代部管掌とともに、併せて笛吹などの雅楽や、踏鞴を掌る製鉄・製銅関係も管掌することが多かった。佐伯有清氏のいう「火吹の部、すなわち天皇の食饌を煮焚する職にあったもの」の伴造氏族が由来というのは疑問が大きく、その具体例を欠く。上記のように広範に分布したのは、成務天皇の時代に全国に国造・県主を設置したと伝えるように、大和王権の確立や版図拡大を受けてのことみられる。宮城十二門のうち伊福部門（後に殷富門）の警衛にもあたった。

『書紀』では、大和や伊勢を舞台とする記事に伊福部氏が見える。

古くは雄略紀三年四月条に廬城《いおき》部連枳莒喩《きこゆ》と湯人・武彦の親子が見え、讒言により父が息子を廬城河に誘って謀殺したとある。廬城河は三重県一志郡（現・津市）白山町の南・北家城付近を流れる雲出川の古称とされるから、伊勢にもその居住地があった。

中世の家城氏は伊福部後裔とされる。南家城には、家城神社（祭神は菊理比咩などで、北家城の白山比咩神等が合祀。もとは諏訪神社の鎮座地）と境内に「こぶ湯」と呼ばれる霊泉がある。尾張の尾張氏関係の祭祀・古墳にも、白山社や水神に絡むものが多い。丘陵頂部にある家城城（津市白山町南家城字上広）の城主で北畠氏の有力家臣の家城主水《もんど》之清は、「槍主水」と謳われる槍の名手だが、主家滅亡のときに奮戦し討死した。

安閑紀の元年（五三四に当てられる）閏十二月条には、廬城部連枳莒喩（上記と同名だから、どちらかが誤記か）の娘、幡媛が物部大連尾輿の瓔珞《くびたま》（首飾り）を盗み取って春日皇后に献上したが、この事が発覚したので罪をあがなうため、枳莒喩は幡媛をもって采女丁（采女の召使い女で、春日部采女）として献じ、安芸国の過戸廬城部屯倉（佐伯郡伊福郷）も献じた。

廬城河（雲出川）＝三重県津市白山町

中央の伊福部連氏は、各地の伊福部を管掌したから、縁由の深い美濃のみならず大和にも伊福部氏の本拠があった。それが、宇陀郡の伊福郷（宇陀市榛原福西あたり）よりは大和の中央地域と思われる（葛城地方かどうかは不明）。香芝市の五位堂駅付近の下田東遺跡からは、発掘調査により平安時代初頭頃（九世紀初頭）とみられる井戸から木簡が出土し、ヒノキの板材の表裏両面に墨書があって、伊福部連豊足解の草案も記される。

摂津の津守氏の起源

港津の管掌者たる「津守」氏と言えば、摂津の住吉大社の上古からの奉斎氏族で著名である。この尾張氏系諸氏のなかでは畿内における宗族と言ってもよい位置にある。

その祖とされる**田裳見《たもみ》宿祢**（手搓見足尼）が韓地征討の神功皇后の軍船を誘導して功があったとされる。『書紀』の神功皇后摂政元年二月あたりには、神功皇后の韓地征討に随行・海導した津守連の祖・田裳見宿祢に関連する話が見える。帰路に征討軍を助けた住吉三神が、わが荒魂を穴門の山田邑（長門国豊浦郡。現・下関市一の宮）に祀るように宣したとき、穴門直の祖・践立《ほむたち》とともに神の居たい地に定めるよう奏上した。これが長門一宮の住吉神社の起源と伝える。

この辺からこの氏の歴史がはっきりしてきて（初期段階の系譜には諸伝あって確かめがたい）、子の豊吾田《とよあた》が

山口県下関市の住吉神社の本殿

応神朝に奉仕して津守連を賜り、これが初祖だと伝える。田裳見の母が紀直祖の宇治彦の娘という『津守氏系図』に見える所伝も妥当か。なお、九ないし十世紀末頃に津守氏の手によって社伝がまとめられた『住吉大社神代記』もあるが、同書は初源期部分の記事の信憑性等に疑問も大きく、十分な留意が必要である（『津守氏系図』の初期段階でも同様に不審。天平三年〔七三一〕の撰にも各種の疑問が残る。船木氏関係の記事も同様）。

上記の穴門の話に続き、『書紀』には、海神の筒男三神（住吉三神。表筒男・中筒男・底筒男）の和魂が「大津の渟中倉《ぬなくら》の長峡」（『摂津国風土記』逸文の住吉条には「沼名椋の長岡の前」）で、往来する船を監視したとある。この和魂が鎮座した起源の地について、摂津国兎原郡の本住吉神社の地（神戸市東灘区住吉宮町）か、現・住吉大社の地かについて争いがある。本住吉神社が明治の旧県社であったものの、延喜の式内社ではなかったこともあって、現在の住吉大社の地とみる説がやや多数のようだが、神社の沿革・経緯や船舶監視の地理事情からみて、本住吉のほうを元とする宣長説が妥当だとみられる。

すなわち、務古水門（武庫の泊）を押さえる摂津国の兎原郡住吉郷に居て（『古事記伝』『本住吉神社誌』などの説）、武庫郡津刀里（藤原宮出土木簡に津守連の名が見える）、兎原郡津守郷（水神を祀る敏馬神社あたり）も含めた地域一帯が起源地かとみられる。そうした場合、西求女塚など古墳時代前期の大古墳の築造にも津守氏の関与が推される。近くの西成郡にも津守郷があって、上古摂津の湾岸部の北側地域で大きな力をもったと窺われる。川辺郡には難波村（現・尼崎市東難波）の地名もある。この住吉神社は、『住吉大社神代記』にも住吉神の七社のうちで、摂津国菟原郡の住吉社として、筑前国那珂郡の住吉社などと共にあげられる古社である。

仁徳朝になって浪速に遷都し住吉郡墨江（住吉津）に港津が定められ（仁徳記）、そのときに今の住吉大社の地（大阪市住吉区住吉町）に住吉神社が遷座し、津守氏が住吉神主となって代々奉斎した。すなわち、仁徳天皇による墨江津の開港が遷座の契機とみられる。もとの摂津国兎原郡には住吉郷も津守郷もあった。『書紀』には上記のように、長門の住吉神社の創祀伝承もあり、住吉三神の鎮座地に関し、田裳見宿祢がそれらの荒魂を穴門の山田邑に神祠を立て、穴門直の祖・践立を神主として奉斎させたとある。

津守氏の初期の系譜

津守氏の系譜は、『姓氏録』成立の頃には尾張氏と同様に火明命を祖とするようになった。摂津の津守宿祢は「大御日足尼之後」（この記事に合わない神代記のほうが疑問）、支族の和泉の津守連は「天香山命之後」とあるが、和泉支族が何時、分岐したかは不明である。

この津守系統は「天孫本紀」に見える武筒草命の流れとされ、初期に尾張連系統から分岐したが、その段階の系譜には判然としない面がある。津守氏が明治に華族に列し、最初に提譜した『津

住吉大社（大阪市住吉区）

守家譜』（東大史料編纂所にも謄写本が所蔵）では、田裳見宿祢の前の時期の歴代について疑問が大きい（家譜の建箕草命が武筒草命に当たるか）。すなわち、初期の途中段階で見える「天貫上命、建春木命」など歴代の名は疑問が大きく、信頼性に欠ける。それよりも、『尾張氏系図』などに見える系図のほうが記事内容の妥当性が高そうであり、そこには幾つかの支流分岐（次田連・川上首・刑部首など）も見える。

例えば、『姓氏録』摂津神別・天孫にあげる津守宿祢や蝮部《たぢひべ》、刑部首の記事が、それぞれ、「尾張宿祢同祖火明命八世孫の大御日足尼の後」「同神十一世孫の蝮王部犬手の後」「同神十七世孫の屋主宿祢の後」などの記事にも割合符合する内容であって、系図や系譜記事が見えている。ところが、こちらのほうは世代数が多すぎるという欠陥がある。

そのための対応としての解釈であるが、祖とされる武筒草命の位置づけが再検討される。すなわち、この武筒草命とは、「天孫本紀」に記す孝昭朝頃の人と思われる武額赤命の子ではなく、実際にはもっと早い綏靖朝頃の人ではないかという可能性もでてくる。名前の表記が「天筒草命」（『姓氏録』右京神別若倭部連条）ともあり、「天」は概ね神武朝頃より前の人に見られる表記でもあるので、世代や通婚関係を考えると、その場合には武筒草命の本来の位置づけは高倉下命の子ではなかろうかという可能性である。

住吉郷の地名も、『和名抄』で見ると、本拠の摂津国住吉郡のほかは、摂津国兎原郡・播磨国明石郡・播磨国賀古郡・播磨国賀茂郡・長門国阿武郡にそれぞれ見える。これらは、摂津・播磨に集中しており、摂津国の住吉郡と同国兎原郡住吉郷を除いては、住吉大社の社領や神戸のある地とされる。現在では約六百社もあるという住吉神社も当時はまださほどのものではなかった。記紀成立の頃には、遣唐使関係の神主でも活動した津守氏が、住吉津から新羅までの寄港地周辺に住吉神社を建て（北九州付近では、長門国豊浦郡、筑前国那珂郡及び壱岐嶋壱岐郡、対馬嶋下県郡に同名の式内社が鎮座）、住吉神の神威発揚をはかっていった。

津守氏の諸活動と動向

津守氏の外交活動では、欽明朝初期の百済外交に津守連己麻奴跪《こまとこ》（『書紀』には欠名も、同書所引の「百済本記」に名が見える。系図に見える「駒徳」の訓か）がまず見える。皇極朝では高麗外交に津守連大海、斉明朝の唐外交に津守連吉祥《きさ》が『書紀』に見えて、各々外地に派遣され、光仁朝の宝亀年間には津守宿祢国麻呂が遣唐主神で『続日本紀』に見える。

また、陰陽道の方面では、奈良時代前期の和銅・養老には**津守連通**《とおる》が陰陽博士・美作守などで見える。『万葉集』（巻二―歌番一〇八）には、「大津皇子の竊《ひそ》かに石川郎女に婚《あ》ひし時に、津守連通のその事を占へ露《あら》はすに、皇子の作りませる御歌一首」にその名前が見られる。この者は、紀伊の海神社社家の祖先にもあたるとされる。

津守氏一族に外交使節として海外に派遣された人が多いのは、先祖の田裳見宿祢の活動を踏まえつつ、遣唐使の神主としての海外渡航者（客人、池吉、男足等）が関係したか。住吉大社の境内には、大海神社や志賀神社が鎮座する。前者は住吉大社の摂社ではあるが、『延喜式』に記載の式内社で、「おおわたつみ神社」と訓まれ、もとは「津守安人神」と注記される。津守氏の氏神で、祭神は豊玉彦命・豊玉姫命とされ、綿津見神にあたる。奈良時代、遣唐使の派遣に際し朝廷より住吉社に奉幣があり、その海上無事を祈った。

『和名抄』に見る津守郷の地名は全国五個所に散在しており、越前国敦賀郡・豊後国大分郡・肥後国詫麻郡にもあるが、摂津国の二個所が中心で、当初の兎原郡の津守から西成郡の津守（大阪市西成区津守）、更に住吉郡へと住吉社が遷座したことに因る。なお、越前国敦賀郡は角鹿国造一族の角鹿海直氏が、豊後国大分郡は大分国造一族の海部君氏が津守となっていた（肥後国詫麻郡津守郷は他地と異なり、現在では内陸の地であって、津守の担当氏族も不明）。この辺は西国が多い。

津守部は隠岐国智夫郡のほかは、伊豆国田方郡・駿河国駿河郡・遠江国浜名郡、出羽の手取清水遺跡など東国に見える（平城宮出土木簡や正倉院文書など）。魚類や海苔の貢進で木簡に現れる。

そのほか、歌神として、古来歌道の上達に志す人が住吉社に参籠献詠し、あるいは現実に姿を現わされる現人神としての信仰もある。産業商業・文化・貿易の祖神と仰がれて住吉大神の神徳は広く世に知られ、摂津国一の宮として朝野から篤い尊崇を受けた。朝廷の住吉社に対する崇敬は厚く、天武天皇の奉幣をはじめ、歴代天皇や皇族の行・幸啓、神宝の奉納などがあった。津守氏は所在地の住吉郡などの郡領にも任じ、古代では大領・板屋・狛・津・大宅・神奴・高木という七家（津守社務、津守大海社司）ほどに分かれていた。

平安中期には、中央官人にも津守氏一族が見える。例えば、『権記』寛弘八年（一〇一一）九月や『小右記』長和二年（一〇一三）八月に式部少録津守宿祢致孝・兵部録津守宿祢致任が見え、両者は兄弟とみられ、致孝は右大史・正親正に、致任は右少史・兵部丞になっている。長徳二年（九九六）に正六位上津守連安友が河内大目に任じた（『符宣抄』）。

平安後期の神主**津守国基**は、箏の上手で歌人としても知られ、高砂御厨の検校も務めた。康平三年（一〇六〇）に住吉社の第三十九代神主となり、延久元年（一〇六九）に叙爵。永長元年（一〇九六）には住吉社神主として大伽藍を建てた（『中右記』）。子の有基・景基も勅撰歌人で、子の宣基は阿波守・河内守に任じ鳥羽上皇の北面に仕えた。

『平家物語』には、住吉神社神主として津守長盛（宣基の曾孫）の名が見え、後白河上皇の北面にも仕えた。鎌倉前・中期の神主、経国・国平父子はともに、歌人であり笛の上手として知られた。国平は従四位上摂津守に、その子の国助は正四位下摂津守になった。鎌倉期以後では一族が数流に分かれて続くが、津守氏は和歌の神ともされる住吉神社の神主を務めながら、歴代の院の北面や中央官人としても仕え、一族から歌人や楽器の名手などが多く出た。

南北朝期、住吉神社の神職は南朝方に尽くし、南朝・後村上天皇は、内乱に際して前後九年間、住吉社に南朝行在所を置いている。当時の国夏は正三位、その子の国量は従三位まで昇進した。その後も、津守氏は住吉神社の神主家として連綿と世系を継ぎ、室町期以降では従三位・非参議に昇る者も津守国教など七名ほど出しており、明治には国美が男爵を授けられて華族に列した。

丹比氏の分布

丹比連氏は河内国南部の丹比郡を本拠として、反正天皇（名は多遅《たぢ》比《ひ》瑞歯別、蝮之水歯別）の名代・多治比部（蝮部、丹比部）の管掌氏族であった。名代は当初は多治比部と表記され、天平頃から多く丹比部に変わった。同族に蝮部（録・摂津）、蝮壬部首（録・大和）も『姓氏録』に見えて同一の職掌とみられる。

尾張氏の一族から伊福部・若倭部・丹比部や檜前舎人連と、名代管掌の氏が多く出たことに留意される。これも過去に后妃を輩出したことの縁由か。タヂヒとは蝮（マムシ）のことであり、海神族の竜蛇信仰につながる。津守氏奉斎の住吉三神が筒男三神とも言われるが、「ツツ」は蛇を表す古語というから、その場合、筒男とは蛇男となる。

系譜は津守氏の田裳見宿祢の弟・御殿宿祢から出ている。御殿の子の色鳴《しこめ》宿祢が仁徳朝に皇子が淡路宮で誕生の際に産湯で供奉し、天神の寿詞《よごと》を称え、多治比瑞歯別命の御名を奉り、多治比部を諸国に定めて皇子の湯沐邑としたという（『姓氏録』）。淡路国三原郡阿麻《あま》郷（後の阿万郷、南あわじ市阿万塩屋町一帯）に戸主の丹比部足□、同姓蓑麻呂がおり、天平宝字三年（七五九）に調塩三斗を貢した記事が平城宮出土木簡に見える（『出土木簡概報』十九）。同郷の海部□麻呂等の調塩も木簡に見え、同地は古くから海人族の根拠地であった。多治比部国万呂が天平八年（七三六）の伊豆国賀茂郡の戸主で見え、荒堅魚を貢進した。

丹比郡式内の丹比神社（現在の訓みは「たんぴ」）は火明命などを祭神として、『三代実録』などに神階授与（正五位下まで昇位）が見える。その鎮座地の堺市美原区多治井は、丹比・多治比の遺称地である。当社の北方近隣を竹内街道が通り、西側は丹比大道があって、古代の交通

丹比神社（堺区美原区多治井）

要衝であった。『姓氏録』には、本宗の丹比宿祢を右京神別に掲載し、支族の丹比連は河内及び和泉にあげる。

丹比氏は、奈良・平安期を通じて有力な官人を出さず、宝亀五年（七七四）に鋳銭次官に任じた丹比宿祢真継、その子で諸官を経て延暦十六年（七九七）に讃岐介に任じた多治比宿祢真浄の親子くらいが主要人物である。ただ、支族諸氏の多さはそれなりの勢力を物語る。宮城十二門を警護する門号氏族のなかにも、丹比氏（達智門）は同じ海神族系の伊福部氏（殷富門）、海犬養氏（安嘉門）、若犬養氏（皇嘉門）とともにあげられ、軍事氏族でもあった。

同名のタジヒ氏では、宣化天皇の子の上殖葉《かみつえは》皇子（恵波王）から出た皇親氏族、**多治比真人**が著名である。奈良時代に左大臣嶋、大納言池守及び中納言三人（県守、広成、広足）、参議（土作、長野、今麻呂。三宅麻呂も補任か）という顕官を輩出した大族であった。正三位真宗は桓武夫人となり、桓武平氏の祖・葛原親王を生んだ。『三代実録』（貞観八年二月）に見える氏の名の由来が、丹比連の『姓氏録』等に見える伝承の焼直しにすぎないことから見て、真人姓の氏祖・多治比古王の母ないし乳母が丹比連一族から出たことを窺わせる（現伝の系図からは、この辺は事情不明）。

丹比神社の地は河内の鋳物師の発祥の地ともされる。そのためか、丹比氏後裔とみられるのが丹南郡日置荘を本拠地とした河内鋳物師、**丹南鍛冶**（堺市美原区大保あたりに居た河内鋳物師の総称）のなかにある。ここの鋳物師座は後に二つに分けられ、丹治氏が惣官の土鋳物師座を右方作手、広階氏が惣官の廻船鋳物師座を左方作手とされた。大治四年（一一二九）に鋳造匠の多治比頼友等が成身院鐘を、保延七年（一一四一）には鋳師散位多治比□□、鋳師散位広階頼□らが大和吉野の金峰山寺鐘を鋳造したとある。金峰山下の蔵王堂の鐘銘には、「大工鎌倉新大仏鋳物師丹治久治」と記される。

伊予国の桑村・周布郡に分かれた支族には、丹比須布《すふ》氏や多治比連真国らがあった。真国らは天平宝字八年（七六四）七月に周敷《すふ》連、続いて同年十月には周敷伊佐世理宿祢を賜姓した。この後裔から、桑村郡式内の周敷神社（愛媛県西条市周布字本郷）の祠官の伊佐芹氏が出た。同社は、天火明命を主祭神とし、左右に大山祇命、大己貴命を配祀する。

なお、丹比氏には、宣化天皇後裔の丹比真人や神別の丹生首などとの混同も往々に見られることに留意される。

美濃・山城の六人部氏

六人部・身人部は「むとべ・むとりべ」と訓むが、この部民と管掌氏族は、古代では畿内（右京及び山城、和泉、摂津）を始め、伊勢、紀伊、近江、美濃、越前、丹波、美作、讃岐、出雲など、畿内を中心としてその周辺地域に分布が多い。とくに美濃で多く見えて起源地の模様であり、当地に連・臣・無姓などあって（臣姓は別族か）、一族から高貞宿祢、善淵宿祢・善淵朝臣などの賜姓記事も六国史に見える。美濃の分布では、味蜂間郡春部里、本簀郡栗栖太里、方県郡肩々里・同郡村部郷、各牟郡中里、武義郡の居住が史料に見える。

これら六人部・身人部は職掌（職業部）に因む姓氏とみられるが、その語意と共に何を職務としていたかが古来、諸説ある。現在までに見える諸説には定説がなく、ムタ（湿地）など地形・地名に由来するとの説もあるが、具体的な根拠が示されない（『和名抄』の「丹波国天田郡六部郷」は、六人部の省略にすぎない。当該「六部郷」の遺称地は、昭和三十年に福知山市に合併されるまで、上・中・下の六人部村として存続）。その意味で、次の二説が検討の対象となろう。

①身人部とも表記があれば、天皇の御長を量り奉る節折《よおり》の料の篠を進むる部（栗田寛）。「節折」とは、毎年六月と十二月の晦日に宮中で行われる行事で、天皇・皇后・皇太子の身長を竹の枝で測り、祓を行うもの、とある。当初はこちらの表記とされる。

②三富部は、身人部・六人部と同義。即ち、六人部とは水部・水取部・主水部（母止理部）さらに水戸部・三戸部・三富部と同義で水取（もひとり）部を言う、とする。

このうち、①説は、「未だ容易に首肯し難し」（太田亮博士）とみられており、美濃をはじめ各地に広く分布する意味がまるでないから、語義は残る②説となろう。こちらに関し、「三、水、御」（甲類）と「身、箕、実」（乙類）とは、発音も意味も違うという指摘もあるが、これが妥当するかどうかは別問題である。身人部が六人部に先行する表記という事情も、「ミトリ」と考えてよいのであろう。

また、水部・水取部・主水部（母止理部）の語があるのに、六人部との違いは何かという表記等の問題もあるが、この辺は、「六人部」が後出の表記ということで、決着させたい（奈良時代前期頃の木簡に「身人部」五例がある）。「天孫本紀」の物部氏系譜の安毛建美命について、ふつう水取連祖と書かれるが、これが「六人部連祖」と表記される例がある。

『姓氏録』には神別（天孫）の六人部氏が次のように記載される（このほか、和泉諸蕃で百済王族から出たとする六人部連があるが、これは別族で省略）。

①右京神別の六人部　同上（火明命五世孫武礪目命之後）。同族の伊与部の次に掲載。
②山城神別の六人部連　火明命の後也。尾張連の次ぎで、伊福部の前に掲載。
③摂津神別の六人部連　同神（火明命）五世孫建刀米命の後。津守宿祢の次に掲載。

奈良時代、八世紀の官人としては六人部連鯖麻呂（佐婆麻呂）が見え、伊賀守で外従五位下に叙位された。『万葉集』にあげる雪連宅満が死没したときの挽歌三首の作者「六鯖」にもあたる。平安中期以降でも、朝廷の近衛府官人・番長・御随身で族人が多く見えており、楽人として六人部国友（物師友清の男）が『楽所補任』（久安六年）に見える。それに先立ち『台記別記』久安三年に物師国友が見え、揩鼓担当とある。

六人部氏は長く続いて、中世には「水口」を家号とし江戸期まで続いた（先にも触れた）。この身人部氏は、公家の日記類（『権記』『小右記』『知信卿記』など）に多く現れており、京大図書館所蔵の『秦氏系図』のなかにもごく簡略だが「身人部氏」の系図が記載される。こちらは、丹波国山国荘あたりに居た一派の系統とみられる。

もう一つは、山城国乙訓郡の名神大社、**向日神社**（現・京都府向日市向日町北山）の祠官家が中世以降の史料に見え、同社の神主家として現在まで続く。向日神とは、海神族が奉祀する五穀豊穣の神、御歳神とされ、祈雨・鎮火の神として火雷大神も祀る。境内には舞楽殿もある。同社祠官家から出た国学者が**六人部是香**《よしか》で（忠篤の三男）あり、通称美濃守、号

向日神社（京都府向日市向日町北山）

は葵渓などといい、平田篤胤門に学び篤胤の神道思想を受け継いだ。孝明天皇に進講し、国学校の創立にも関与した。是香の子には、勤王活動をした曲直瀬道策（正元の養子）や六人部雅楽（平田派国学者。慶応の神祇局で事務掛、権判事）がいる。

この六人部家には古代から伝えられるという系図（「六人部連本系帳」）があるが、その記事内容を田中卓氏の関係論考や系図の一部をコピーで見たところ、少なくとも上古の部分は後世の偽作に過ぎず、古代史料にはなりえない。

紀伊国でも、伊都郡の有力者・郡領に六人部連が九・十世紀に見える。

伊与部とその後裔

身人部・六人部の同族に伊与部がある。美濃国厚見郡人外従五位下助教の六人部永貞ら三人の善淵朝臣の賜姓記事に、「天孫火明命の後、少神積命の裔孫で伊与部連・次田連らと同祖」と見える（少神積命なる者は不明）。系図に建手和邇命を同じく祖とするという。

『姓氏録』には右京神別に天神と天孫に各一氏の伊与部をあげる。天神のほうは中臣氏族のようにあげ（「天辞代主命の後」とされる）、中臣氏の系図にも伊与部が見えるから、一応、別族としておく（若倭部連の次ぎにあげるから尾張氏族とみられないこともない）。ともあれ、天孫のほうの伊与部は、尾張連の次ぎにあげられ、火明命の五世孫の武砺目命の後とされる。これに続けて六人部をあげるから、伊与部と六人部とが同族というのは肯ける。

伊与部は大和国城下郡の伊与戸（現・田原本町域で、大和川左岸）に起こったものらしく、当地の式内社、岐多志太神社はいま天香語山命を祭神とする。近隣の大木に「フエフキ、ツツミウチ」などの小字名も残り、雅楽が最初に伝えられた地ともいわれる。

伊与部氏では、奈良時代初期に**伊与部連馬飼**がまず現れる。撰善言司となり、浦島子伝の作者とされるが（『丹後国風土記』逸文）、律令選定に功績があって賜田封戸がその子になされ、『懐風藻』にも一首収められ、皇太子学士で従五位下と見える。

その曾孫の家守は、遣唐使の一員となって帰国後に直講、助教となり、外従五位下、伊賀守に任じた。家守の近親に伊予部連年嗣がおり、弘仁六年（八一五）に成立の『新撰姓氏録』の編纂者の一人で、巻末に「従六位上行治部省少録臣伊予部連年嗣」と見える。

家守の子が真貞で、まず善道宿祢、次いで承和三年（八三六）に**善道朝臣**の賜姓をうけた。経歴は多彩で、東宮学士から博士、陰陽頭、阿波守などを経て大学助となった（『類聚国史』）。承和十二年（八四五）二月紀に見える散位従四位下善道朝臣真貞の卒去記事には、右京人で故伊賀守従五位下伊予部連家守（渡唐して『説文』等を学んだとある）の男で、天長五年（八二八）に上表して賜姓したと見える。馬飼以降、歴代が学者の家であった。

真貞の後も中下級官人として平安後期頃まで続き、伊豆守根莚、淡路守継根、右大史有行などを出した。また、右大史明法博士を経て、天慶二年（九三九）に大隅守（『類聚符宣抄』巻七）と見える維則が出ており、その後の三郎坊相印重妙が、保元頃の平安後末期に大隅に下向して中世の雄族菱刈氏の祖となった。その系図では宇治悪左府頼長の後裔で藤原姓と称したが、系譜仮冒である。

なお、どのような系統の伊与部連か不明だが、讃岐国阿野郡山本郷に居住が見える。

河内・和泉の掃守氏の系譜

尾張などの掃部について先に少し触れたが、畿内在住者についても記しておく。カニモリ・カモリは掃守・掃部あるいは後世には加守、また神守とも書くが、畿内各地に一族が居住した。そのなかで著名人は掃部連角麻呂《つのまろ》であり、『書紀』の大化五年（六五〇）五月条に、小花下三輪君色夫・大山上掃部連角麻呂らが新羅に遣わされたと見える。

六国史には角麻呂を含めて掃部（掃守）氏が合計で七名記載される。白雉四年（六五三）五月条には遣唐副使小乙上掃守連小麻呂が見え、次ぎに『続日本紀』等に掃守宿祢阿賀留《あかる》が遣唐使（前述）、天平宝字八年（七六四）十月には仲麻呂追討の功で掃部宿祢広足が叙外従五位下、山背介補任と見える。更に、『日本後紀』大同元年（八〇六）条正月に外従五位下掃守宿祢弟足が安芸介に任じた。これに加え、先に記した善世宿祢の賜姓（『続日本後紀』承和二年〔八三五〕の河内国人の右少史掃守連豊永・少典鎰同姓豊上等）もある。

これらの共通点は主に対外使節への参加ということであり、氏の負名としての清掃活動を示す記事は見えない。正倉院文書などに見える族人も、多くは経師や戸主であった（岡森福彦氏の「古代の清掃と掃守氏」、『八色の姓と古代氏族』所収）。

『万葉集』巻三には、「角麻呂」を作者とする「塩干の 三津の海女の久具都持ち 玉藻刈るらむ いざ行きて見む」（歌番二九三）など海人・海女や住吉・高津の歌合計四首があげられる。この作者は、「角」が氏のツノ（紀臣同族）で、麻呂が名前と解する見方が強そうだが、海人の最大の神事「藻塩焼」の歌を詠んでいる事情も考慮すると、角麻呂全体が名前だとみる掃部連説も捨てがたい。

掃部連の一族は大阪湾の海岸部、和泉の和泉郡掃守郷で現在の岸和田市加守町あたりにも居住した。和泉の一派は掃部首姓で、天忍人命の子孫であり、雄略朝に宮中の掃除を管掌したので掃守連を賜姓したという（『姓氏録』和泉神別）。掃守首は出雲にも見える。

この和泉より河内のほうに、掃部氏主流が居た模様である。『三代実録』には、貞観十六年（八七四）に掃部神に神階を授与との記事がある。この神は、河内国高安郡の掃守郷（大阪府八尾市黒谷・教興寺・垣内あたり）があり、そこに掃部の祖神を祀った掃部神社があって、現在の黒谷付近だと推測される。九世紀には矢作神社とは別に掃部神社があったのだろう。十一世紀に掃部別宮と呼ばれていたのは、掃部氏が荘園管理で力を持っていたのかも知れない。石清水八幡宮の掃部の担当、つまり清掃の奉仕をしたことで掃部別宮という方が正しいのかも知れないという。南北朝や戦国時代には社殿は焼失したものの、『河内志』（一七三三成立）には今八幡と書かれ、八幡宮として存続していた。

このあたりが掃守氏の本貫地とされており、宿祢姓の掃守氏は『姓氏録』では唯一、河内神別にあげる。どこかの時点で、大和葛城から本拠を移遷したものか不明である。河内には掃守連、掃部造も一緒に同書にあげられており、承和二年（八三五）二月に善世宿祢を賜姓した掃守連豊永・豊上もこの地の人だったか。

掃守氏の起源の地は大和国葛下郡にあった加守邑（葛城市加守）とみられ、当地にも掃守神社が鎮座する。いま倭文《しずり》神社（葛木倭文座天羽雷命神社）の右殿に摂社・掃守神社（祭神は天忍人命）があって、これにあたる。『姓氏録』には大和神別の掃守もあげており、当社の社家も蟹守氏である。ちなみに、倭文神社の相殿には、蟹守神社（天忍人命を祭神）と二上神社（大国魂命を祭神）があり、ここではカニは香泥即ち胎児の垢ともいう。

このほか、平安前期の仁寿四年(八五四)に近江国愛智郡の擬主帳で掃守連(欠名)が見える(『平安遺文』)。後裔は中世の伊勢にもあって、掃守吉光とその子の市若丸・亀王丸・熊若丸が弘安八年(一二八五)四月の「伊勢光明寺文書」に見える(『鎌倉遺文』)。伊勢の斎宮寮には掃守司が置かれた。

掃守氏の系譜は天忍人命の後としか見えないが、具体的には奥津余曽の後とみられる。この流れからは鍛冶造や守部連も出ており、**鍛冶造大隅**(大角)は奈良時代前期の官吏で宿儒として名高い。大宝律令の撰定に参加し、養老五年(七二一)の賞賜では経学の第一人者として名をあげられ、これらの功績で神亀五年(七二八)には守部連の賜姓をうけた。最終官位は正五位上大学博士まで昇ったことが、『懐風藻』の作歌一首に関して見える。

その後、天平十二年(七四〇)に外従五位下に叙せられ、翌年下総守に任じた守部連牛養は、大隅の嫡子か。系図では、大隅の子に諸足をあげ、後世につなぐが、諸足の曾孫に尾張掾宮足があげられる。

守部連宮足の後裔は、美濃国の掾になった豊蔭(宮足の孫)の縁由で、同国席田郡に居て郡司を世襲し、その流れを汲む者から前九年の役に源頼義に従った主馬首守藤(首藤)助清が出たという。後裔には首藤・山内・鎌田・小野寺など河内源氏の郎等として活躍する一派が出たともいう。この一族から、熱田祠官で大内人守部氏の祖・清稲も出たと見える(豊蔭の兄弟におかれるが、真否不明である)。

なお、奥津余曽の後裔の系図は、信頼できそうなものは伝わらず(『諸系譜』第一冊に見える系図は疑問が多い)、鍛冶造大隅から後は『諸系譜』第十三冊等に記載がある。

吉野首部の先祖

紀伊国那賀郡神領から紀ノ川を東の方へ溯上すると、丹生（かつらぎ町天野一帯）あたりを経て、阿陀《あだ》の地（大和国宇智郡阿噸郷、現・五條市東端部の東・西・南阿田一帯）に到る。南阿田からは銅鐸の出土を伝え、西阿田の南方の原町は吉野川西岸にあって、宇智郡の式内社、阿陀比売《あだひめ》神社が鎮座し、神社南方には主に弥生後期の原遺跡がある（『奈良県の地名』）。

阿陀から吉野川をまた溯上すると、吉野の地に入る。そこで、神武軍一行は、**吉野首部**《よしののおびと》の祖である井光《いひか》（井氷鹿）に出会ったと記紀に見える。吉野郡の地は広大であり、奈良時代には芳野監《よしのげん》が治したが、行軍路程の「吉野」は吉野郡吉野郷の地で、現在の吉野町飯貝・上市一帯であろう。井光の名は飯貝《イヒカヒ》に相通じるという（『古事記伝』）。その少し上流部の吉野町東南端部には、国栖や入野（丹生野の意か）の地がある。

吉野川のさらに上流の吉野郡川上村に井光川・井光や井戸という地名があるが、これも吉野首一族の分布による。川上村大字迫の丹生川上神社上社（別名が雨師神）の跡地が宮の平遺跡（畿内最古級の縄文祭祀遺跡。現在は大滝ダムで水没）となっており、その東南方近隣

阿陀比売神社（五條市原町）

にこれら井光などの地名が見える。宮の平遺跡からは、水銀朱の精製に使った縄文時代中期の石皿が出土した。

飯貝と北対岸の上市をつなぐ吉野川の渡り津が「桜の渡《わたし》」という要衝で、その中洲にかつては水分神社・エビス神社が祀られた。飯貝とその南の丹治《たんじ》との境や吉野山にも水分神社があり、丹治遺跡では縄文晩期の土器や櫛目文のある弥生式土器を出した。

吉野首の後裔の吉野連は、『姓氏録』大和神別には地祇に分類され、加弥比加尼《かみひかに》（井光と同じ）の後なりとある。その記事では、白雲別神の女で豊御富《とよみほ》という名の者が井光女であって、神武により水光姫と名づけられたとある。この辺には男女の混同があるが、神武が出会ったのが女性の井光女であるのなら、その夫が井光だったか。栗田寛博士は、伴信友の考えを引いて、記紀では男神と見えるのに『姓氏録』は女神としており、実は夫婦二神ではないかと指摘する。そう考えないと、吉野連だけが女性を始祖とするという奇妙な系譜をもつことにもなる。祖の加弥比加尼自体は、男性の名であろう。

吉野首の系譜については、井光にあたる加弥比加尼命を尾張連の祖・高倉下の兄弟に位置づける系図（「笠嶋家系図」）がある。井光に水汲みの所伝があり、吉野水分《みくまり》神社の奉斎をこの氏族が行った

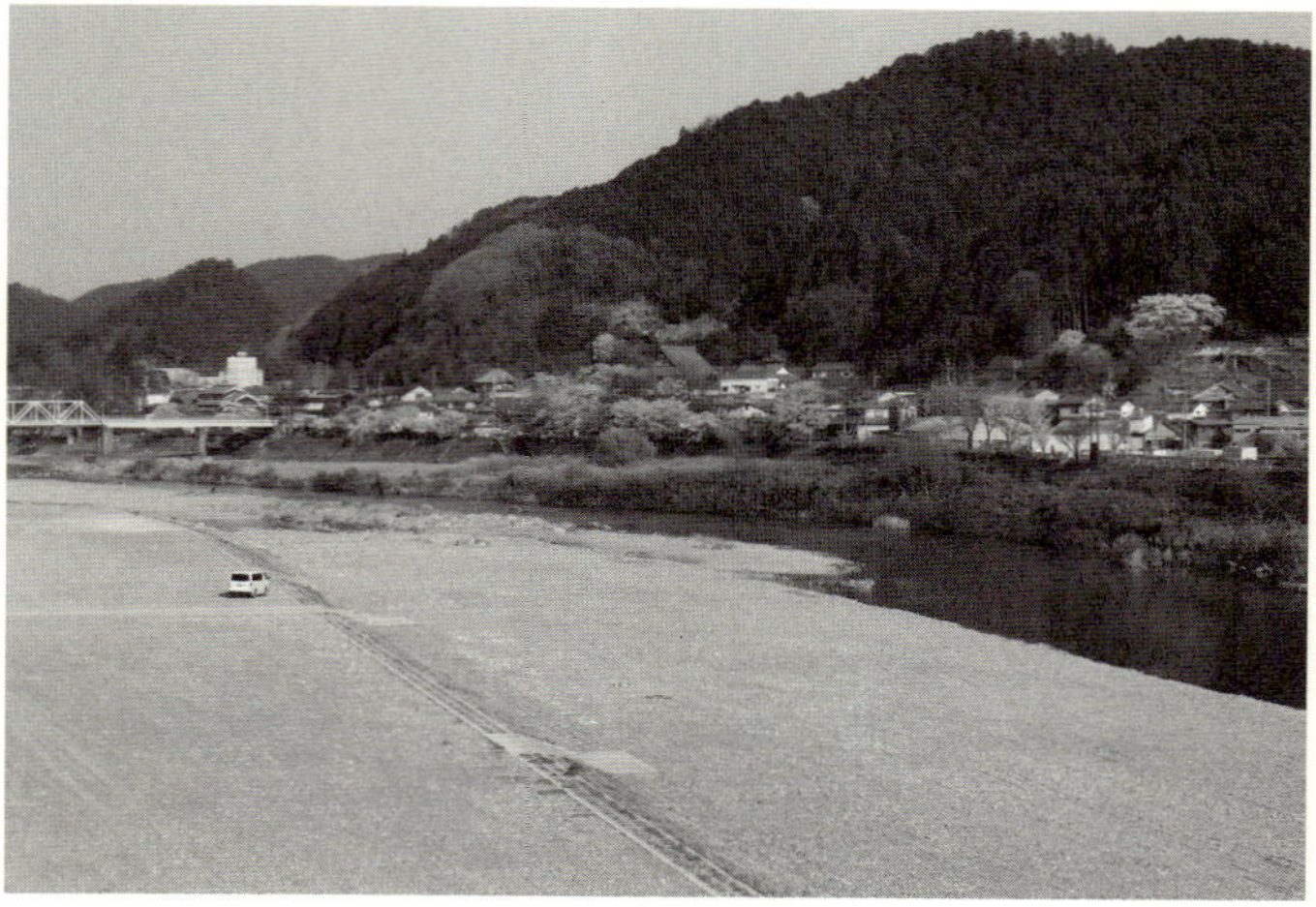

飯貝の風景（手前は吉野川）

ことや、井光に「尾ある人」とあって竜蛇信仰に通じることからみて、尾張連と同族の海神族系かとも推される。あるいは、妻の井光姫のほうが高倉下の姉妹かもしれず、吉野首の始祖夫婦のいずれかが高倉下の近親に当たるものか。

加弥比加尼命の系譜について、「大水神櫛玉命―笠水彦命―白雲別命」とする所伝も残り、この部族が「水」に関係深いことが推される。水管理を職掌する水取《もとり・もいとり》部（水部、水主部）には海神族系統と天孫族系統の二系統があったが、海神族系統には大宅水取《もいとり》臣（和珥氏族）、水主直（尾張氏族）があった。

吉野首の本拠地と考えた飯貝が猪養《いかい》（猪甘、猪飼）の転訛ともいわれるが（『大和志料』など）、猪養部を管掌した伴造《とものみやつこ》は海神族系統の和珥氏族・三輪氏族から出た。上市の北近隣に志賀という地名が見られることも、吉野首の出自推定の傍証となろう。志賀《しが・しか》は、「漢委奴国王」を刻印した蛇鈕《だちゅう》の金印が発見された奴国海神国の本拠の志賀島《しかのしま》（筑前国糟屋郡志珂郷、現・福岡市東区志賀島）や磯鹿《しかの》海人《あま》（神功皇后紀）、当地の綿津見三神を祭神とする志賀海神社で代表されるように、海神族に特徴的な地名であった。海神族が繁衍した近江や信濃には、滋賀（志賀）郡、佐久郡志賀村があり、尾張の志賀も先に見た。吉野郡の志賀と上市の中間地で志賀の東南にあたる峯寺について、『霊異記』下巻に見える「吉野山に一つの山寺有り。名を海部《あまべ》の峯と号《なづ》く」という記事にあてる伝承もある。志賀や峯寺は中世の竜門郷に含まれた。吉野町竜門からは銅鐸の出土があったと伝える。

そうしてみると、吉野自体も、もと葦野《あしの》といった可能性があって、筑前国那珂郡を原郷とする海神族「葦積《あしつみ》」（阿曇連の原始姓とみる。阿曇を「海津見」の略とする見方は疑問）の種族の居地に由来したか。讃岐では那珂郡に良野郷が見られる。琵琶湖があって海神族の繁衍があった近江には、高島郡に善積《よしつみ》郷（高島市今津町あたり）が『和名抄』に見え、この地はもとは脚身《あしつみ》（＝葦積）といった。那珂・那賀が海神族のもつ竜蛇信仰の蛇（ナーガ）に由来することは先に記したが、「尾生る人」も同様か。

一方、名の「井氷鹿、井光」は「井が光かる」という意味で、この部族は「丹（水銀）」を扱ったのではないかとの見方もある（畑井弘氏や富久隆氏の『卑弥呼』）。大江篤氏も『日本古代の神と霊』において、「類聚符宣抄」巻一・天暦十一年（九五七）三月廿一日付けの御巫代官事を引いて、御巫として見える榎本浄子や吉野実子は、（水銀）採掘の技術を有する氏族の出身であり、不老不死の薬たる丹生の取扱いに長けていることは、天皇の身体を護持する「御巫」に求められた技能の一だと推測する。榎本氏は、丹生首を含む紀国造族から分岐した大伴氏族の流れであり、吉野氏も同様に紀国造同族の可能性もあろう。

ともあれ、吉野氏の系譜は難解だが、山祇種族系の紀国造族と海神族系の尾張氏族の両方を祖系にもつ氏だったものか（父系が紀国造族で、母系が尾張氏族ということか）。

九　『海部系図』と丹波国造

丹後の海部直や丹波国造などについても、「天孫本紀」所載系譜では尾張氏の同族とするので、この辺の検討と結論も簡単に紹介しておく。国宝に指定された「海部氏系図」など偽造系図・偽書が世にかなりの氾濫をしており、現在までの研究レベルにおける問題意識及び系図知識の低さが知られる。

丹後の海部氏と「海部氏系図」「勘注系図」

丹後半島の付け根、天橋立の近隣にある京都府宮津市大垣の籠神社は、丹後一の宮とされ、海部氏が上古から現在まで永く宮司を世襲してきた。祭神は籠守大明神とされる火明命を主神とし、豊受大神・天照大神・海神・天水分神を併せて祀る。この神主家は丹波国造の支族に出て、これら神々の奉祀が始まり、大化改新後には祝部となった。当家に伝来する「海部氏系

籠神社（京都府宮津市）

図」(『籠名神社祝部氏系圖』)は現存する日本最古の系図の一つとみられて、その「勘注系図」(『丹波國造海部直等氏本記』)とともに国宝に指定されている。

当該「海部氏系図」の詳細と検討・結論は、拙著『越と出雲の夜明け』(二〇〇九年刊)でしており、ご参照いただけるとご理解がすすむと思われるが、概略だけ記しておく。

同系図は、始祖を彦火明命として、その三世孫に倭宿祢命、その孫に健振熊宿祢(神功皇后外征の後に海部直姓を賜り、応神朝に国造となるとの記事)を置き、その子の海部直都比以降は合わせて十三世代のほぼ直系の歴代を記し、末尾が海部直田雄祝で記される。田雄の祝としての籠名神社への奉仕期間は、「従嘉□」(嘉祥□年から神社奉仕が始まるとの意味とみられるが、あとは欠字で不明。なお、嘉祥元年が西暦八四八年にあたる)とされるから、平安前期ごろまでの系図記事となっている。

当該系図は昭和五一年に国宝に指定されたものの、内容的には疑問が大きい。後世の造作系譜ではないかとみられる要素が多くあり、国宝指定の解除など再評価の必要性が高いというのが私見である。同時に国宝指定の「勘注系図」は、「海部氏系図」とはまったくの別物で、成立時期も大きく異なり、後世のひどい偽作に過ぎないから、両書併せて解釈する姿勢は問題が大きい(例えば、健振熊宿祢を始祖の第十九世、田雄祝を始祖の第三二世の子孫として、その奉仕期間を貞観六年〔八六四〕までの十六年間とするようなものなど)。同書は、江戸前期頃に海部勝千代という者が書写したと伝えるが、その当時に『旧事本紀』などを基に偽造した書にすぎず、記事はまったくの無価値・有害であって、これらの国宝指定は古代氏族系図に無知な研究関係者の錯誤によるものと考えられる。

籠神社祠官家の海部氏は、海神綿積豊玉彦命に発する地祇海神族の尾張氏族の一大分流と称する丹波国造家の支流であって、海直という姓氏をもち、古代以来の由緒をもった。その系譜は、記紀や『姓氏録』等の記述に基づき平安期までに何度か改編されつつも、上祖と称する天火明命以来の歴代の系譜を伝承していたとされる。ところが、竪系図の伝統を残す時代(おそらく平安中期頃までか)のある時期に古伝の系譜を滅失してしまったようで、その当時の氏人の朧気な記憶を頼りに復元をしようと試み、そのなかに当時の氏の主張・所伝も織り込んだ成果が、現存の「海部氏系図」ではなかろうか(同様な例は、武蔵国高麗郡の「高麗氏系図」にもある)。

そもそも、火明命の後裔に倭宿祢命や健振熊宿祢なる者は見られず、おそらく前者は倭国造の始祖珍彦、後者は和珥氏で著名な建振熊命を引いてきたにすぎないとみられる。都比以下田雄までの海部氏歴代は、信頼できる史料に裏付けのある者が皆無である。実のところ、丹波国造自体が海神族の流れを汲むものの、火明命の後裔には当たらない(本来の系譜は、磯城県主庶流の日子坐王の子の丹波道主命の後裔とみられる)。丹波国造が尾張氏一族に位置づけられたのは、『旧事本紀』の天孫・国造両本紀に拠るところが大きく、とくに前者には、火明命の「六世孫の建田背命」が「神服連、海部直、丹波国造、但馬国造等の祖」と見えるが、「建田背命」の位置付けの誤りであって、疑問が大きい(次の項目で詳述)。

養老年間(西暦七一七～七二四年)という「千嶋、千足、千成」兄弟(この世代だけ珍しく、一世代に複数名が記載。「千嶋」の読解は田中卓博士に拠る)の命名も疑問が大きい。こうした「**兄弟通字**」のわが国における使用例から見ても、早すぎて、系図造作時期が考えられる。通字命名法はまず中央で行われ、地方まで浸透して、それがかなり徹底して行われたのが貞観期から平安中期頃までの期間(大掴みで言うと、九世紀後半から十世紀代の頃)であるので、この頃の系図造作が考えられる。これは、時期的に同系図に関する諸疑問とも符合する。更に、『続日本紀』和銅四年(七一一)十二月壬寅条には、「大初位上丹波史千足ら八人、外印を偽造し、仮に人に位を与ふ」ことに因り信濃国に流された、という記事が見える。丹波史という氏は、渡来系の東漢氏一族であり（『姓氏録』左京諸蕃にあげて、後漢霊帝の後と記載）、丹後とは無関係である。この文書偽造の犯罪事件を系図作成者は知らないのか、と示唆するようでもある。

これでは、海部氏系図が「現存する日本最古の系図」と言えるはずがない。同書の国宝指定も問題が大きく、十分に注意深い検討なしでは、丹後関係の史実探究の手がかりにもなりえない。ただ、海部氏系図が歴代の名前などを含め不正確であったとしても、「海部直」が付せられる最初の人である都比の以降は、ある程度史実を伝える可能性もないでもない。その場合、「都比」は籠祠官家の所伝でも安康・雄略朝の人とされるから、丹波宿祢系統の系図に見える雄略朝頃の海直初代となる「小佐々古直」（兄弟の名乗りからみて、こちらは通称かとみられる）に同人として重なる可能性もある者かもしれないが。

実はまだ問題点がある。丹波国造家の系譜は、かつて論考「国宝「海部氏系図」について」として、私が一九九一年に拙考を発表した当時には、尾張氏族の出だと考えていた。ところが、その後に丹後・但馬から越後にかけての日本海沿岸地域の創世史を様々な角度から検討するうち、崇神朝に丹波道に派遣された彦坐王とその子の丹波道主命の嫡統の流れが丹波国造家だと考え直した。先祖とされる「建田背命」とは、比古多々須《たたす》の名をもつ丹波道主命のことであり、その子の淡夜別命が丹波国造の祖となった（次項で詳説）。

丹波国造の支族の海直から出た者が伊勢に遷住して磯部・度会神主となったが、その先祖には垂仁朝に越遠征をした大若子（大幡主）を伝える。この大若子とは、丹波道主命の兄にあたる者であった（拙著『越と出雲の夜明け』を参照）。

なお、元宮司の海部穀定氏の著作にも、海部氏の先祖が丹波道主命だと示唆する記述がある。海部氏が尾張氏族からは出ておらず、尾張氏族が丹後まで勢力を伸ばしていないことで、当該系図の過大評価は禁物である（ましてや、邪馬台国とはまったく無関係。卑弥呼を当系図のなかの人物に当てるなどの見解も散見するが、論外である）。

丹波国造の系譜

上古の三丹地方は、後に丹波・但馬となって各々に氏姓国造がおかれ、律令時代には丹波・丹後・但馬の三国に更に分かれた。この地域全体に対する大和王権側の最初の統治者は、四道将軍として崇神朝に丹波道に派遣された彦坐王・丹波道主命の親子であった（上古の丹後には大規模な弥生墳丘墓を築造した大勢力があったが、これを除く）。

ところが、「天孫本紀」「国造本紀」や現存系図史料などに拠ると、但馬国造は丹波道主命の後裔であるが、肝腎の本拠地を押さえる丹波国造が、なぜか尾張氏一族から出たように記される。「天孫本紀」では、天火明命の六世孫・建田背命（建宇那比命・建多乎利命の兄とする）について、先にもあげたように、「神服連《かんはとり》、海部直、丹波国造、但馬国造等の祖」と見える。だから、「建田背命」なる者の位置づけが誤りということでもあるが、淡夜別命・大倉岐命以降の系図はほぼ妥当とみられる。丹後の海部氏はこの流れであった。

宮内庁書陵部には「尾張氏副田佐橋押田系図」という系図が所蔵される（『諸系譜』にも掲載）。同系図では、天火明命（一名笠水彦命）を初代として、その第十一代に淡夜別命、その子に大倉岐命をあげる。この者が、「国造本紀」丹波国造条に志賀高穴穂朝（成務天皇朝）に国造に定め賜うと見える大倉岐命である。この系図部分の出典は同系図末尾の記載より、「丹波宿祢度会神主石部直等の系譜」と知られるが、これがどこに所蔵されていたのか、原本が現存するのかなどは不明である。

明治期に膨大な系図史料を各地で採録した鈴木真年は、丹波宿祢の系図も収集しており、その著作『華族諸家伝』の錦小路頼言条には次の記載がある。

「…天村雲命十世孫大倉岐命志賀高穴穂朝五年九月丹波国造ニ定賜ヒ其孫小和志直弟佐布古直二人アリ佐布古誉田天皇御宇海部トナリ其孫大佐々古直泊瀬朝倉朝二十二年豊宇気大神ヲ供奉シテ伊勢国度会ノ山田原ニ鎮座ナシ奉ル外宮是也大佐々古ノ裔度会神主ナリ小和志直ノ後裔丹波国造ヲ世襲シ八世ノ孫丹波直古米難波長柄朝天田郡大領ニ任シ小山上トナル十一世丹波ノ直康頼天田郡ニ生レ医ヲ学テ神ニ通ス…」

こうした丹波国造（当時は丹後も領域に含む）の系統の系図は興味深く、世代的にみても内容的にも説明が良くつき全体的に符合性がある。現在の変容した伝承の原型に近いと評価される（「海部氏系図」よりは遥かに信頼性が高い）。具体的にそうした諸点をあげると、

①堂上公家の錦小路家を出す医家丹波氏について、後漢霊帝の東漢直一族丹波史氏の系に附会した系譜が『尊卑分脈』などで流布するが、実際には神別の丹波国造の後裔、丹波直姓で丹波国天田郡領家の出の丹波康頼の後裔であった。

②伊勢外宮の豊受大神は、雄略朝に丹波国真井原から伊勢国度会に遷座した（籠神社祠官家でも同

様に伝える）。このとき、この神を供奉したのが丹波の海直の一族であり、伊勢に遷って度会神主や石部直（磯部直）らの祖となった。度会神主の系を伊勢国造の一族とする系譜が現在度会神主の系統に伝わるが、これは後世の系譜仮冒である。

③応神朝に海部を賜った者は、「海部氏系図」に見える健振熊宿祢ではなく、丹波国造系図に見える佐布古直である。丹後の海直は丹波国造家（丹波直）の支流で、海部を管掌した伴造にすぎず、国造家ではなかった。籠神社祠官家海部氏は雄略朝の小佐々古直の後裔で海直姓である。海部の設置は、『書紀』応神五年八月条に見える（これを本系図に取り入れ、併せて国造に任じたと虚偽の記事を書き込んだのが「勘注系図」）。

④億計・弘計両王の丹波国余社《よさ》郡への避難（顕宗即位前紀に見える）や丹波の釆女直についても、年代等で諸伝と整合性がある。両王の余社郡避難は国造稲種直のときと伝える（これは「勘注系図」でも同様な伝承が見えるが、勘注のほうでは、稲種直を海部氏の祖・阿知の兄弟に置き「丹波国造海部直稲種」と記しており、丹波直と海直の混同がある）。

さて、**丹波国造**の実際の祖であるが、先に見た「建田背《たせ》命」と類似する「彦多多須《たたす》」という別名（『古事記』開化段の「丹波比古多多須美知能宇斯王」）をもつ丹波道主命のことだと考えざるをえない。建田背命とは丹波道主命にほかならないのだが、太田亮博士にもそうした把握・認識がなかった（なお、但馬国造についても、但馬海直家をいうと同博士は勘違いするが、一方で、彦坐王の後としており、山代之大筒木真若王が丹波道主命の別名にあたることに留意）。

本拠地の丹後には、網野銚子山古墳・神明山古墳という墳長二百メートル弱級の巨大な前期古墳が存在しており、これは王族・準王族級の墳墓とみるのが自然だからでもある。尾張氏をはじめ海神族系統の諸氏では、こうした規模の墳墓築造がまず不可能であった。網野銚子山は、奈良盆地北部の大王一族墓とされる佐紀陵山古墳（現・日葉酢媛皇后陵）や神戸市垂水区の五色塚古墳と墳形が酷似し、深い関わりが指摘される。佐紀陵山の実際の被葬者は彦坐王の娘・狭穂姫（垂仁皇后）とみられ、同じ彦坐王後裔の者の墳墓と推される。大和の忍海地方でも、尾張氏族と彦坐王後裔らしい忍海部造一族が混在した事情があり、これらの諸事情で丹波国造の系譜も両系統が混じったのではないかとみられる。

神服連の位置付け

建田背命の後とされる**神服連**も、たいへん難解な氏である。『姓氏録』では和泉神別の綺連に「津守連同祖。天香山命の後」とあるのと同族とみられ、一族は摂津国島上郡にもあって当地の神服神社（高槻市宮之川原元町）も奉斎したものか。

東国では、後世まで遠江西部の浜名湖北岸に神服連が居住した（三ヶ日の地で、現代まで浜名惣社神明宮と初生衣《うぶぎぬ》神社の宮司を神服部氏が長く世襲した）。これが、その西方近隣に位置した三河国宝飫郡の穂国造と連携して伊勢神宮への神衣服の奉納を担った。この職務と地理事情から見ると、穂国造との近親同族関係が窺われ、伊勢外宮に奉祀の同族、磯部・度会神主との関係も考えられる。伊勢にも神服連が居り、『神宮雑例集』第二巻に「少神部神服連公俊正、大神部神服連公道尚」が見える（同書に祖を「天御桙命」と記すのは、服部連の祖との混同か）。神服連の出自を記載の「天孫本紀」尾張氏系譜は、貴重なものとされよう。

穂国造の系譜についても、「国造本紀」には混乱があるが、『古事記』開化段に見える「丹波道主王の子、朝廷別王《みかどわけ》が三川の穂別の祖」が始祖とするのが正伝であって、たしかに丹波道主命の後裔であった。中田憲信編纂の『皇胤志』には、丹波道主王の子、朝廷別王に参河穂ノ別祖と記し、その子に丹波比古王・伊志見王の二人をあげて、後者の子の生葉君に「是参河穂別君也」と註する。穂国造が奉斎した砥鹿神社（三河一宮。豊川市一宮町西垣内）が大己貴命を祭神とし、神主家を草鹿《くさか》砥《ど》氏とする事情も、海神族の流れを示す。

神服氏については、但馬の西隣の因幡にもあり、『地理志料』に岩井郡服部荘海士村の服部神社が神服連・海部直二氏の祖の建田背命を祀ると見える。大和にもあって、大宰大典正七位下神服連清継の本貫を右京に改めたと見え（承和三年閏五月紀）、後に伊豆守に任じた。出羽にも見えて、「出羽国軍士白丁神服連貞氏」（元慶四年三月紀）、「出羽国……権弩師神服直雄」（元慶二年六月紀）とある。「貞氏等は便習弓馬」とあるから、「貞氏」と「直雄」とは一族近親であろう（どちらかの漢字が誤記の可能性がある）。

これらの本宗は、早く天武十三年（六八四）に宿祢姓を賜っており（『書紀』）、宝亀二年（七七一）三月には従五位下神服宿祢毛人女が見える（『続紀』。当初は連姓で見え賜姓、後に従五位上まで昇位）。平安前期の承和七年（八四〇）六月の「阿波国司解」には大初位上守少目神服宿祢（欠名）が見え、室町中期の『薩戒記』にも永享五年（一四三三）三月に駿川介源重賢、少掾神服潔文と見える。

関連して、丹波道主命の父・**彦坐王の系譜**に触れておくと、この者は記紀や『姓氏録』では崇神天皇の兄弟として皇室系譜のなかに位置づけられる。その場合、丹後の海部氏は開化天皇後裔という皇別の姓氏かという問題になるが、これも実態ではなかった。

彦坐王の系譜はきわめて複雑なため、ここでは結論だけいうと、海神族の流れを汲む磯城県主（三輪氏族）の支流であった。この系統は、初期天皇家（大王家）との頻繁な通婚のなかで天皇家と準同族化した一派、すなわち天皇（大王）の位を暫時預かった孝安天皇の子孫と考えられる（その一族が、後に記紀では皇別に分類される諸氏、すなわち孝霊天皇後裔と称した吉備臣、開化天皇後裔と称した日下部連、崇神天皇後裔と称した上毛野君などである）。その意味で、日下部連同族の丹波道主命の後裔が石部（磯部）を本姓とし、丹後や但馬の一族に海直（海部直）を出し、豊受大神を奉斎してもなんら不自然ではない。

もう少し言うと、師木県主の祖・賦登麻和訶《ふとまわか》比売を、懿徳天皇が娶って孝昭天皇及び多芸志比古《たぎしひこ》命（血沼《ちぬ》別、多遅麻《たじま》の竹別、葦井稲置の祖）を生んだ（『古事記』懿徳段）、とされる。この多芸志比古の位置づけが、記紀で異なる（『書紀』では懿徳の弟、『記』では懿徳の子とされる）。すなわち、実態（系譜の原型）は記紀双方の記事ともまた異なり、懿徳皇后の弟であって、かつ、懿徳の後継的な存在（大王位の後継）が「タギシヒコ＝磯城津彦」だった。これが、今に伝わる記紀の記事では、第六代天皇とされる孝安天皇（実際には、孝昭天皇より前に即位の第五代天皇とみられる）にあたる。

上記の系譜記事に見える「血沼別《ちぬのわけ》」とは、和泉の茅渟《ちぬ》に起こって、後の吉備氏・毛野氏を分出した母胎であり、「多遅麻の竹別《たけのわけ》」のほうは但馬の竹野君の祖で、但馬国造・丹波国造や日下部君・日下部連と同族であった。これら一族から、崇神・垂仁朝にあって全国平定事業を担った「四道将軍」（いわゆる皇族将軍）も出した。

丹波国造家（彦坐王後裔）の末流が、医道の大家丹波康頼などを出した丹波直一族であり、孝徳朝の天田郡大領の丹波直古米の子孫とされる（上記の記事）。その祖系を仮冒して渡来系の東漢氏に附合させた理由は不明だが、医道・薬の関係から大陸の新技術を伝えたとしたいものだったか。典薬頭の丹波重基朝臣が久安三年（一一四七）十月に氏神を拝するため丹波に下向したが（藤原頼長の『台記』）、当該氏神とは『大同類聚方』に「保賀世ノ薬ハ丹波国天田郡天照玉神社之丹波ノ直人足家ノ方也」と見える天田郡式内社の天照玉命神社（京都府福知山市今安に鎮座）である。同社は、成務天皇の時代に丹波国造の大倉岐命が祖神の天火明命を祀ったと伝えるが、本来の祭神は別神かとみられる。

天照玉命神社（京都府福知山市今安）

度会神主の系図

明治初期まで伊勢神宮外宮たる豊受大神宮の祠官を世襲したのが度会氏であり、その祖は天牟羅雲命ないし天日別命と伝えられる。しかし、このような祖先は、中臣氏族の伊勢国造の系譜に度会氏が附会し、架上させたもので、明らかに系譜仮冒である。

度会氏は当初は磯部（石部）を称し、和銅四年（七一一）三月に伊勢国人の磯部祖父・高志の二人が渡相神主を賜姓した（『続日本紀』）。この賜姓範囲は限定的だった模様で、奈良時代には一族の多くが六国史ではたんなる神主姓で見えており、平安中期の寛仁元年（一〇一七）に度会神主姓を下賜されたという。この磯部を名乗った事情で分かるように、実際には海神族から出ていた。

度会一族が上古から伊勢神宮外宮の祢宜を長く世襲した。鎌倉後期から南北朝時代にかけての時期は、伊勢皇大神宮（内宮）と争って度会行忠・家行らが伊勢神道を唱え、南北朝の争乱では多くが南朝方についた。一族は多くの家に分かれ、祢宜を務めた重代家は松木・檜垣・久志本など六家のみとされ、明治には宗家の松木家が男爵を授けられた。

伊勢外宮で祀られる豊受大神がもとは丹後にあって、五世紀後葉の雄略朝廿一年に伊勢に遷座したという所伝が丹後にある。もとの鎮座地が元伊勢と呼ばれる。この所伝では、皇大神の託宣により等由気神（豊受神）を丹波国与謝郡の真井原から伊勢国度遇《わたらい》の山田原に遷座させたが、それが海直一族の大佐々古命による。この後裔が四門に分れ、祠官を代々世襲して度会神主氏になると系図にいうが、後々まで続くのは二門と四門である。

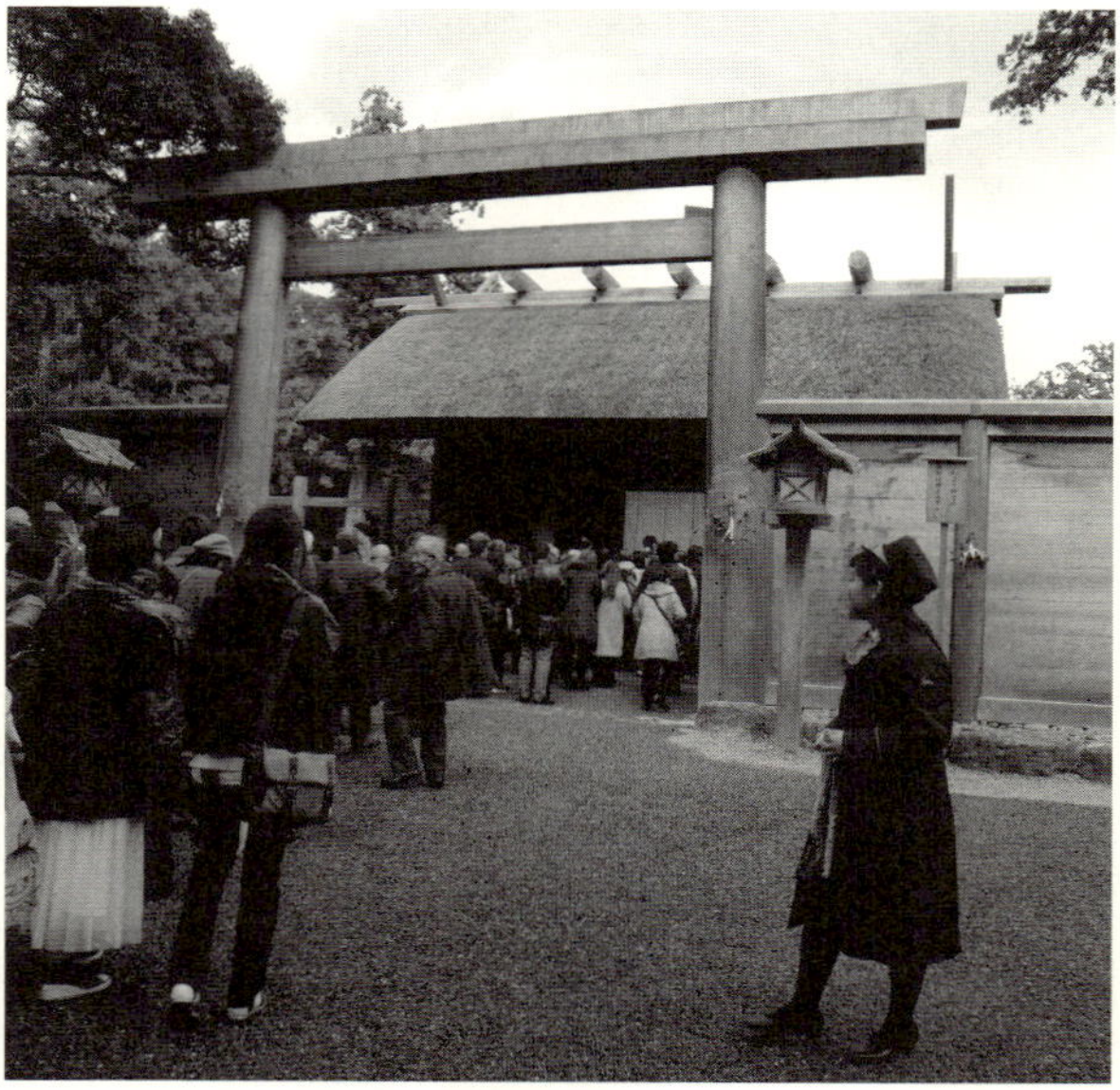

伊勢神宮外宮

四門の祖・小事に関係するのが度会郡式内社で外宮摂社の田上大水神社（伊勢市藤里町大丸）であり、一族が大水神（竜神豊玉彦命か罔象女神（瀬織津姫））を祀った。度会一族の世木氏（二門春彦流）が奉斎した世木神社（世木坐渡会氏神社）は、天牟羅雲命という名で水神を祀り、伊勢神宮でも上御井神社・下御井神社に同じ神が神水の守護神として祀られる。

石作連氏は同族か

石作連はその名の通り石棺作成や石材調達をする石工の管掌者とされるが、その本貫地など種々の問題がある。

「天孫本紀」には、建真利根命を祖とする尾張氏族とし、延喜式内社の石作神社が全国で六社あるうち四社（中島・葉栗・丹羽・山田の諸郡。葉栗のほうは現・岐阜県域）が尾張国に集中する事情もあって、この系譜にあまり疑問がないようでもある。『姓氏録』でも尾張氏族グループのなかに石作連が掲載される。しかし、石作連氏の発生・分布などから見て、尾張氏族とは祭祀・習俗を異にするという見解もある。

畿内では、山城国乙訓郡に石作郷があり、現在は、当地の大歳神社の相殿に式内社石作神社が祀られる。上記式内社六社のうち、六国史（『三代実録』）に唯一見えて、従五位下の神階授与がなされた。なお、尾張と山城以外のもう一社は近江の伊香郡にあげる。

奈良時代の史料でも、天平勝宝九年（七五七）四月の「西南角領解」には、山城国久世郡奈美郷戸主従七位下石作君足とその戸口・石作連目辟が見える。天平七年（七三五）頃の「山背国隼人計帳」に石作連族綿売も掲載がある。播磨でも、天平六年の賀茂郡既多寺の知識に石作連知麿・石作連石勝の名がある。近江には伊香郡の石作部広継女が見える（『三代実録』）。

この氏の由来では、垂仁天皇の皇后という日葉酢媛の石棺を作るため、石作連大来が讃岐から石材（羽若石）を調達し、加工して献上したと伝える。当該の地は播磨国印南郡大国里（現・加古川市西神吉町大国辺り）のこととされる。同国では宍粟郡石作里（現・宍粟市域）に石作首らが住み、飾磨郡安相里で石作連が相闘したと見える（『播磨国風土記』）。こうして見ると、播磨・讃岐に縁由の深い一族から石作連氏が出たと考えざるをえないし、尾張氏関係者で石の取扱いに特別な技能をもつ者がいたとも考え難い。

このため、石作連・石作部は和泉・摂津・山城・尾張・美濃・播磨・近江に氏族分布や地名が見えるなか、本拠地が山城国か播磨国ではないかとみられる。その場合、山城国の石作連と濃尾在住の石作氏とは系統を異にする氏族かという問題もある。文献が少ないため判じがたいが、同じ職掌・カバネであり、連姓のすべてが同族だと一応、考えておく。

「天孫本紀」では建麻利尼命について、石作連や大和の城上郡の桑内連、山辺郡の山辺県主らの祖と見える事情も踏まえて、結論的に言うと、この一族は播磨の息長氏族の出ではないかとみられる。具体的には、垂仁天皇の皇子と称する大中津日子命の後裔で、尾張之三野別・稲木之別などの諸氏の祖先が石作郷に居住し、石作神社を奉斎したものか。「天孫本紀」に建麻利尼命の後裔とする一族諸氏は、本来は尾張氏と別系とみられる（実際には、武貝児命の系統で足鏡別王一族の流れか。本シリーズの『息長氏』を参照）。『姓氏録』等に石作（録・山城）、石作首、石作連（録・左京、摂津、和泉）などの石作諸氏が見える。

こうして見ていくと、「天孫本紀」に第六世孫であげる建宇那比命・建多乎利命の兄弟とされる人々については、建田背命及び建麻利尼命の位置づけに大きな疑問がある。

それでは、その弟で高屋大分国造の祖とされる**建弥阿久良命**はどうなのだろうか。「高屋大分国造」とは分かりにくいが、豊後の大分国造及び日向国造（景行天皇の高屋行宮跡あたりを本拠とした）のことだと考えられる。この一族は本来は火君祖の建緒組命の後裔に位置づけられ、記紀では多氏族、実際には宇佐国造同族の息長氏の流れにあたる。建麻利尼命とともに何かの事情で引きづられて、尾張氏系譜のなかに混入されたとみられる。

九州の国造関連で併せて言うと、同書第十世孫にあげる大原足尼命が筑紫**豊国国造**らの祖というのも疑問が大きい。この者は、宇佐国造・火国造支流ではないかとみられる。豊国国造（豊国造）は豊前国北部の京都・仲津郡を本拠とした氏姓国造であり、その系譜は吉備一族と伝えるが、極めて難解である。領域には貴船（貴布祢）神社の分布が稠密であり、その水神信仰からみて、山城の鴨県主の同族（すなわち宇佐国造同族）の影響もあろう。豊国直の祖は『豊後国風土記』逸文に景行朝の菟名手（「国造本紀」に宇那足尼）と見え、『書紀』景行紀には同人が国前臣祖と見えて、豊後の国前国造の祖でもあった。

大原足尼命の次に斐陀《ひだ》国造らの祖とする大八椅命があげられる。その世代配置はともかく、美濃の北隣の飛騨国を国域とする**斐陀国造**は、尾張氏同族としてよさそうであり、研究者（崇神より前の系譜を否定する者を除く）からもほぼ信認される（『飛騨』、一九九七年刊）。同国一宮が水無神社で、これが水主神、水分神とされており、尾張氏など海神族に多く見える水神や大歳神・御歳神、白山神の祭祀につながる。ただ、なにぶん資料が乏しすぎて判断しがたい（南隣の美濃を上古に開拓したのが古代鴨族で、山城北部から美濃西部に入り、これが「木地師」とも深い関係をもつ事情もあって、斐陀国造の系譜が三野前国造とも関係する可能性もある)。

なお、『姓氏録』にあげる坂合部宿祢は祖を邇倍《にへ》足尼とし、左京神別に火明命の後とするが、右京では火闌降命の後とし、これは後者の隼人族の出とするのが正記とされよう。

十　近縁の海神族諸氏の活動

尾張氏を含む海神族の本宗筋の流れとして、大和東南部の倭国造と摂津の阿曇氏の一族があり、前者は祠官家として近世まで長く続く。これらは同族といっても尾張氏族からはすこし縁遠い面もあるが、関連する海神族として、併せてそれらの動きをごく簡単に見ておく。その前に、上古代の海神族系統の諸氏について、その分岐系統図案を掲げておく。

第３図　海神族の系統推定図

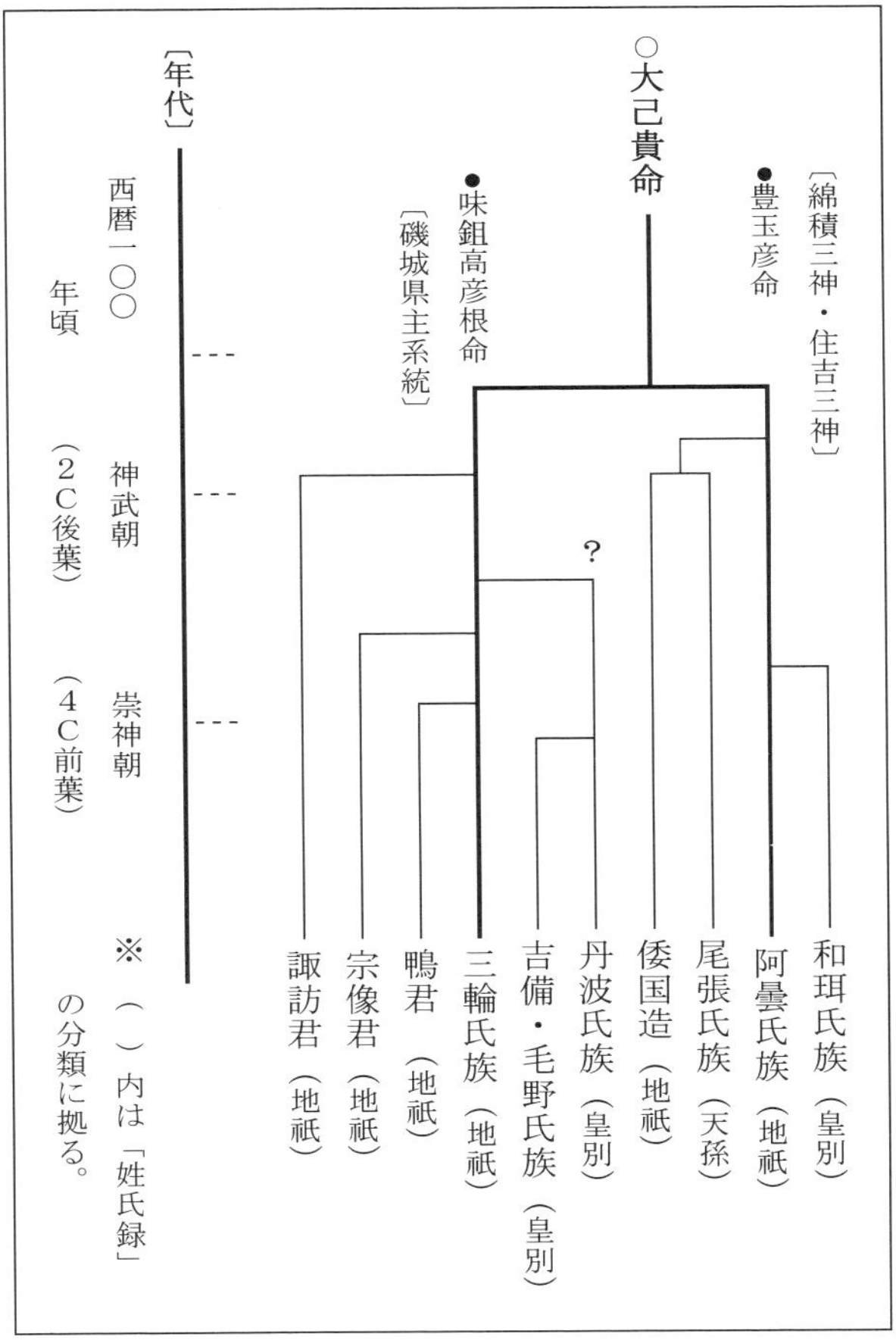

倭国造族の動向

倭氏の祖の**珍彦**《うづひこ》（宇豆毘古）は、槁根津彦、椎根津彦、神知津彦とも表記される。イワレヒコ（神武天皇）が吉備の高嶋宮を出発した後、速吸門《はやすいのと》（明石海峡）で出会った国神の漁人であり、それ以降の水先案内や献策などを行った。神武創業がなってその功により、神武天皇二年に初めて倭国造に任じられた、という。大倭氏は綿津見神に始まり、同族は吉備の海部直にもつながり、海人性は疑いがないものの、『旧事本紀』の「皇孫本紀」では、珍彦の父・武位起命《くらおき》を天孫系の系譜に入れ込んで彦火火出見尊の子とするから、ここでも尾張氏と同じく天孫族化の傾向が見える。

倭国造は山辺郡を領域とし、一族は大和坐大国魂神社を奉斎した。淡路にも、これに通じる大和大国魂神社（淡路の二ノ宮。兵庫県南あわじ市榎列上幡多）が三原郡の名神大社であり、同族の八木造氏が奉斎した。その祖・八玉彦は珍彦の弟と伝える。

大和では竜王山を神体とし、その東麓一帯に居住した。纏向王朝時代には、倭国造は大族で、大和古墳群のうち柳本支群の大古墳を次々に築造した。崇神天皇の生母（実際には倭国香媛か）も、記紀の所伝とは異なり、実際には倭国造一族の女性とみられる。

垂仁朝には倭直祖**長尾市**《ながおち》宿祢がおおいに活動した。出雲

大和大国魂神社（兵庫県南あわじ市）

大和坐大国魂神社（天理市新泉町）

に野見宿祢を召喚しに行き、淳名城稚姫命が祀ることができない倭大国魂神を祀った（『書紀』。倭国造の族裔は各地でこの神を祭祀した）。

その後の、倭国造の族人で主なものをあげると、仁徳～雄略朝期の**倭直吾子《あご》籠**が記紀に見える。皇位継承争いのとき住吉仲皇子と結んで履中天皇に殺されそうになり、妹の日之媛を采女で献上して助命された。これが、倭直氏の大王家への采女献上の先例になった。遥か後世の平安中期、天暦元年（九四七）十二月の太政官符に、大和安子（年廿七、城上郡賀美郷戸主の大和宿祢定道の戸口）が采女に補すべしと記される。欽明朝の後期には、倭国造手彦が新羅戦役に参加しており、駿馬のおかげで逃走できたと見える。

大化以降の主要な者を見ると、まず奈良時代の法律家に**大和宿祢長岡**がいる。刑部少輔従五位上大倭忌寸五百足の子で、養老律令の撰定に功績があった。初名は大倭忌寸小東人で、のちに弟の大外記水守とともに大倭宿祢を賜り、大和宿祢長岡と号した。民部大輔、河内守、左京大夫などを歴任して、最後は正四位下に達したが、大和国造でもあった。

平安前期の承和七年（八四〇）、仁明朝の掌侍下従四位の大和宿祢舘子は、戸主従八位上大和宿祢吉継らとともに朝臣姓を賜わり左京三条一坊に貫したが、彼女は後に典侍・従四位上まで昇進した

（吉継・舘子が本宗家かどうかは不明）。この辺から後の時期では、一族は殆ど見えなくなるが、天暦元年（九四七）には城下郡賀美郷戸主大和宿祢定道、戸口の采女大和安子も見える（『類聚符宣抄』巻七）。長保年間の施薬院史生に大和諸行もいた（『皇国名医伝』）。

同族に明石国造、吉備海部直・阿波海直や越の久比岐国造（越後国頸城郡）があり、各地で海神社（明石郡の名神大社等）、青海神社（越後国頸城・蒲原郡、若狭国大飯郡）を奉斎した。

阿曇氏の活動

阿曇氏は北九州の筑前海岸部を故地としたが、『姓氏禄』には次のように記載される。

右京神別　安曇宿祢　海神綿積豊玉彦の子、穂高見命の後

河内神別　安曇連　綿積神命の児、穂高見命の後

河内未定雑姓　安曇連　于都斯奈賀命の後

摂津神別　阿曇犬養連　安曇宿祢同祖　海神大和多羅命の三世孫穂己都久命の後

始祖にあげる穂高見命、于都斯奈賀《うつしなが》命は同人であり、天孫降臨神話には猿田彦神と見える。記事にも見える海神（綿積）豊玉彦の子である（阿曇氏は同族の和珥氏（皇別は系譜仮冒）と関係し、本シリー

青海神社（新潟県糸魚川市）

ズ『和珥氏』もご参照)。『古事記』には綿津見神の子、宇都志日金柝命と見える。
『書紀』の記事では、応神天皇のときに阿曇連の祖・大浜宿祢を遣わして諸所の海人の騒ぎを鎮めさせ、この者を「海人之宰」(統率者)としたとある。これは新たな任命ではなく、従来の阿曇氏の立場が確認されたにすぎない。履中天皇の即位の前に、阿曇連浜子が淡路の海人を率いて住吉仲皇子の反乱に加担し、黥刑《げいけい》(入墨の刑)に処されたので入墨が「阿曇目」というとされるが、入墨は『魏志倭人伝』にも見えるように海神族古来の習俗であった。

これより先、崇神朝のときの先祖、大栲成吹《おおたくなしふき》が初めて御膳奉仕をしたと『高橋氏文』(『本朝月令』所引の逸文)に見える。後々の平安前期の桓武朝の延暦十年(七九一)には、正六位上内膳奉膳(宮内省に属する内膳司の長)の**安曇宿祢継成**が膳臣後裔の高橋朝臣氏と御膳奉仕の先後争いをして詔旨に背き、翌年に佐渡配流となり(延暦廿一年(八〇二)には隠伎に配流)、これら諸事情で勢力が大きく衰えた(『高橋氏文』など)。それでも、ほぼ同時代の広吉は、延暦八年に和泉守となり、同二五年(八〇六)に従五位上で安房守に任じ、弘仁元年(八一〇)に伊予権介となった。延暦十八年(七九九)に従五位下安曇宿祢大丘が大舎人助に任じた。

安曇宿祢の本流は広吉の後は六国史に見えなくなるが、支族も含め血脈は細々続いたらしく、十一世紀前半に内膳典膳の安曇為助や一族の同宗助・時信が追捕対象になると『小右記』に見える。また、播磨国赤穂郡有年《うね》庄の庄司安曇安信らが『朝野群載』に見える。

風土記関係では、『肥前国風土記』に景行天皇の九州巡狩に**百足《ももたり》足尼**が随行し、値嘉島への偵察などで見える。『播磨国風土記』の揖保郡石海里の項にも安曇連百足が見え、当地に居て百枝の稲を孝徳天皇に献上したと記し、浦上の里の項には、元は難波に居た百足が、そこからこの地に来た、と記される。同書の百足は、年代的に見て、斉明～天智朝に新羅・百済へたびたび遣使した阿曇連頬垂《つらたり》の誤記か訛伝であろう『筑前国風土記』逸文の資珂嶋（志賀島）条には、神功皇后の韓地遠征に大浜・小浜が陪従したと見える。

履中朝以後は阿曇氏はしばらく活動を見ないが、推古朝以後に再び動きが見える。とくに、阿曇連比羅夫（阿曇山背連比良夫）は朝鮮半島問題に種々関係して、皇極元年（六四二）に百済に遣わされ、帰国後に百済王子の翹岐《げいき》を難波の自宅に置いた。天智朝初年の百済救援の戦役には大将軍として水軍を率いて出征したが、翌年白村江で唐軍に敗北し、軍を退いて帰った。冠位は大仁、後に大華下、大錦中と見える。阿曇連稲敷は、天武元年（六七二）春に、筑紫に派遣され唐の使者に天智天皇の喪を告げており、天武十年（六八一）には川島皇子ら十一人と共に帝記及び上古の諸事を編纂する任についた。稲敷は先の頬垂の子とされる（鈴木真年『史略名称訓義』）。

孝徳紀の白雉四年条（六五三）に見える氏寺・阿曇寺が現在の大阪市中央区の天満橋付近、あるいは高麗橋付近の坐摩《いかすり》神社の旧社地近くにあったと推定される（安曇江〔『続紀』天平十六年二月条〕・安曇江荘〔天暦四年「東大寺封戸荘園寺用帳」、『平安遺文』二五七号〕などの地もある）。難波地域には早くから進出していた（中村明蔵氏が、六世紀以降に北九州に拠点をもつようになったとみるのは誤り）。

古墳時代・大化前代では、摂津国西成郡安曇江を主根拠にして、筑前国の那珂・糟屋両郡にもあったとする把握が妥当であろう。本貫については、①博多湾岸説、②大阪湾岸説があるが、畿内に主体をおきつつも、両方とも主拠点で、博多が故地とみるのが私見である（博多説は太田亮・喜田貞吉・羽原又吉など、畿内説は亀井輝一郎・楢崎干城などの諸氏）。

故地とみる博多湾岸部では、葦原中国に意が通じそうな那珂川と御笠川に挟まれた地域で、具体的には福岡市博多区南部の那珂や板付遺跡、春日市北部の須玖岡本遺跡あたりが、倭人伝に見える奴国の中心部とみている。

ごく最近（平成二九年十二月上旬）、板付遺跡の東南方近隣で、岡本遺跡の東北方に位置する**仲島遺跡**（博多区井相田で、御笠川西岸域）から、二世紀前半頃の後漢で製作されたとみられる銅鏡、内行花文鏡が完全な形で見つかると報じられた。鏡面には物がかすかに映るほど良好な状態だという。『後漢書』に見える西暦一〇七年の倭国遣使など大陸との交流にも関係するものとみられよう。

阿曇氏の支流は信濃国でもおおいに展開し、安曇郡や筑摩郡で穂高大神（海神族の穂高見命たる猿田彦命）を奉斎して、当地に長く続いた。この一族に阿曇犬養連や辛犬甘があり、関係者が祭祀等で中世武家大族の仁科氏（本姓は大伴氏か）につながる可能性もある。

凡海連麁鎌とその後裔

阿曇連の一族に凡海連や海犬養があり、両氏とも、系図では神功皇后奉仕の上記小浜宿祢の後裔とされる。天武・文武朝に凡海連麁鎌《あらかま》が出た。大海連葂蒲とも書くが、大海人皇子（後の天武天皇）の養育に関わった者の近親と推定される。姓の連は、天武十三年に宿祢と変わったが、大宝元年（七〇一）三月当時に追大肆で、陸奥国の冶金のために遣わされた。この陸奥派遣の続報はなく、ずっと後の天平二一年（七四九）になって初めて陸奥国が金を献じて大事件となったので、麁鎌の冶金は不成功であったことになる。

凡海氏は阿曇氏の同族とされ（『姓氏録』右京神別・摂津神別）、摂津国を本拠にした。朱鳥元年（六八六）九月九日に天武天皇が崩御し、その二日後から殯が行われたが、同月二七日には葬送儀礼のなかで、諱が述べられ、その最初の人が大海宿禰蒭蒲で、「壬生のこと」を諱した。壬生とは養育のことで、天皇の幼時の有様を語ったとされるが、この場合、大海人皇子と一緒に育った乳兄弟くらいか、一族の代表として述べたとみられている。

麁鎌の子孫には、十世紀中葉にともに左大史となった海宿祢業恒・薫仲兄弟がおり（『類聚符宣抄』）、業恒の子の広澄は大外記に任じて、皇別の出という清原真人姓（天武天皇後裔で、右大臣夏野や歌人の深養父などが著名）を仮冒した。

子孫は明経道を家学として外記局の局務を世襲し、室町前期頃から堂上の宮廷人として永く続いた。この流れから堂上公家の船橋・伏原・沢の三家が出て、明治に華族に列した。この系統では、平安末期の大外記頼業（車折明神）や戦国時代の碩学名儒で正三位の宣賢（神道家吉田兼倶の実子）が著名である。

まとめ

主要問題についての一応の要点

以上に見てきたように、尾張氏族は実に複雑で難解な氏族である。これまで研究者がやってきたような尾張氏だけに焦点をあてるような狭い範囲の検討では、この氏族の解明はできず、祭祀・習俗を同じくする海神族全体のなかで考えねばならない。この辺を十分、認識する必要がある。まとめとして、上古からの動きの主要点（三輪氏・磯城県主の関係諸氏を除く）を初期段階の範囲で、簡潔にみると次のようになる。

①奈良盆地には、北九州の筑前海岸部から出雲を経て、紀元二世紀前半頃に三輪山西麓に移遷してきた海神族の三輪族がおり、それにやや遅れて故地・筑前から瀬戸内経由で摂津・紀伊の大阪湾沿岸部あたりに到来したのが同種族系の阿曇族の一派であって、尾張氏はこれに属した。

②阿曇・尾張氏系の居住地は、当初は畿内の大阪湾沿岸部にあり、もとは三輪族と同源で大己貴神を共通の祖とし、故地が博多湾沿岸部にあった。この種族は、韓地南部から日本列島に渡来して稲作・青銅器などの弥生文明を持ち込んだ。

その遠い源流は中国大陸の山東から江南にあった越種族（タイ人）である。外地からの渡来系ではあるが、渡来時期は古く紀元前四ないし前三世紀代以降とみられ、「諸蕃」の取扱いにはならない。この種族の中国江南↓（韓地）↓北九州↓畿内という東漸の動きを見ても、尾張氏の尾張自生説の誤りが明確である。

③大和の三輪族中心の「原始的国家」では、銅鐸文化という祭祀の特異点をもったが、二世紀後葉の神武侵攻によりそれが崩壊した。原三輪国家構成員の支族余流が畿内から転退し関係各地に散じた後でも、銅鐸祭祀は残り、分布の主要な流れは三河・遠江を経て諏訪に到り、もう一つの流れは四国の阿波から土佐に到る経路にあったが、尾張氏関係でもこの伝統があった。

④神武創業に祖の高倉下は重要な役割を果したが、神武系統の初期王権が三輪山麓の磯城県主族（三輪族）と頻りに通婚したなか、尾張氏や倭国造族でも同じ海神族の主要同族として初期王統との通婚があった。

⑤初期大王家は、崇神天皇（神武を初代として第十代の大王）の頃から奈良盆地東南部の纏向遺跡あたりに王宮をおいて各地に勢力を伸ばし始めており、尾張氏の一族もこれに呼応した活動をする。次第に東国の美濃・尾張へ移遷をはじめたが、そのうち尾張の一派がこの氏族の本宗的な存在となった。尾張氏族では、景行・成務朝ごろから大王・王族に近侍して王権に奉仕し、倭建遠征にも一族が随行して、一部は吉備までついていった。

⑥尾張氏は仁徳天皇の外戚関係者ともなり、地方豪族ながら朝廷にも出仕し、継体天皇の登場にあたって支持勢力の一つで活動したが、その動きは明らかではない。天皇生母を出す外戚にもなった。壬申の乱にも功績があって尾張宿祢の賜姓や賜田もうけた。その後も熱田神宮の祭祀を長く続けて、奈良時代以降は宮司職を世襲し、平安後期以降は有力祠官家として続き近代に至った。

⑦尾張氏の祖神については、記紀や『姓氏録』に天孫系で火明命とするが、これには系譜仮冒があり、実態は海神族系であって、物部氏とも男系ではつながらない。その神統譜の把握がこれまで

混乱が大きく難解であるが、阿曇氏や倭国造と同族の流れである。これは、尾張氏の別姓が海部氏というのと符合し、後裔まで海神性が強い。

⑧『姓氏録』掲載の多数の同族諸氏について、「擬制的同族関係」だと簡単に断定するのは問題が大きい。尾張氏関係では、「天孫本紀」に見える丹波国造・度会神主、石作氏など、いくつかの系譜仮冒を除き、実際にも同族だとしてよい。

尾張氏についての総括

古代東海地方の雄族・尾張氏は、「天孫本紀」に系譜が見えて、それが有名であるが、仔細に検討すると、当該系譜はいくつもの断片がつなげられたことが分かる。そのなかでは、尾張の現地で活動した一族としては、景行朝頃に登場するオトヨ以降になろう。

始祖とされる高倉下は、神武創業を助け、「熊野」あたりで霊剣をもって登場したとに見えるが、記紀ともにその系譜・子孫を記さない。だから、高倉下の嫡流とされる氏が中央では不明で、掃守氏の可能性があるが、それが尾張氏とは思われ難い。

尾張国のオトヨ以降でも様々な系譜の混乱があり、「天孫本紀」系譜は最後の世代が推古朝頃の人で終わるから、同じ本紀に掲載の物部氏系譜の世代とも整合性がとれていない。誰が系譜編纂をして同書に記載したのか、実に不思議な系譜である。オトヨ以前でも、他の中央雄族の世代と比較対照すると、本紀記載のままでは世代が合わない。オトヨの父祖は、どこにつながるか不明だが、葛城にあって笛吹連と近い同族とみられ、建手折命の流れで小縫命の後とするのが妥当とみられる。それより前でも、異系の氏族系譜を接合させるなど、多くの疑問点や混乱があって、きわめて難解な系譜である。

それを「闕史八代」という皮相的な理由で史料を投げ捨て、この時期の文献研究をしないという研究姿勢では問題が大きい。藤原京や平城宮の跡などから出土する木簡と照らし合わせると、同族は尾治・五百木部・多治比部という古い表記で記されており、貴重な示唆を与えてくれる。こうした総合的な考察なしでは、初期大和王権の実態など掴みうるはずがない。これが、戦後の上古史研究の実態でもあった。記紀のみならず、『旧事本紀』の地祇本紀・天皇本紀という従来あまり用いられない史料も、各種検討には有用である。

関連して言えば、神武前代における大己貴神まで遡る神統譜もまた神名の重複、同名異神などの問題があって、これまた難解である。これらを後世の造作とみたり、観念的思考でもって「神々」の行動・足跡を追求しても、総合的には合理的な思考とはなしえない。


本書で記述してきたように、中央・地方にあって尾張氏と同族諸氏は、上古史の証人的な役割を果たした。すなわち、これらを列挙すると、神武創業時の高倉下、孝昭朝の奥津余曽・余曾多本毘売兄妹、垂仁・景行朝頃の意富那毘の外甥が甘美内宿祢（武内宿祢の異母弟）、倭建命東征時の建稲種・宮簀媛兄妹、神功皇后外征時の津守連の祖・田裳見、継体登場時の目子媛、壬申の乱時の大隅などが、そうした位置にある。応神朝より前の時代を切り捨てるような津田史学の見方にあっては、それを妨害する目障りな存在の一族とも言えよう。戦後史学で架空の存在と多くされた武内宿祢・倭建命及び神功皇后の周辺には、いずれも尾張氏一族か同族が確かにいたのである。

同族諸氏を含む総合的な尾張氏研究がこれまで疎かにされすぎていたということでもある。曖昧ないし、いい加減な整理・把握のもとで、遠祖神、神統譜や同族系譜が論じられてきた。尾張氏系譜が「擬制的同族関係」だとの立証は、これまでついぞなされなかった。

尾張氏は大己貴神の後裔氏族のわりには、海外交渉や征夷などの軍事外交面での活動もあまり見せない。このため、大化前代における歴史的な活動は、史料に多くは見えない。海人性と水神祭祀以外は目立った特徴がないのが、むしろ特徴と言えるのかも知れない。それでも、中世の武家諸氏にいたるまで、これら特徴を永く持ち続けた。畿内以東の中世水軍勢力の殆どを主導したのが、尾張氏の後裔諸氏かその関係氏族だといえる。

だから、あまり目立たない点を含めて、尾張氏や同族の関係者たちを具体的に丁寧に検討する必要がある。全国各地に多い尾張氏同族諸氏について、十分な検討を総合的具体的に行って、整合的な歴史像を探究・構築することが求められる。

おわりに

尾張氏は様々な意味で難解な古代氏族である。この関係で長い間、検討してきて、こうした印象は終始、変わらない。なぜ難解かというと、基本書の一つである「天孫本紀」所載の尾張氏系図には、多くの複雑な混乱があることが先ずあげられる。誰がいったい、海神族系の尾張氏を天孫族の系譜のなかに入れ込ませたのか。誰が、物部氏主体の『旧事本紀』のなかに尾張氏の系譜のほうを優位に書き込んだのかという問題があり、この辺がいまだ皆目分からない。その手がかりすらない。高屋国造など他系からの系譜部分も、どうして混入が生じたのかが分からない。その一方で、尾治・葛木など各種の古い表記を伝える貴重な系譜であるとの認識も改めて思うものでもある。

尾張氏を含む津積の系統も謎が多い。もとは、出雲国造や吉備氏と違って中央の大和王権のなかでの雄族であったが、それが地方豪族に転じた事情も不明である。あるいは、系統の嫡宗家は、成務天皇の後は男系が続かなかったこととか、甘美内宿祢と武内宿祢の兄弟争いの結果が影響して、勢力を衰えさせたのかという事情も考えられるかも知れない。

尾張氏が関わる熱田神宮など関連諸社の祭祀もなかなか難しい。祭祀も、その対象も、その奉仕氏族の勢力減衰や退転などで変化することはありうることで、そうした変化の要素も考えて行かねばならない。これに関連して、尾張氏の神統譜の問題もあるから、これまた一筋縄ではいかない。

要は、歴史研究にあっては、遠くからでも歴然と見える富士山の山頂部分だけを、しかも現在の姿（今に残る所伝）だけを見てはならない。富士山を構成する基礎地盤とその地殻変動の要素という部分を含めて、全体的総合的に多角度から大きな歴史の流れのなかで氏族を見ていかなければ、その実体を解明できないことを痛感する。

同族諸氏を含め尾張氏を総合的に見てきて、この氏族に関連する古代史の概念や受け取り方には多くの誤解があると感じる。これに加え、戦後の古代史学によく見られる「擬制系譜」とか同族系譜の後世の形成という概念も、誤った結論に導かれる傾向があるなど、疑問が大きい。もちろん、尾張氏にあっても、個別に系譜仮冒があったことを否定するものではないが、系譜仮冒とこれら概念とは別物である。尾張氏一族の祭祀や竜蛇信仰など祭祀・習俗面に留意しつつ具体的な系図を考えようとしないから、簡単に系譜擬制とか造作、潤色という否定的な見方につながってくる。

原型としての史実は、長い期間の伝来過程のなかで、伝承の所持氏族によって様々に転訛する可能性がある。時代時代に応じて、自らに都合の良いように、また所伝者のその当時の理解に応じて、様々に書き変えられたり、転訛した可能性もあろう。だからといって、それが全て造り事だと断定し、切り捨ててはならない。古代史とくに上古部分に関する史料はきわめて乏しいのだから、その史料検討は薄皮を剥くように十分丁寧に行う必要がある。ともあれ、本書により「天孫本紀」尾張氏系譜の解明に少し近づいたかと思っている。

最近まで進んできた遺跡や考古遺物の発掘にも、重要な手がかりがある。本書での検討で、当初の考え方が変わった大きな一因として、戦後の考古学上の知見増加があげられる。本書の著作過程でも、最終段階で仲島遺跡から完全な形の後漢鏡たる内行花文鏡が出たと奉じられた。奈文研が発掘を進めている木簡の意義が大きいと思われる。これらに加え、尾張氏の初期段階とその前史は、初期大和王権の政治・祭祀と密接に関連する。その意味で、名古屋周辺で滅失した古墳の多さにも驚き、とても残念に思われた。

もう一つ、最後にふれておくと、二十数年も前に、在野の研究者大原康男氏から尾張の大原氏や尾張氏についての研究著作を贈呈されたことがある。今回、気になって同書を見直すと、尾張氏一族について貴重な指摘がいくつかあることも分かり、参考にさせていただいた。このことに対し、遅ればせながら、深く謝意を表したい。

かつて茨城県日立市で勤務の頃から尾張氏や物部氏の検討を始めた記憶があり、既に四十余年が経過した。それ以来の古い検討も本書の基にあるが、いまだ解明不能の点も残り、これは今後の課題として、本書を一応のまとめ、考え方の整理の提示といたしたい。

資料編

1　尾張氏一族の系図試案

2　尾張氏一族から出た姓氏と苗字

第4図　尾張氏一族の系図（試案）

※一部に推定を含む

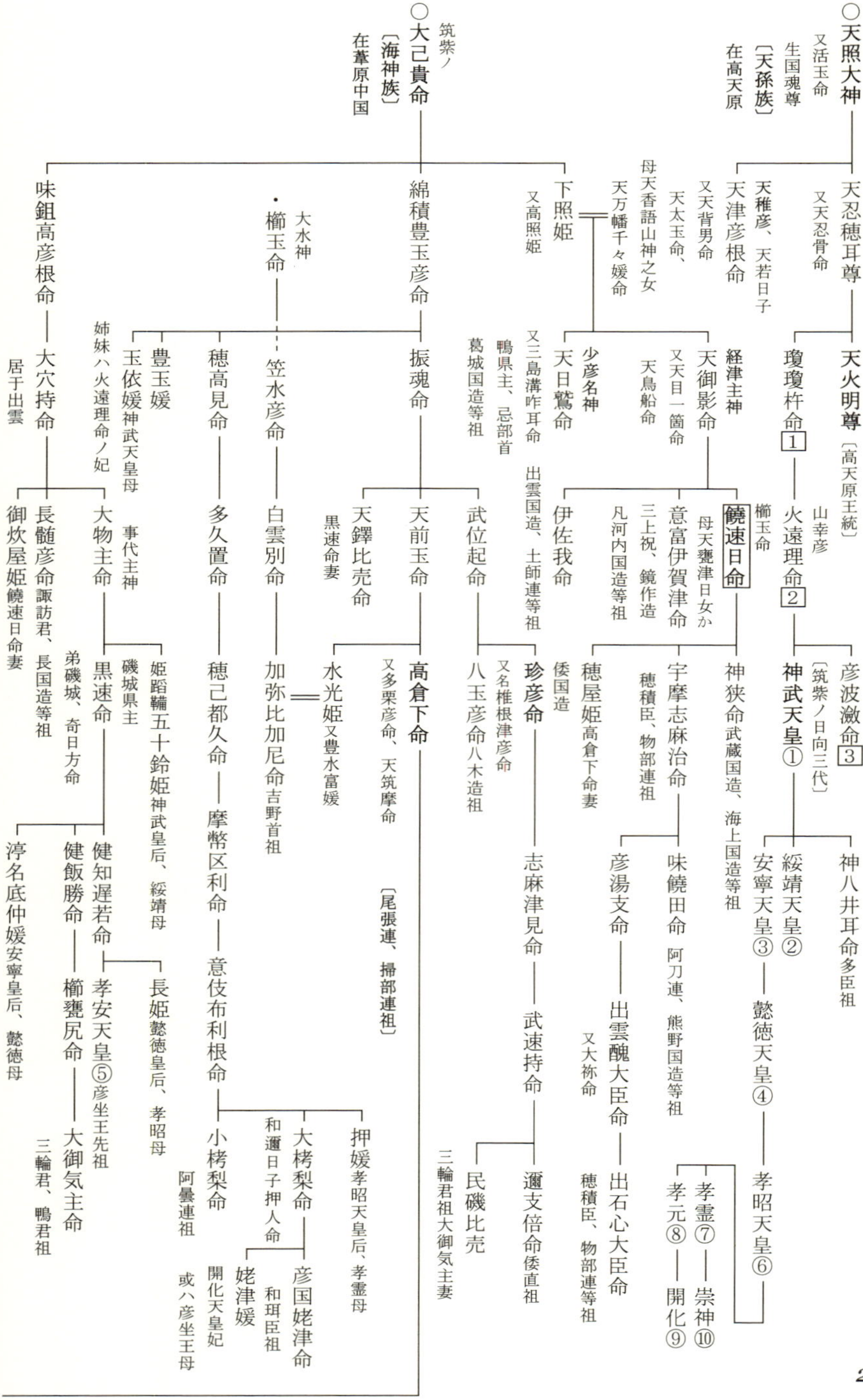

大沼主命 又五多弖命 天伊達命 天村雲命
天忍人命 又天忍海人命
天忍男命 又阿麻五百原命 天志男命
忍日女 一云天忍人ノ子 以上母、葛木土神剣根ノ娘
天戸目命 又建斗米命、妙斗米命 阿麻刀弥命
奥津世襲命 掃部造 鍛冶造、守部連等祖
建額赤命
世襲足姫 孝昭妃
建筒草命 津守氏祖 一云建額赤ノ子
建真咋命
御食久努命 葛木厨直祖
諸石宿祢命
大御日足尼
建宇那比命
宇那比媛 孝安妃
建多乎利命
建手和邇命 身人部連 伊与部連等祖
建諸隅命
大海姫 八坂入姫等母
大縫命 笛吹連、竹田連、又櫂子 若犬甘連等祖
小縫命
建麻治命 又知許己足尼命
倭得玉彦命 又意富那毘 葛城
高千那毘売 味師内宿祢母
乎止与命 尾張国造
・尾張大印岐命
真敷刀婢
玉勝山代根古命 山代水主直、雀部連、綺連、連、蘇宜部首、三富部等祖
若都保命 五百木部連祖
置部与曽命 又彦与曽命
大八埼命 定賜斐陀国造
建稲種命 又建伊那陀宿祢
宮簀媛 倭建命妃
日長智命 松岡祖
尻綱根命 又尻調根命
尻綱真若刀婢 又金田屋野姫 五百城入彦命妃 仲姫等母
五十狩宿祢命
那津毘命 次田連、川上首祖
塩手宿祢命
大美和都弥命 工造祖
忍己理足尼命 若倭部連祖
水吹宿祢命
田裳見宿祢 津守連等祖
御殿宿祢 丹比連、大蝮壬部連等祖
屋主宿祢
・彦坐王
狭穂彦命 日下部連祖
狭穂姫 垂仁后
丹波道主命 又建田背命
船穂足尼命 但馬国造祖
淡夜別命
日葉酢媛 成務皇后
大倉岐命 定賜丹波国造 丹波直、海直祖
針名根連 稚彦、弟彦ト同人カ
毛良姫
意乎巳連 仁徳朝供奉
此頃賜尾治連姓カ
金連
岐閉連 桧前舎人連祖カ
知々古連 久努連祖 履中朝供奉
草香連
凡連
目子媛 継体妃 安閑、宣化母
坂合連 又吾襲か 允恭朝供奉
古利連 若犬甘連等祖
阿古連 太刀西連祖
中天連
多々村連
弟鹿連 日村尾治連祖
多与志連 大海部直祖
佐迷連
※この辺に世代欠落ありか
兄日女
乙訓与止連
小狭田連 一、京師家祖トモフ
片色雄連
栗原連
田蓑連
間古連
多々見連
大隅 賜尾張宿祢姓
若子
宇志
枚夫連 紀伊尾治連祖
白猪古連
子麿 玉置祖

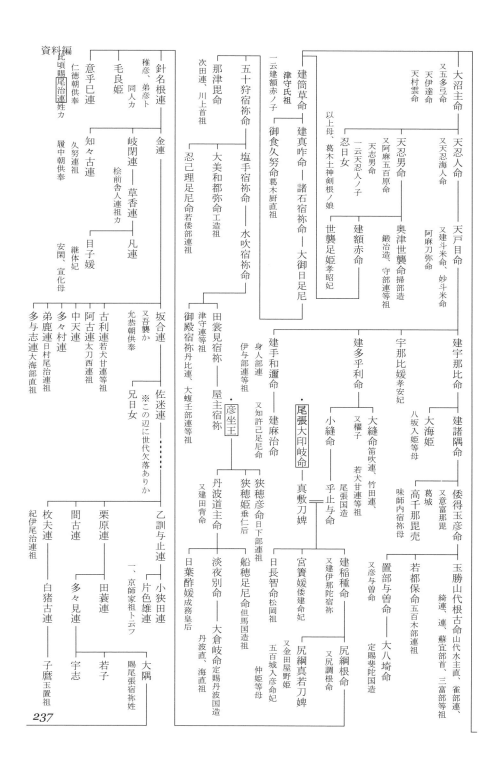

- 興志 愛智郡大領 又乎己志
  - 赤人 ― 蟹取
  - 小倉 尾張国造
  - 乎幾与 ― 浜子 ― 楯麿 ― 与々麿 ― 公雄 海部直〔改姓未詳〕氷上天神社司家祖
- 稲主 一、稲置同人
  - 東人 ― 宮守 春日井郡少領
    - 男嗣 同郡少領
      - 豊足 ― 全連 海部郡大領 ― 常村
        - 是雄
        - 惟平
      - 宮麻呂
        - 青海
          - 松並
          - 川雄
          - 椙並
        - 青稲
    - 乙名 ― 大人 ― 弟広
      - 安文
      - 安郷 ― 富足 ― 茂松 ― 叢生
        - 惟恒
        - 仲恒 ― 康允 加賀野井等祖
  - 若刀自
- 稲公 宮司祝 又稲置、稲君 ― 稲興 宮司祝 ― 興員 大宮司 ― 季興 大宮司
  - 維興 大宮司 ― 仲永 大宮司
    - 永時 大宮司 ― 永富 ― 惟光
    - 親永 ― 政安
  - 維仲 大宮司 ― 季仲 大宮司 ― 連仲 大宮司
    - 維連 大宮司
      - 吉恒 大宮司
        - 在光 大宮司 ― 在房
          - 直房 ― 直家 ― 家忠 馬渕祖
          - 保房 ― 定房
            - 定陽
            - 定之 ― 良宗 ― 宗之
              - 宗亮 亀井太郎 押田等祖
              - 宗包
        - 師吉 ― 師常 ― 師重 ― 重正 ＝ 員仍 江崎祖
      - 吉次 大宮司
        - 千次 大宮司
        - 千光 大宮司 ― 安元
      - 吉緒 大宮司
      - 吉茂 大宮司
        - 員胤 大宮司
        - 員信 大宮司
          - 員頼 東大夫 ― 頼基 ― 頼奉 田島祖
          - 信頼 西大夫 ― 有信
            - 信重 馬場祖
            - 頼信 粟田祖
          - 員職 大宮司
            - 季宗 ― 季村 ― 秀久 重松祖
            - 職子 大宮司 藤原季兼妻 ― 季範 藤姓大宮司ノ初代、千秋等ノ祖 ― 女子 頼朝母
            - 季員 大宮司 ― 員景 ― 員仍
            - 職躬
            - 職実 大宮司
            - 真慶 座主 ― 良慶 座主 ― 光保
      - 吉武
    - 全連 大宮司
    - 通連 大宮司

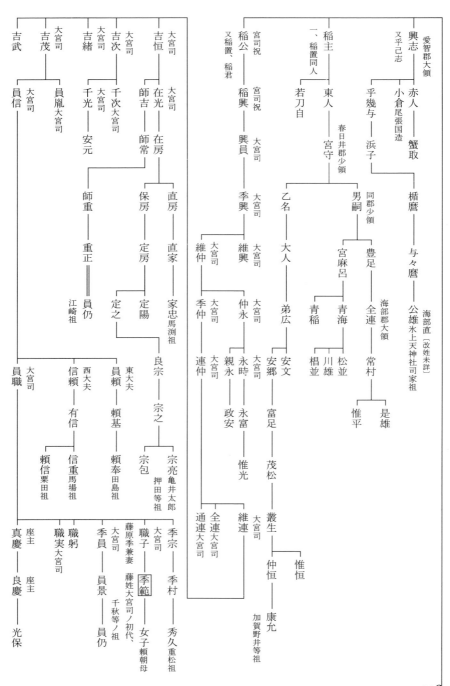

2 尾張氏一族から出た姓氏と苗字

尾張氏族概説

○尾張氏族は、『姓氏録』では火明命の後裔として天孫部に収められるが、火明命を遠祖とするのは後世の系譜架上にすぎない。「天孫本紀」等各種の尾張氏関係資料から見て、この氏族は神武創業の功臣、高倉下命の後裔であった。高倉下命は別名を手栗彦命ともいい（天香山命と同一化するのは後世の誤り）、本来の出自は地祇の海神族であり、綿津見豊玉彦の曽孫で、倭国造の祖・珍彦の従兄弟にあたる。

○本来の海神族の系譜にあった前玉命（天前玉命、白雲別命）が火明命という名に変えられているが、記紀の皇統先祖のなかに見える火明命（物部氏族の始祖のように位置づけられるが、これも疑問あり。本来は天孫族の嫡統）とは別人であることに注意を要する。

高倉下命の後裔のなかでも瀛津世襲命一族の後裔については、尾張氏族の中で早くに分岐したためか尾張氏族との同族伝承となる火明命後裔所伝をもたず、かわりに前玉命の父・振魂命をその祖として掲げ、『姓氏録』でも天神部に位置づけるものがある。

○尾張氏族の故地は諸説あるものの、大和国葛城地方（とくに忍海郡）するのが妥当とみられる。そこから、尾張国の春部郡小針（小牧市）や山田郡小針（名古屋市昭和区鶴舞）など、さらに愛智郡熱田神宮付近に遷住して、尾張国を中心に大いに栄えた。尾治・尾張を氏の名とする以前は、「津積」を名乗った海神族の一派とみられる。

その流れは大別して、阿麻刀弥命（天戸目命。高倉下命の曾孫）の系統と阿麻忍男命・武筒草命（天筒草命）の系統という二流ないし三流に分けられる。尾張氏の系譜は「天孫本紀」に所載のものが著名で、かなり信頼性のあるものと一般にみられており、古い表記が残ることに注目される。その一方、仮冒や混入がかなり多く見られて信頼性に欠ける面もあるから（とくに建田背命、建麻利尼命の系統）、その利用にあたっては十分な注意を要する。

(1)**阿麻刀弥命**の系統……本来の尾張氏族で、尾張連が代表的な存在であり、記紀には孝昭天皇の皇后など后妃を数人出したとの所伝が記される。尾張連は愛知郡など尾張国内に繁衍したが、京や畿内及びその周辺にも支族諸氏がかなり存在した。この系統は、内容的には尾張国造、伊福部連、丹波国造、その他畿内に残存した氏族の四系にわかれよう。

諸国の国造としては、尾張国造、斐陀国造（飛騨）という尾張周辺や、丹波国造、筑紫ノ豊国国造が『旧事本紀』等にあげられる。しかし、丹波国造は実際には疑問があり、丹波道主命（彦多多須命、建田背命）の後裔で、日下部氏同族とみられる。筑紫ノ豊国国造や高屋大分国造も疑問が大きく、各々、吉備氏支流、宇佐国造・火国造の支流かとみられる。

(2)**武筒草命**の系統……津守連、丹比連が代表的な存在で、主として畿内に分布する氏族である。本来の系譜が改編されて現在伝わる形（天孫本紀所載の系譜）になったと推察され、一族で若倭部の系統には『姓氏録』天神部（神牟須比命の後）に収めるものもある。

以上、(1)及び(2)の尾張氏族それぞれの系統に海部直、津守連など海辺と密接な関係をもつ氏を出しており、これも尾張氏族が海神族の一系統だと強く窺わせる。この氏族から尾張の熱田神宮祠官家や熊野本宮の祠官一族、摂津の住吉社神主家などが出た。

○尾張氏族の姓氏及びそれから発生した主な苗字をあげると次の通り。

(1) 阿麻刀弥命後裔

①**尾張系**…成務朝に尾張国造に任じられた乎止与命の族裔で、主として尾張に居住したが、支流というもの（尾張と同祖で割合早い分岐か）が紀伊の牟婁郡でかなりの繁衍を見せた。

尾張、尾張連（尾治連。録・左京、右京、山城、大和、河内。玉置〔玉木〕、小中、世古、淵上、坂本、杉坊、栗山―紀伊国牟婁郡人。玉置一族は日高郡にも進出、その一族に山地〔山路〕、和佐、野口。九鬼―玉置支族で紀伊国牟婁郡に起り、志摩に遷住、武家華族。宮崎―九鬼一族。横井―尾張国海部郡横井村住、同郡の国玉神社祝）、

尾張宿祢（尾治宿祢。録・左京。田嶋―尾張国熱田社権宮司、祝師。馬場―熱田社権宮司、総検校。藤江、大喜、平岩、江崎―熱田社祠官。松岡―末社八剣宮祠官。牧野―愛知郡成海神社神主家。重松―尾張国二宮大県神社神主。板津、有藤、佐橋、落合―重松一族。馬淵、亀井、押田、中村、近藤、中嶋、内海、副田―尾張人。赤坂、加賀野、加納、加賀野井―美濃人。大塚―三河人。佐治、曳田―因幡国八上郡人）、尾張朝臣（疑問もある）。

小塞連（尾塞連）、小塞宿祢（小関〔尾関〕―尾張人）、小治田連、甚目連、高尾張宿祢、尾張益城宿祢、忠宗宿祢、刀西連、久努連、若犬養連（若犬甘連）、若犬養宿祢（録・河内、和泉。土井〔土居〕

―紀伊国愛宕社家、称清和源氏）、桧前舎人連（録・左京。桧前―伊勢国日永人）、大海部直（海部直。火高―尾張国氷上天神社祠官）、海連。春部・愛智郡の郡領として見える三宅連・民連も、尾張連の一族とみられる。

笛吹（録・河内）、笛吹連（笛連）、笛吹部、物部屋形、竹田連（菌田連）、湯母竹田連（録・左京。紀伊熊野の湯川一族の実際の出自か）、竹田川辺連（録・左京）、竹田宿祢（室町時代以降の医家竹田薬師院は族裔か）、川辺宿祢。

竹田連の後裔は紀州熊野の牟婁郡で繁衍し、栗栖郷（富田川流域か）あたりに住んで、栗栖、岩淵、栢山、松本、鳥淵が出た。愛洲（会洲、愛須）は紀伊志摩伊勢などに勢力を持ち、紀伊国牟婁郡の一族に久留栖、三本、上郷、近露、山本、湯川、武田、川、別所、上（宇恵）、幸徳、波沙、坂本、尾喜など、土佐にも遷して御本、武田、浜田などを出した。室町期に阿波・淡路に進出した熊野水軍の安宅氏も、橘姓を称したが、愛洲一族に出た。これら諸氏は、甲斐源氏の武田一族の出と称したが疑問大であり、尾張氏族系の熊野古族の出とみられる。その場合、愛洲一族は栗栖一族の分れか。湯川（湯河）は熊野八庄司の一で、牟婁郡道湯川に起り日高郡に拠る中世の大族、一族に大畑、沢、能城、天野、内川、日足、愛川、小松原など。熊野本宮祠官の坂本は右坐などにあり、尾治姓の坂本氏を継いだという。越後の城氏の後と称した牟婁郡の松本・鬼ヶ城は、湯川の支流か。

高橋祝（高橋、弥彦、新保、長橋―越後国蒲原郡弥彦神社祠官、称尾張連も疑問含み）。
②**伊福部系**…畿内の大和・山城及び美濃・丹波に主として居住した。伊福部はもと五百木部と書き、御名代が由来だが、火吹（息吹）にも関係するとみられ、精銅・銅鐸製作に関与した模様。斐陀（飛

騨）国造も同族。

伊福部連（五百木部連、廬城部連。録・大和、河内。家木〔家城〕―伊勢国壱志郡家城邑より起る。小薗―伊勢国人）、伊福部宿祢（録・左京、大和。五百木部宿祢）、伊福部（録・山城）、肥田宿祢（飛騨国造後裔の賜姓。飛騨国大野郡鎮座で当国一宮の水無神社祠官一宮氏は、族裔か、称藤原姓）、弟国部、勾部。

水主直（録・山城。清水―紀州牟婁郡熊野社家。色川〔色河〕、木下、中村、下村、楠本―清水同族、色川は平維盛後裔と称するも仮冒）、雀部連、三富部（録・山城。山城国久世郡水度神社祠官の水田は族裔か）、軽部造、蘇宜部首（丹波国天田郡宗部郷の一宮大明神祠官の福林は族裔か）、曽我部宿祢、曽我部朝臣（山城国葛野郡革島南荘の革島は族裔か。室町初期には藤原姓で見え、清和源氏佐竹一族の出自は疑問大。一族に利倉―城州乙訓郡人で摂津国豊島郡の支族か、丹波国氷上郡の内尾大明神神主の十倉も一族か。並河―丹波国桑田郡人で称平姓、同郡宗我部郷の近隣にあり。葛野郡革島北荘の平姓河嶋〔辻河嶋〕も早くに分れた同族。山角―城州人）、綺連（録・和泉。ただし、神服連と同族であれば、丹波国造族か）、椋連（倉連。録・和泉）、倉宿祢。

③**身人部系**…美濃・山城・丹波にかけて濃く分布。身人部（六人部）の職掌は、水戸部・三富部とも同じで、水取（水主）の義とみられる。難解な系譜だが、水部（水取部）を共通とする伊福部と同系で、祖を建手和邇命とする。

身人部連（六人部連。録・山城、摂津、河内。水口―丹波国桑田郡山国荘人、後に京の地下官人で近衛府・番長、宿祢姓か。進藤―水口庶流で番長家、称源姓。田中、入谷―水口庶流で番長家。

鳥居、鳥居北、久保田、高野―水口同族で丹波国山国荘人。多紀、井戸田、大橋―丹波国桑田郡人。丹後国与謝郡泊の名族三富〔水戸部〕氏は族裔か、近隣に六万部の地名あり。若狭国大飯郡に起る佐分利〔佐分〕氏は官人水口氏の同族か、その一族に尾張真墨田神社祠官。丹波国天田郡人の高橋氏も身人部姓か)、六人部宿祢（六人部―山城国乙訓郡向明神社司)、六人部（録・右京)、高貞宿祢、善淵宿祢、善淵朝臣。

子部（録・右京。児部)、子部連、子部宿祢、大炊刑部造（録・右京、左京)、伊与部（録・右京)、伊豫部連（伊与部連)、善道宿祢、善道朝臣（菱刈―大隅国菱刈郡人で称藤原姓。入山、馬越、曽木、楠原、栗下、太良〔平良〕、重富、山田―菱刈一族)、次田倉人、次田連（吹田連、鋤田連。録・河内。吹田―河内人)、忠宗朝臣。

●豊前国北部の京都・仲津郡を本拠とした豊国国造があり、『旧事本紀』天孫本紀では尾張連・伊福部連の同族とするが、疑問大。なお、これらの関係の姓氏をあげておくと、

豊国直、豊国宿祢。豊国国造の族裔は見えないが、豊国の苗字はいまに残る。中世、豊前国企救郡の大族で中原〔仲原〕姓ないし平姓を称した長野・貫（奴木）一族は、豊国国造の族裔か。企救郡に繁衍して長尾、下長野、大曽根、藻原、田原、堀越、津田、石田、合馬、田代、高津尾、立野、大野、丸口、椎、矢山、山本、大矢などの諸氏を出す。同郡の門司、柚板や京都郡の松山、小平も長野同族。長野は支庶が薩摩にも分れるが、薩摩や日向の有川・伊勢も中原姓というから、一族か。仲原姓で宇佐神官の時枝氏も同族か。

●「天孫本紀」等に尾張連一族の建麻利尼命の後裔とする諸氏は、本来は別系（武貝児命の系統で足

鏡別王一族の流れか。『息長氏』を参照）ではないかとみられるが、一応掲げると、
石作（録・山城）、石作首、石作連（録・左京、摂津、和泉）、石作宿祢、石作朝臣、網石作部、桑内連、桑内朝臣、山辺県主、山辺宿祢。

(2) **武筒草命後裔**…摂津・河内方面で繁衍した。

津守連（録・和泉）、津守宿祢（録・摂津。津守―摂津国住吉社神主。笠嶋―紀伊国牟婁郡海神社祠官。芝、小原、高栖、敷屋、浦田、塩崎、岩崎、津守―紀伊国牟婁郡人。安宅《あたか・あたぎ》―紀州牟婁郡に起り、淡路に分る、称橘姓。淡路洲本住の永村も同族か。牟婁郡の太地〔泰地〕、西、東や周参見も、同族か熊野国造族との系譜混淆か。なお、伊賀国別府村の島岡は津守朝臣姓と称）、榎室連（録・左京）、網津守連（録・和泉）、津守（録・摂津）。

丹比連（多治比連。録・河内、和泉）、丹比宿祢（多治宿祢。録・右京。丹比―河内、備中人。なお、河内国丹比郡の丹下・吉村は、橘姓とも近江源氏ともいうが仮冒で、おそらく族裔か。丹南鍛冶の伝統をもち備後の鋳物師にもあり）、襷丹比連、襷丹治比宿祢（録・河内）、靭丹比連、靭丹比宿祢（丹比靭負宿祢）、丹比間人宿祢、丹比新家連、丹比小沢連、蝮部（録・摂津）、蝮壬部首（録・大和）、丹比須布、周敷連、周敷伊佐世理宿祢（伊佐芹―伊予国周桑郡の周敷神社祠官）、多治比橘連、多治比阿岐連。靭負連（靭連）、靭負宿祢（靭宿祢）も同族か。丹治朝臣も見えるが、これは丹比宿祢の後か（丹比真人の後という可能性もある）。なお、中世、肥前国彼杵郡に丹治姓の戸町の一族が見られるが、丹党関係を参照。

若倭部（録・左京、右京）、若倭部連（録・右京。岩井―大和住の鎧師。なお、尾張国熱田神宮

社家の若山氏は族裔か）、奈良期に若倭朝臣も見える。川上首（録・右京。川上―飛騨人）、工造（録・大和）、刑部首（録・摂津）、山首（録・摂津未定雑姓）、葛木厨直。なお、但馬国美含郡の若倭部が賜姓した楓朝臣は、左京・右京の若倭部と同族とみられる（尾張氏族ではない可能性もあり、その場合は但馬国造一族の出かもしれない）。

●高倉下系という熊野古族は、熊野新宮を中心に牟婁郡から志摩にかけての海岸部に多く居住した。その流れの姓氏は不明だが、熊野部か（とすると、これら熊野古族の諸氏は本来は物部氏族の熊野国造同族か）。石垣氏が大伴氏族の仲丸子連姓ともいうので、のちに系譜を仮冒したか失ったかで、この辺の系譜混乱が多い。牟婁郡の阿古志海部（志摩国英虞郡に起る）も尾張氏同族であろう。こうした系統には、石垣、山門、佐野、潮崎（塩崎。平頼盛後裔というのは仮冒）、鵜殿〔宇殿〕、米良〔目良〕、長田〔永田〕、丸山、鮒田、泰地、和田、上〔宇恵〕、内川などの熊野社家一族があった。鵜殿―摂津国島上郡や三河にも分れて宝飯郡の大族、称秦姓。鵜殿の一族に矢部、奈良橋。

藤原姓で陸奥守実方の子という別当泰救の後裔たる熊野本宮別当一族とも通婚・養猶子関係が多く見られるが、本来の系譜はこの流れか。熊野別当は源平争乱期、多くの兵船を率いて活動しており、海人性がうかがわれる。熊野別当の一族は多く、主な苗字には、堀内―牟婁郡人。宮崎―牟婁・在田郡に住。一族は紀州牟婁郡を中心に繁衍して、田辺、米良、木崎、宮崎、丸山、岸上、堀、岸、安井、請川、宇田川、田中、吉田、富田、敷屋、佐野、内川、中岩、小芝、尾呂志、宮、野田、藤川、金谷、岡本、岩本、江田、中、平岡、岩田、田野、宅間、二河、片田、豊井等。長田―新宮権現の大宮司。諸国では、美濃国土岐郡の山内、備中国賀陽郡の福崎、土佐国幡多郡の田那部、日向国臼杵郡の浦上など。

(3)**振魂命後裔**…天前玉命の流れで、尾張支流の系統。

忍海造、忍海連（この二氏は別族の可能性もある）、鍛冶造（海部—阿波国鍛冶工。波平、橋口—薩摩国鍛冶工）、守部連（録・河内。大喜—尾張国愛知郡熱田神宮大内人、八剣神社祠官。幡屋—尾州愛知郡人）、守部宿祢（守藤〔首藤〕—美濃国人。山内—相模国鎌倉郡山内より起る武家華族で備後丹波や陸奥の会津郡などに分る、那須国造と関係あり。山内一族には、備後の恵蘇郡に河北、万田、懸田、小林、滑、田原、黒杭、湯川、多賀〔多賀山〕、花栗、三河内《みつごうち》、竹内、宇野など、岩代の会津地方では横田、高根沢、野尻、河口〔川口〕、金山谷、沼沢、布沢《ふさわ》など、陸奥では福地、江田、このほか旧沢、中山。鎌田、蓑和、須藤、寺部—山内首藤一族、相模下野等に住。葛巻、小室—信濃の須藤一族。荻野—美濃国大垣人。日永—伊勢人。その他一族については阿倍氏族を参照のこと）。

掃部（録・大和。蟹守—大和国葛下郡）、掃守造（録・河内）、掃部連（録・左京、河内。北—伊勢神人）、掃守宿祢（掃部宿祢。録・河内）、掃守首（録・和泉）、善世宿祢。

〈参考〉阿曇氏族—**海神綿津見豊玉彦命後裔**

○阿曇氏族は大和朝廷における最古の氏族の一つであり、狭義の海神族で、海部の統轄など、主に海事や外交関係に従事した。阿曇は一般に「海積（アマツミ）」の約とみられているが、私見では、「阿志（葦）＋曇（積と同義で、種族を表す原始的姓）」の約で、筑前の奴国、すなわち葦原中国の王族に由来とみる（海神族のうち、三輪氏族は本シリーズ『三輪氏』参照）。
○この氏族のなかでは、阿曇連と大倭国造とが代表的な存在であり、阿曇連は持統五年、有力十八氏の一として墓記を提出した。皇別・孝昭天皇の後裔と称する和珥氏族も、本来この氏族の一員でむしろ嫡統とみられるが、ここでは掲げない（本シリーズの『和珥氏』を参照）。『姓氏録』に尾張同族ながら天孫部に入れられない前玉命後裔の掃部連一族なども、狭義の海神族に含める。これら海神性の強い氏族では、大歳神・猿田彦神を奉斎が顕著。
○阿曇連の後の安曇宿祢は、神事の行立の前後や宮内省内膳職の奉膳の地位を、高橋朝臣氏と争って平安前期にほぼ没落する。支族の凡海連の後裔、海宿祢から出た清原氏（清原真人姓を仮冒）が外記局の局務を世襲して堂上公家であり、明治に船橋など三家が華族に列した。これ以外では、地方の祠官家が多いが、この氏族出自の国造家は大倭国造、明石国造（播磨国明石郡）、久比岐国造（越後国頸城郡）で、信濃で大きく発展した支流もある。

○この氏族の姓氏及びそれから発生した主な苗字としては、
(1)**穂高見命後裔**…祖神・穂高見命は猿田彦神として天孫降臨の出迎えで登場する。子孫は筑前国那珂・糟屋郡及び摂津国西成郡安曇江を根拠とし、阿曇一族が主である。
安曇連（阿曇連。録・河内、未定雑姓河内。佐伯、宮崎、横田、住吉―筑前国那珂郡の住吉神社祠官、称佐伯朝臣姓ないし大伴姓というが、あるいは筑紫国造族伴膳宿祢族裔か。西―筑前国怡土郡人、安曇朝臣姓と称。安曇、坂本―筑前国志賀海神社祠官。安積―播磨国宍粟郡安積より起る。安黒―安積の同族、宍粟郡伊和神社祠官。また、赤松一族と称する宍粟郡の宍粟・安積・宮脇も、実際に

は同族か)、安曇宿祢(録・右京)、安曇部(長岡―対馬国上県郡和多都美神社祠官。本司―筑後国御井郡高良社祠官)、安曇山背連、

安曇犬養連(阿曇犬養連。録・摂津。安曇、穂高〔保尊〕、矢口―信濃国安曇郡穂高神社祠官。なお、安曇郡仁科庄に起り大伴姓ないし平姓、安倍姓(称貞任後裔)と称した仁科氏は、穂高社祠官家と密接な関係を持ち、同族の可能性もあるが、長く伝えた「大伴姓」というのが実態に近いか。後者の場合は、倭建東征に随行した大伴一族の信濃残存者の後となる。仁科一族には、安曇郡に沢渡《さわど》〔沢戸〕、真々部、堀内、堀金、古厩、小岩岳《こいわたけ》、渋田見、長生寺、清水、飯森、長屋、森田、田村、細萱、青柳、星野、須沼、宇留賀など、筑摩郡に丸山、日岐の諸氏。伊那郡の平姓ないし安倍貞任後裔を称した松岡も一族か)、辛犬甘(犬甘〔犬養〕)、大井、及木、平瀬―信濃国筑摩郡人。同郡の桐原、村井、埴原も犬甘一族という。小笠原氏の重臣で筑摩郡人の二木も同族か)。

凡海連(録・右京、摂津、未定雑姓右京)、凡海宿祢(海宿祢)、清原真人(海宿祢の冒姓。五条、矢部―京より下り初め筑前国三奈木に居、後に筑後国上妻郡矢部山に遷、明治になり五条男爵。石島、轟、南条―矢部同族。河越―京官人で兵庫寮、称源姓。沢渡―内蔵寮史生で、もと神足・北川などと称。清―相州人、鎌倉・室町幕府引付人。判門田《はねだ》(羽田)―上杉氏の在京雑掌。岡成、松重―越中国射水郡人。久利、仁万(仁満)、赤波、角折、市原、鬼、雨河内―石見国邇摩郡人、久利郷司一族。須懸―同那賀郡人。筑前博多香椎廟の四党神官の一、称清原朝臣姓の中牟田氏は氏貞真人の後というが、海神族の出か。肥前佐賀藩士出の中牟田子爵家も清原姓と称し、同族か)、清原朝臣(堂上公家の船橋、伏原〔始め東高倉〕、沢の三家)、海朝臣、海犬養(録・右京)、海犬養連、海犬養宿祢。

(2)**武位起命後裔**…神武東征を出迎えた珍彦命とその兄弟の後裔で、大倭国造の一族である。山辺郡の大和神社（大和坐大国魂神社三座）を奉斎し、永くその祠官を世襲した。

倭直、倭連（大和連。録・摂津）、大倭忌寸、大和宿祢（録・大和。市師〔市磯〕、吉井―大和国大和神社社司。祢津―甲斐国巨麻郡宇津谷村の諏訪社神主。保坂―巨麻郡人）、大和朝臣、大和酒人連、頸城直、青海首（録・右京。市川―越後国蒲原郡賀茂社大神主。古川―同郡青海社神主）、等祢直（録・河内）、倭太（録・右京。和田―信州安曇郡穂高社祠官）。越後国頸城郡夷守郷に因むとみられる夷守も同族か。

大和赤石連（明石―播磨国明石郡住人で、一族は備前美作に分布。黒田―同郡人）、海直（安間―紀伊淡路人。宮脇―明石郡海神社公文）、西海直（西海―播磨人）、吉備海部直、海宿祢（美作三氏に数える海氏は後裔。美作の海老原氏は族裔か）、依羅物忌直（物忌直。録・摂津）。葛江我孫は明石国造一族か。

倉人（摂津国菟原郡人）、大和連（前者の賜姓）。葦屋倉人も、摂津国菟原郡の倉人の同族か。この一族とみられる苗字に同郡の葦屋、猿丸。

八木造（陽疑造。録・右京）、八木宿祢（八木―土佐人。土佐に本山、池内、八井田、片山など八木姓を称するものが多いが、一族かは不明）。淡路の三原郡に大和大国玉神社の年預を世襲の八木氏（姓は不明）があり、阿間、志知、野口、菅、海老名は一族か。

【著者】

宝賀　寿男（ほうが・としお）

昭和21年（1946）生まれ。東大法卒。大蔵省を経て、弁護士。古代史、古代氏族の研究に取り組み、日本家系図学会会長、家系研究協議会会長などを務める。

著書に『古代氏族系譜集成』（古代氏族研究会）、『巨大古墳と古代王統譜』（青垣出版）、『「神武東征」の原像』（青垣出版）、『神功皇后と天日矛の伝承』（法令出版）、『越と出雲の夜明け』（法令出版）、『豊臣秀吉の系図学』（桃山堂）など。

「古代氏族の研究」シリーズは、①『和珥氏―中国江南から来た海神族の流れ』、②『葛城氏―武内宿祢後裔の宗族』、③『阿倍氏―四道将軍の後裔たち』、④『大伴氏―列島原住民の流れを汲む名流武門』、⑤『中臣氏―卜占を担った古代占部の後裔』、⑥『息長氏―大王を輩出した鍛冶氏族』、⑦『三輪氏―大物主神の祭祀者』、⑧『物部氏―剣神奉斎の軍事大族』、⑨『吉備氏―桃太郎伝承をもつ地方大族』、⑩『紀氏・平群氏―韓地・征夷で活躍の大族』、⑪『秦氏・漢氏―渡来系の二大雄族』、⑫『尾張氏―后妃輩出の伝承をもつ東海の雄族』、⑬『天皇氏族―天孫族の来た道』、⑭『蘇我氏―権勢を誇った謎多き古代大族』、⑮『百済氏・高麗氏―韓地から渡来の名族』、⑯『出雲氏・土師氏―原出雲王国の盛衰』、⑰『毛野氏―東国の雄族諸武家の源流』、⑱『鴨氏・服部氏―少彦名神の後裔諸族』

古代氏族の研究⑫

尾張氏－后妃輩出の伝承をもつ雄族

2018年 6月 1日　初版発行
2024年 3月 13日　第2刷発行

著　者　　宝　賀　寿　男
発行者　　靍　井　忠　義

発行所　有限会社　青　垣　出　版
〒636-0246 奈良県磯城郡田原本町千代３８７の６
電話 0744-34-3838　Fax 0744-47-4625
e-mail　wanokuni@nifty.com

発売元　株式会社　星　雲　社
（共同出版社・流通責任出版社）
〒112-0005 東京都文京区水道１－３－３０
電話 03-3868-3275 Fax 03-3868-6588

印刷所　株式会社　ＴＯＰ印刷

printed in Japan　ISBN 978-4-434-24663-0

「神武東征」の原像〈新装版〉

ISBN978-4-434-23246-6

宝賀 寿男著

神武伝承の合理的解釈。「神話と史実の間」を探究、イワレヒコの実像に迫る。新装版発売

Ａ５判３４0ページ　本体2,０００円

巨大古墳と古代王統譜

ISBN978-4-434-06960-8

宝賀 寿男著

巨大古墳の被葬者が文献に登場していないはずがない。全国各地の巨大古墳の被葬者を徹底解明。

四六判３１２ページ　本体１,９００円

奈良を知る

日本書紀の飛鳥

ISBN978-4-434-15561-1

靍井 忠義著

６・７世紀の古代史の舞台は飛鳥にあった。飛鳥ガイド本の決定版。

四六判２８４ページ　本体１,６００円

日本書紀を歩く①

悲劇の皇子たち

ISBN978-4-434-23814-7

靍井 忠義著

皇位継承争い。謀反の疑い。非業の死を遂げた皇子たち２２人の列伝。

四六判１６８ページ　本体１,２００円

日本書紀を歩く②

葛城の神話と考古学

ISBN978-4-434-24501-5

靍井 忠義著

『日本書紀』に書かれた神話やエピソードを紹介、古社や遺跡を探訪する。

四六判１６６ページ　本体１,２００円

日本書紀を歩く③

大王権の磐余《いわれ》

ISBN978-4-434-25725-4

靍井 忠義著

磐余は地理的にも時代的にも纒向と飛鳥の中間に位置する。大王権を育んだ。

四六判１６８ページ　本体１,２００円

日本書紀を歩く④

渡来人

ISBN978-4-434-27489-3

靍井 忠義著

書紀が伝える渡来人たちの群像。日本の政治・経済・文化の中核となった。

四六判１９８ページ　本体１,３００円

日本書紀を歩く⑤

天皇の吉野

ISBN978-4-434-29858-5

靍井 忠義著

吉野は天皇にとって特別な地だった。神仙境では修験道や天誅組も起こった。

四六判２３８ページ　本体1,4００円

青垣出版の本

宝賀 寿男著　**古代氏族の研究シリーズ**

①**和珥氏**―中国江南から来た海神族の流れ	ISBN978-4-434-16411-8 A 5判 146 ページ　本体 1,200 円
②**葛城氏**―武内宿祢後裔の宗族	ISBN978-4-434-17093-5 A 5判 138 ページ　本体 1,200 円
③**阿倍氏**―四道将軍の後裔たち	ISBN978-4-434-17675-3 A 5判 146 ページ　本体 1,200 円
④**大伴氏**―列島原住民の流れを汲む名流武門	ISBN978-4-434-18341-6 A 5判 168 ページ　本体 1,200 円
⑤**中臣氏**―卜占を担った古代占部の後裔	ISBN978-4-434-19116-9 A 5判 178 ページ　本体 1,200 円
⑥**息長氏**―大王を輩出した鍛冶氏族	ISBN978-4-434-19823-6 A 5判 212 ページ　本体 1,400 円
⑦**三輪氏**―大物主神の祭祀者	ISBN978-4-434-20825-6 A 5判 206 ページ　本体 1,300 円
⑧**物部氏**―剣神奉斎の軍事大族	ISBN978-4-434-21768-5 A 5判 264 ページ　本体 1,600 円
⑨**吉備氏**―桃太郎伝承をもつ地方大族	ISBN978-4-434-22657-1 A 5判 236 ページ　本体 1,400 円
⑩**紀氏・平群氏**―韓地・征夷で活躍の大族	ISBN978-4-434-23368-5 A 5判 226 ページ　本体 1,400 円
⑪**秦氏・漢氏**―渡来系の二大雄族	ISBN978-4-434-24020-1 A 5判 258 ページ　本体 1,600 円
⑫**尾張氏**―后妃輩出の伝承をもつ東海の雄族	ISBN978-4-434-24663-0 A 5判 250 ページ　本体 1,600 円
⑬**天皇氏族**―天孫族の来た道	ISBN978-4-434-25459-8 A 5判 295 ページ　本体 2,000 円
⑭**蘇我氏**―権勢を誇った謎多き古代大族	ISBN978-4-434-26171-1 A 5判 284 ページ　本体 1,900 円
⑮**百済氏・高麗氏**―韓地から渡来の名族	ISBN978-4-434-26972-1 A 5判 261 ページ　本体 1,900 円
⑯**出雲氏・土師氏**―原出雲王国の盛衰	ISBN978-4-434-27825-9 A 5判 328 ページ　本体 2,100 円
⑰**毛野氏**―東国の雄族諸武家の源流	ISBN978-4-434-28628-0 A 5判 312 ページ　本体 2,100 円
⑱**鴨氏・服部氏**―少彦名神の後裔諸族	ISBN978-4-434-29652-9 A 5判 338 ページ　本体 2,200 円